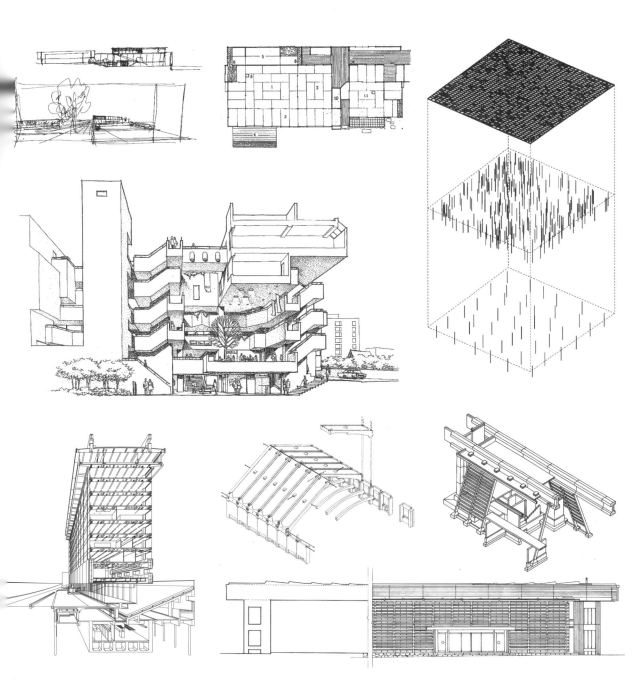

建築設計のための
プログラム事典
名設計の本質を探る

日本建築学会 編

鹿島出版会

出版にあたって

日本建築学会情報設計小委員会として2009年に企画した本書が、やっと出版されることとなった。

設計過程での中間成果物である建築のプログラム概念を縦糸に、設計者内部でのコミュニケーションの質を高めると共に、設計対象建築のユーザーやオーナー等のステイクホルダーと設計者とのコミュニケーションの質を高めて、設計過程の理解向上と設計結果の質向上を推進するプログラムの働きを、多くの設計事例解説により示すものとなった。

本小委員会が設計作業過程の理解と質向上のために企画した3部作のうち、本書は随分と議論し現地見学も重ねたため、設計の進め方・過程計画・設計方法等を扱った書（建築設計のための行く見る測る考える）が先に出て、8年遅れとなった。いわば産みの苦しみを味わった分だけ、刊行の嬉しさも一入である。そこには編集方針の模索もあったが、設計を物語る資料の出所が、雑誌等掲載資料の流用では済まなくなり、独自資料を作り出すことの苦労が最も大きかった。しかし原著作を安易に引用して、原著作者でもないのに「設計説明」するような、妙な評論にはならぬよう気を引き締める、貴重な機会ではあった。

建築プログラムに注目するのは、それが設計の過程と使用情報を整理する概念で、背景となる建築環境と社会との関係や関係者相互の関係あるいは空間相互の関係などを示す、設計の基本的な考え方を示す成果物であることで、設計結果である空間形状や空間構造の詳細には至らないが、『設計思考の要諦を簡潔に現す著作知財』とも言え、重要と考えたからである。これはまた、設計結果として求められる『建築』の概念が著しく変化して来た結果、似た概念である「コンセプト」や「基本機能」「基本計画」等では設計の本質が表現しにくくなったからとも言える。概念の整理と共に1章1節・3節に示した。

どのような建築にもそれなりのプログラムはあろうが、多くの人が知る事例で、設計内容やプログラムとしても貴重な事例の母集団として、『日本建築学会賞（作品）受賞作品』（賞は論文・作品とも1949年設置）を採った。その70年ほどの積み重ねの深い意味については別書に譲るとして、設計過程を導く基本的な考え方や姿勢の変遷は、論考や年表等によって本書でも触れておいた（1章2節）。

本書の原稿執筆は、基本的に共同研究を分かち合った委員会委員（小委員会およびWG委員）に留めたが、机上の議論だけでなく対象建築の現地見学を共に行い、現地でも出来る限りヒアリングや背景調査を行って理解に努めたことを付記する。その準備と見学、取材それ自体、設計の楽しさを味わう共同作業でもあった。

事例選定に関する議論もなかなか尽きず、先ずは第一次本書出版WG担当幹事に委ねられたが、最終的には建設年代や建築種別の多様性に配慮し、偏らないよう24事例とした。また当初は『設計プログラム事典』という書名だったように、もっと多くの事例を簡潔な記述で並べるような原稿形式であったが、当該建築の成立背景やステイクホルダーの考えが極めて興味深く、表現し切れないのが惜しくて、単位頁数の増加となった。これら事例全体の集合で、「プログラム」概念の実際を味わって戴ければ幸いである。その意味では事例集全体が本書のプログラム論でもあるが、読者にも新たな設計の像を描いて戴きたい。

その他さまざまに書き切れないことが残ったが、先ずは一読して戴き大方のご叱正を待ちたい。

令和2年8月1日
日本建築学会情報設計小委員会（建築計画委員会・計画基礎運営委員会）
建築設計のためのプログラム事典・執筆者代表

本書の構成と使い方

情報設計小委員会

本書の中心は、第2章のそれぞれ特色ある魅力的な建築プログラム事例集とその解説である。プログラムという共通概念を道標に設計事例を辿ることには2つの利益がある。一つは対象建築を共通平面の上で相対的に把握することで、より深い理解を得られること、二つ目はより多くの設計過程のエッセンスを知ることで、設計の進め方の助けとなる情報を得られることである。その2章の前に、1章で一般的な記述を示す。

第1章1節では、プログラムを踏まえた建築設計に経験値の高い隈研吾氏に、座談会形式で経験情報と提言をいただき、第2節では、事例集のベースとなった日本建築学会賞（作品）の流れ・変遷を解説、3節では本学会での議論を踏まえ、建築のプログラム概念について論考する。

1. 本書の構成

▌1章　プログラム論

第1節「隈研吾の設計とプログラム」では隈研吾氏にインタビューし、録音記録を整理構成して示した。第2節「日本建築学会賞（作品）と時代背景」では、故長谷川堯氏と米田正彦氏に受賞作品の流れをリレー論考して戴いた。また関係する時代背景の参考に、受賞作品年表と時代背景を並置した資料を、日本大学工学部建築学科学生4名が作成した。

第3節「建築設計過程を導くプログラム概念」では、学会内での議論を踏まえ、事例の相互関係を捉える参考になる論考を示した。

隈研吾氏との議論では、人々に感動を与える外観のデザインや、建築使用に利便を与える機能性確保の設計等が、時代につれて施主や使用者に評価されず、従って報いられなくなったことを痛感した。ユーザー・クライアントと協働しつつ設計の進め方を変える必要があろう。

事例母集団としての作品賞論考にはまだ様々な観点が在り得るが、此処では造り手の変遷により事例の相互関係を理解し全体像を把握することを主眼に考察している。

▌2章　事例集

母集団から特色ある24設計事例をバランス良く採り上げ、解説して行く。建築環境の在るべき姿を記述するプログラムは、人・事例により見方も異なる。その"在るべき"とは、一つには関わる人の希望であり、一つには希望・理想のみならず社会のさまざまな要因からの規制や規範を示している。建築とは、敷地、街、都市、社会とつながっており、また関わる多くの人との関係で成り立っているシステムである。

2. 本書の使い方／何に役立つか

建築の成り立ちを示すプログラム概念を、本書では「建築の社会内での在り方を言語で表現したもの」や、「建築が社会の中で成立し続ける条件と、それに対応する設計概要を簡潔に示したもの」などと表現している。建築にはそれぞれに成り立ち、存在理由がある。これをまず施主に説明可能でなければ設計過程は進行しない。

またその内容は多様であるが、建築の存在目的、そのために備えるべき要求、結果としてもつべき建築の働き・機能、そして最終結果としての空間、即ち目的－要求－機能－空間の4つの段階に関わり、設計過程に沿って次第に細部まで、詳細性を高めていくものであろう。その具体性を示すものとして、24件の事例解説がある。

このプログラム概念について本書の事例集を通覧するなかで、従来のプログラム研究のなかでは語られなかったことが、3つ現れる。

一つはプログラム相互の関係性についてであり、学の体系が「多数事例を相関的に通覧することで、類似性・相関性の重ね合せから体系が見出され、最終的には構造化に至る」という過程を辿るとすれば、建築プログラム学への展望にも希望がある。その出発点は「建築というものの根源的なプログラム」の存在で、そこから建築プログラムの系が描き出せるかも知れない。

二つ目はプログラム概念と設計内容との束縛性、そして対応する空間性の問題である。既に行われた設計コンペティションのなかで、当初、プログラムの束縛が強過ぎて設計に自由度がないとは、しばしば論じられたことである。一方同じプログラムに沿っても、空間構成・空間構造には、かなり自由度があるはず、という反論もある。こうした議論と本書の内容は直接対応しないが、同じプログラム

から設計結果として多様なものが存在し得るか否かは、結局は多様な事例を示すしかないのではないか、とすれば本書はその第一歩にはなるであろう。

三つ目は実務への反映である。設計過程には企画ー計画ー設計という分類もあるように、建設事業の当初から関わり、最終的な建築物の細部まで指示する実施設計までをひと塊として捉える概念が先行していたが、更地に新築を行うことは次第に減少し、既存建築の転用や再生が増加・一般化するなかで、こうした段階を区切って仕事に関わることも増えている。特に建設事業の当初において、建築プログラムの策定を行う「プログラミング」ともいうべき設計作業の一部を、実務として受託することも出てきている。プログラムデザインも、実務となり得るのである。

24事例は年代や用途に偏りなく選択しており、執筆担当は建築設計の実践をふまえた視点をもち、執筆に際してその建築空間を体感することを前提とした。

いずれにせよ、建築のプログラムが社会や敷地条件との整合性をもたなければ、その建築は早晩存在意義を失い、結局は壊されるといった運命を辿る。その意味でも、プログラミングに時間と費用を掛ける意味は増大し、本書の役割は高まるだろう。また集団による設計、個人による設計を問わず、設計過程のなかでの広義のコミュニケーション、あるいは作業成果の相互反映・輻輳が重要であるが、建築の存在定義を簡潔に述べるプログラムは、設計者集団のなかでの相互コミュニケーションにも、設計作業内容間の相互反映にも役立つであろう。プログラムはその建築に必要とされる規模・面積、室の種類・構成といった所要室表レベルの空間構成に潜む矛盾の発見にも、有効である。そういう意味でのコミュニケーションにも役立つであろう。以上はややクールな記述であるが、実際の建設にあたっては、社会にとって有用な建築空間を生み出し、どのように社会に貢献できるか、希望・夢・理想といったことも含むべきものである。

執筆に際しては、複数参加での見学会を行った。敷地の条件は現場でなければ知り得ないものもあり、周辺環境や風土なども複雑で、風・光・地形・景色・におい・音環境、等々、五感による環境を設計者と共感しつつ、図面、

残された言説、写真、等々を十分理解し、その建築の成り立ち＝プログラムを掘り下げ分析することを積み重ねた。結果として得られたことは2つある。一つは建築プログラムの多様性である。与条件、敷地条件、社会環境等々に対し、どのような条件構成を受け取り、どのように空間の規模や装備を構成して応え、結果として建築に存在意義を与えているのかを知ることで、他のケースにも適用できる一般性と、そこから展開する独自性の両方が見えると思われる。自身の設計に応用するか否かは設計者の問題だが、既存設計事例に学ぶということを効率的には行えるだろう。

もう一つは、建築学会賞（作品）という高い評価を受けた建物にも、永く使われる事例と数年で壊された事例があり、その違いを想像する一方、永年愛され続け社会的・建築的価値を保ち続けている事例のプログラムを深く知ることで、大きな示唆を得られることである。また作品を24事例ながら通覧することで、時代の変化も感じることができる。併せて設計時のプログラムがどのように変容したかも、現場に立てば如実に想像することができる。2章中の1事例は執筆作業中に壊されたが、以上のような貴重な例として残した。1章2節や2章6節にある、まったく別の機能建築に生まれ変って使われ続けている事例も、時間の中を生き続ける建築の価値や生命力を考える、良い事例だと思われる。さらに良い活用例があれば、執筆者等に一報いただきたい。最後に言葉に戻れば、プログラムとはあらかじめ公告されるものであるから、建築のプログラムとは、言葉を換えれば設計者・建築家のマニフェストであり、あらかじめ思い描かれたその建築の本質だといえる。その一方で建築が公共の存在であり都市の一部であることを思えば、そのプログラムは社会性をもたねばならない。

本書は建築を学ぶ学生や、建築に興味をもつ一般の方を読者として想定している。
本書にある「建築のプログラム」がガイドとなり、建築と対話する、あるいは疑問をもち深く理解することへとつながる、そういう一冊となることを期待している。

建築設計のためのプログラム事典──名設計の本質を探る

目次

第1章
プログラムとは 009

第2章
作品に見るプログラム 049

1

プログラムとは

2016年3月24日17~18時
於:隈研吾建築都市設計事務所

聞き手:
連健夫(連健夫建築研究室・一級建築士事務所／東京都立大学講師)
湯本長伯(社会構造設計研究所長)
村上晶子(明星大学建築学部長・教授／村上晶子アトリエ)

本書の目的は「プログラム」の議論ではないが、共通概念としているプログラムに関わる設計経験が豊富な隈研吾氏に、分かりやすく設計の考え方や取り組み方について話を伺った。インタビューの前提となるキーワードについては末尾にまとめた。

聞き手A(以下、A) 隈さんにとってのプログラムとは一体何か、ということをお聞きしていきたいと思います。
昔の建築の場合、デザインと機能主義、建築の使われ方とそのデザインは一対一に対応していました。その後いろいろな建築思想が出てきて、建築の捉え方に多様性が生じてきて、機能というものが説明しづらくなってきました。私は1990年代にイギリスにいたのですが、ちょうどその頃AAスクールの先生と話をするときに「あなたの建築のプログラムはなんですか?」というふうに問われる。建築の在り方と使われ方の説明をプログラムでするような時代が来ていたわけです。プログラムという言葉は、さまざまな時間軸であるとか、従来からの機能にプラスしたものごとも包括するような説明軸として使われてきた感じがあると思います。

ファンクションから設計を辿る

隈 うん、そうですね。ファンクションという言葉が、20世紀建築のなかですごく幅を利かせていました。ファンクションというのは、都市に翻訳すればゾーニングという言葉になり、建築のスケールに落としていけばファンクションという言葉になります。その2つの概念が基本的に建築と都市のOSだった時代が20世紀ですね。

A そうですね。

空間行動対応では収まらない経済・社会
経済・社会ダイナミズム対応へ
ファンクションからプログラムへ

隈 今ファンクションという言葉があまり使われなくなったのは、もう少し大きな社会的なダイナミズムのなかで建築を定義し直そうとしたときに、建築を回していくフローとしての経済と深く関わっている言葉として、プログラムが使用されるようになってきたからだと思います。
建築にどういう資本が投下されて、どういうかたちで資本が装置化され、それが最終的にはどういうふうに社会と接続されているかというダイナミズムのなかでは、ファンクションという言葉がほとんど意味を持たなくなり、それがプログラムという言葉で置き換えられたのです。
プログラムというのは、建築と人間と社会のコンテクストを結ぶ共通の言語になるべきだと思います。しかし、建築の人間がプログラムという言葉を使うとき、建築設計上の概念に留まってしまっているように感じます。プログラムという言葉をすごく狭義に解釈してしまっているところが、僕はとても残念です。本来、プログラムは社会的経済的なものと建築の内部をつなぐ共通言語になるべきですよね。

社会と建築をつなぐキーワード

隈 例えば国立競技場の最上階に散歩道があります。プログラムの言葉で言うと市民に開放されている一周約850mの散歩道ですが、それはファンクションの言葉で言えば通路ですよね。実際に散歩道でどういうふうな出来事が起こって、メンテナンスは誰がして、ホームレス対策はどうするのか。散歩道に植えた緑はどういうふうにメンテナンスされるのかなど、通路の周囲に起こるさまざまなものごとを含めて、散歩道のプログラムと定義されるべきなんだけれども、機能主義的に言うと何の定義もできないのです。本質はダイナミックに議論されなければいけないにもかかわらず語られないわけです。機能的に言うと通路で終わってしまうこの動線こそ、プログラム的に言うと面白いことが起こる部分であるのにもかかわらずです。

A 出会い頭の出来事の演出とかですね。

国立競技場（写真提供：独立行政法人日本スポーツ振興センター）

隈　そうですね。そういった部分を建築の中心として取り戻すために、プログラムという言葉を使いたいと思ってます。

聞き手B（以下、B）　本書におけるプログラムの定義は、建築がこの社会のなかでどのように存在すべきかということを根本に置いています。建築というものはやはり、敷地や人間のいろんな営み、社会といったものごと全部とひとつになったシステムじゃないですか。全部と関係があるわけです。

隈　ええ、そうですね。

B　それをちゃんと指し示す言葉というのは、やはり今言われたファンクションではないんですよね。人間がどういう行動をとるのかということと空間っていうのはもちろん対応しているけれど、そもそもその行動をどうやって取るのか、何故そうなっているのかということをプログラムによって定義していく。それはもちろん自然的に定義するのではなくて、「こうしたい」や「こういうのがあったほうがいい」とか、理想や希望を当然含んでいるものです。プログラムとはそういう基本的な考え方で定義されていると言えますね。

A　隈さん自身が設計するときには、従来のハードの提案のみならず、もっと大きな意味でプログラムを含めた提案をしていると感じています。

B　「こういう存在にしましょうよ」という提案ですね。

A　それは、単なる建築の提案を超えて、アーキテクチャーの提案という感じになっているのではないでしょうか。

形態　機能　社会システム

隈　僕は、そこまで提案していかないと提案が説得力を持ち得ないと思っています。近代建築のレベルでは「機能を満たしています」といえば「ああ、ありがとうございます。かたちだけじゃなくて機能も考えていただいてありがとうございます」というレベルだったのだろうと思います。しかし機能を満たしているということは、歴史のなかに、また社会のなかに、その空間がどう位置付けられるかということの証明のほんの一部でしかありません。機能的であるということだけでは、まったく社会と回路を結び得ないのですよね。そこが昔のモダニズムと今の建築が置かれている状況の大きな違いです。そのときに僕が一番気を付けるのは、主体が人間だけじゃなくなっているという状況です。

建築の構成主体は人間だけではない

隈　建築というもののなかに人間という主体が入ったときに、そこで何をするか機能主義は気付いているわけです。しかし機能主義においては人が中心になっています。でも実際はそこで起こることというのは人以外に、例えばそこに草があったら、その草がどうやって生き続けていくか、どうやって水が供給され続けていくとか、太陽の光がどう差し込むかとか、そういうものが別のアクターとして入ってくるわけです。

建築のなかのアクターは人間だけではないんです。いろいろなアクターがその建築の周りに集まっていることが重要です。例えば光環境を考えるということは、人間中心主義から脱却することでなければいけない。機能主義からプログラムになっても、人間だけがアクターであるかぎりは社会と結び付くことができません。

A　ああ、なるほど。もっと多様な捉え方ですね。

ANTアクターネットワークセオリー

隈　そういった意味で、今僕が興味があるのはフランスのラトゥール[*1]が提唱しているANTと略されるアクターネットワークセオリーです。いろいろなアクターが建築の周りには存在していて、じつは人間というのはそのほんの一部に過ぎないと考えられるところが面白い。ANTという名前の通りで、人間は蟻と同じくらい小さいんですね（笑い）。

建築環境の構成要素というアクター

A　そこには動物なども含まれるのでしょうか。

隈　動物も入ってくるし、太陽も入ってきます。そういう人間以外のものがすべてアクターとして関わってくるという考え方です。

聞き手C（以下、C）　地球全体が、とも言えるのでしょうか。

隈　そうです。地球全体が当然アクターとして関わってくる。ラトゥールが書いたレム・コールハース論があるのですが、それは「私に特別な銃が与えられたなら、建築を動かしてみせる」という刺激的な内容です。そういうふうに多様なアクターの複合体として建築を定義すると、建築は固定されているものでは全然なくて、絶えず動いている。そのとき彼が「銃を与えてくれたら」と言うところの銃は19世紀にあった写真銃というもので、写真銃で見るととにかく動いている動物も人間も止まっているように見える。それと真逆の機能を持った銃を与えてくれたら、止まっているはずの建築が、実際は動き続けているダイナミックな存在であることが理解できるはずだ、という論なんです。

ABC　なるほど。

アクターの集合体としての建築

隈　「逆写真銃」でアクターの複合体として建築を撮影すると、建築は全然固定されているモノではなくてダイナミックに流れ続けているものに写る。そういった流れ続けている状態こそプログラムなんじゃないかな。多様なアクターが流れ続けている状態を、我々はプログラムとして記述しようとして

いるんじゃないかなと思います。

A　なるほど。そうすると、時間軸が重要になるのでしょうか。

隈　時間軸がありますね。機能主義は時間軸を横に置いて無視してきましたからね。

ABC　そうですね。

要素と関係の集合は時系列に変化

隈　まさしくそれですよね。動き続けてる流れそのものみたいなものです。

ABC　うんうん。

A　それでは、プログラムをまとめて考えるときに、アクターはどのようにセレクトしているのでしょうか。

素材も時間もアクター
経年変化と経年対応

隈　今は環境というイシューがとりあえず皆にとって共通の関心になっています。そういった背景をもとに、緑をどう取り入れるか、あるいは素材がどういうふうに経年変化していくかという話ができます。建築の素材もアクターのひとつとして注目されはじめてきており、そういうものの集合体として建築が捉えられはじめていると感じています。植物を植えると、今度はそれをメンテナンスするためにお金がどう流れていくか、それを誰がいつの段階で払っていくかと、話がどんどん広がっていきますね。

B　お金、経済性も関わってくるのですね。

隈　使う人間だけを主役として機能主義的に考えていると、お金というファクターがなかなか入り込んでこないのですが、それに参加しているすべてのものが主役になると、もののメンテナンスで当然お金が絡んできます。

B　そのシステムがみんな建築の一部だと。

隈　はい。その流れの全部が建築だというふうに考えられるのじゃないかなと思います。

建築構成要素とその関係全部が建築のアクター

A　そこまでをプログラムと捉えているということですね。わかりやすいなあ。

B　最初に計画してもらわないとメンテナンスもできないですからね。それもひとつのプログラムだというわけですね。

コントロールとプログラム

A 隈さんのヒストリーの初期には「M2」*2がありました。その後いくつかの建築があり、いろいろな変遷があるわけですが、初期においてはプログラムという観点がおそらくなかったのではないかと思います。どちらかというとコンセプト的なもの、ある方向付けみたいなもので建築をつくっていたように見えていました。先ほど言われたプログラムが設計に出てきた、もしくは重視しはじめたきっかけがあれば伺えますでしょうか。

公共建築のヒストリーとプログラム

隈 M2は民間バブルの80年代の産物です。民間が出資し、その建物からどういうプロフィットを得るかは彼らのコントロール下にありましたから、僕ら空間を提案する人間は目立つ建築をつくればいいだけでした。

ABC うんうん。

隈 公共建築の場合はそれとは違います。後にいろんな人間が生息しはじめて、いろんなことが起こるわけだから、後のヒストリーを想像しないとリアリティのあるものはつくれません。だからこそ、高知県の梼原町で公共のホテルをつくったとき、アトリウムでどんな野菜を売るかまで公共の人と一緒に考えた。その後の時間軸に沿って起こることを一緒にデザインするわけです。

ABC なるほど。

隈 バブルがはじけて、梼原町で公共建築を通じてのまちおこしに関わったあたりから、プログラムという考えに目覚めはじめたと言える気がしますね。

構成要素の無制限な拡大
オーナーの遷移と根本目的の激変

B 公共に関わるようになってから、ですか。

隈 田舎の公共に関わるようになってからですね。

A 確かに民間の場合はプロフィット追求ですよね。そして公共の建築ではベネフィットになってきますよね。

隈 そうですね。

A その多様なベネフィットをどういうふうに考えるかというのがプログラム、という捉え方でいいでしょうか。

隈 そうですね。

A 隈さんの論だと、対象が非常に広がるからすごく面白いです。

隈 なので、使い手がどう変わっていくかといったことや、置かれている状況がどうなるかなど、そういった変化も全部プログラムのなかに入っているわけですね。そして、そのなかに建築を位置付けるということです。
梼原町のプロジェクトでも、できた後で実際にいろいろなことが起こりました。町では維持し続けられないからホテルを民間に委託することになり、運営の方法が変わるからオペレー

梼原木橋ミュージアム

タの希望に合わせて建物を改装してほしいという要望が来て、その後も付き合い続けました。

その経験から、機能というスタティックな概念では対応できないようなことが、後でいろいろ起こると気付かされた。そういうものの全体に関わり続けることが、設計という行為なんだと拡大解釈する必要があるんじゃないかなって思えてきたんです。

ハードの後退とソフトの重み
渡せば終わるアート
長く存在し続ける建築

A そうすると、隈さんのなかでハードな建築の部分がどんどん小さくなっていって、建築以外の存在がものすごく大きくなってきた、ということはありますか。「負ける建築」ということも言われましたね。

隈 まさにそうだと思います。磯崎さんは建築をアートと定義しましたが、アートというのは基本的には売る側が作戦を練って誰かに売り、売れたらそこですべてが完結しますね。で

もプログラムでは作品を売っておしまいではありません。そこに建築は存在し続けるわけですから、時間軸に沿っていろいろなことが起き続け、それに対してどう関与し続けるかが問われる。それが建築をアートと定義した磯崎さんと、僕の建築の定義の仕方の違いだと感じるんです。

ABC なるほど。

A ある意味、時代の限界みたいなものが見えますね。隈さん自身が設計した建物で、関わり続けた例というのを他にも教えてもらえますでしょうか。

M2は葬儀場に

隈 M2は葬儀場になりました。

ABC えっ、葬儀場に（笑い）!?

隈 そうなんです、あの建物はマツダ自動車のショールーム兼研究デザイン室みたいなものとして始まったのですが、2010年に建物が売りに出されまして、買った人が僕のところに相談に来たんですよ（笑い）。それで、葬儀場にしたいと言う。建物の定義のやり直しですよね。

M2

A 再解釈ですね。

隈 でもね、意外にスムーズに葬儀場になれたんですよ（笑い）。そのリノベーションは、すごく面白い体験でしたね。もうファンクションって概念を超えていて。

B ファンクションどころじゃないですね（笑い）。

建築の転変と建築家の役割

A そのとき建築家の役割というのは、プログラムのアドバイスをするということになるんでしょうか。建築はデザインするものじゃなくてアドバイスするもの。自分の設計したものに対して、またアドバイスして、また変わっていくような。

隈 そうそう、そうなんです。

A 隈さんの語られるプログラムはわかりやすいです。M2のエピソードのように、そんなに劇的にファンクションが転換する経験があると、ファンクションではとてもじゃないですが建築を定義することはできない。それどころか建築に手を出すことさえできない。

隈 できないですね。そうやって、建物は社会と切断されてきたわけです。

曖昧だったファンクション概念

隈 実際にファンクションというものは激変すると思います。ファンクションという言葉がなくなるわけではないけれども、あり方ががらっと変わりました。いわゆる倉庫みたいなもので済むものとオフィスの境界も、じつはそもそも曖昧だったんですよね。ファンクションという概念はどんどん没落していると感じます。

80年代にコーポラティブハウスを設計した話をしましょう。コーポラティブですから、まず土地をみんなで買うところから一緒に進んでいくわけですよね。うちの事務所も1フロア持つことにして仲間に加わり、各フロアのオーナーとどっぷり付き合っていって、それぞれの人間の要求を聞きながらプランをつくり、それをパズルみたいに組み立ててひとつのコーポラティブハウスをつくっていったんです。大阪の「都住創」*³でコーポラティブハウスの経験のある中筋さんに教わりながらやりましたが、先に何のスキームもないので苦労しました。はじめはコーポラティブハウスとして話を始めたんだけど、すぐに「いや俺はハウスじゃなくてそこをオフィスに使いたいんだ」という人が何人か出てきたんです。そこでファンクションは消えてしまった。次に、それぞれの人間は担保能力がないことがわかって、そこで建設会社を絡めてその会社の担保能力で何とか土地の購入に漕ぎ着けました。

そういったプロセスを体験して、設計に対する考え方がらっ

と変わりましたね。与条件があって、それに沿って設計するという大学で習ってきたようなやり方ではなくて、設計条件を自分でつくって、スキームをデザインしていくしかない。さらにそれすらも変化させていかなければならないと。

ABC そうなんですよね。

住居をオフィスに
機能も激変
存在成立のためのスキーム全体をプログラムという

B そもそも与条件すら存在しない状況だったわけですよね。

隈 そうです。そのうえ、やっと土地が買えた後にバブルが弾けちゃって、そこに住んでたほとんど全員が破産しましたよ（笑い）。

ABC あぁー。

隈 それで、うちの事務所だけがなんとか破産せずに済んだのですが、結局彼らの分まで負担するところまで追い込まれて、建設会社のある高崎の裁判所に通いました。そういった危機を何とか乗り越えながら、社会のダイナミズムを身をもって体験しましたね。これが建築のプログラムっていうものじゃないかと実感しました。

B クライアントが投資して建物をつくってそこから自動的にプロフィットが上がってくるという20世紀のスタティックなシステムはもう完全に崩壊していますよね。今は建物が転売され続けてプロフィットが意味を持たなくなってる時代でしょう。設計時の意図とは関係ない、まったく違う機能を想定する人にも平気で売られる時代です。それもビル一棟売られるんじゃなくて、その会社の資産全部を売却するなんてことも平気で行なわれる。そこでは機能を形にするという従来の建築家の役割は完全に消滅していますね。

建築概念の再定義

B そのことは建築の再定義まで行きますね。今の話だと、建築は見た目で建っているのではなく、お金があり、いろいろな人のシステムがあって、それが全部成立してるからそこに存在するのである、となります。これまでのあり方が崩れるということですよね。他の人の分まで引き受けちゃ大変ですね（笑い）。

そのコーポラティブハウスはそういう存在としてあったから、ビルディングではないわけだから、そういう仕組みまで一緒にそこに存在してた。パンテオンが今もローマにありますが、あれがずっと残っているのは人がそこにいるからなんですよね。人も全然関係なくパンテオンだけが千年も

インタビュー風景

二千年ももったりしないわけですよ。現実には経済という
いろんなシステムがちゃんと生きてないかぎり、その姿を変
えざるを得ないわけですよね。

機能とデザインを担当する建築家像・職能枠は
完全に消滅する

隈　まあそうですね。パンテオンは廃墟に見えて、あれも何か
のかたちで、大きな意味で観光のシステムに乗っているから
生き延びているんですよね。

B　そうですよね。

隈さんの基本プログラム

B　建築を設計するときに最初からもっているプログラム
があるわけじゃないですか。こうありたいとか、こうあるべき
だとか。それはどうしても消し去れない部分があると思いま
す。施主が何を考えてても「それはしないほうがいいんじゃ
ないですか?」と思う部分も建築家としてはあると思うので
す。そしてそういうなかにどうしても譲れない何かがあって。
それが隈さんの場合は、例えばそこが日本であるならば、
和の伝統とか、そういう基本的な考え方があるのかなと思
うのですがいかがでしょうか。

A　隈さんの建築で特に興味深いのが地域性、土着性
みたいなものが日本らしさとして浮き彫りになっていること
です。1997年に北京でコンテンポラリーヴァナキュラー
国際会議があり、ヴァナキュラーをテーマにして隈さんが
シンポジウムをやられました。そのときの内容が軸になっ
て、材料を含めて表出する隈さんのプログラムのベースに
なり、味だとかテイストになっているという仮定です。今回
の国立競技場でもテイストは明確ですよね。

隈　それはスタイルの問題ではありません。ヴァナキュラーは
建築様式のひとつには分類できないと思うんですよね。
その場所との接点、接続みたいなものをどうしても維持した

いと思うんです。建築を場所とくっつけておくんです。機能が
変わったとしても、いろんなことが起こって何かのかたちで違
う転用のされ方をしても、場所とつながっていれば何とでも
なるっていう感じはありますね(笑い)。

場所の力
場所の手直し

B　場所の力ですか。

隈　場所の力とつながれば、場所が何とかしてくれるって僕
は思ってるんですよね。

ABC　場所の力を信じてると。

隈　そうです。それが磯崎さんのアート的売り逃げシステム
と決定的に違うところなんです。アートは場所と決別して、
作品を売買する。というのは作品という絶対の存在と密着し
た、商品的なシステムなんです。他のところへ持っていっても
成り立ちますからね。
僕はそういう意味での「作品」をつくるのではなく、場所そのも
ののリノベーションをするような仕事の仕方です。建築はそも
そもほかの場所に持っていけない、つまりその場所にあり続
けるわけですから。結局、場所の手直しをしているに過ぎな
いんです。そして場所の上にはいろいろなプログラムを走ら
せることができる。

A　それが隈さんにとってプログラムをつくるうえでのベー
スになっているということですね。

建築家・隈研吾の使命

隈　建築を場所とくっつけておけば、後でどんなことが起
こっても何とでもなるという、ある種の楽観性みたいなものです
ね。僕はそれが建築の基本だと思うんです。日本の伝
統的な和風建築は本当にそういう感じですよね。特定機能
というものはほとんどなく、屋根をかけて庭とつなげてあるだ
けじゃないですか。家にもなるかもしれないし、店になるかもし
れない。こういうのが日本の建築の伝統的なつくり方なんで
すよね。磯崎さんはモダニズムが行き詰まって、外装(パッ
ケージ)とファンクションしかないものが売れなくなったときに
建築を、建築もものなのですが、高尚なアートにして売り切ろ
うとしました。アートとして新たな価値体系をねつ造していくと
いう切断を1970年代にやったんです。それをもう一回場所
に取り戻してやる。それが僕の使命だと思っているんです。

B　場所に空間をつくるというのは、日本だけにとどまった
話ではありませんよね。何十万年前に洞窟に住んでいた
頃から、世界中で人間にとっての建築にはそういう意味が
あったと思うんです。
菊竹(清訓)さんの出雲大社庁の舎も、設計の過程を追

跡すると、実はコロコロと要求条件が変わっているんです
よ。社務所というものはもともとそういうものかもしれない
けれども。それで結局、菊竹さんもシメシメと思ったかは知
りませんが、とにかくここには空間がひとつあればいいん
だという考えに至った。

隈 あの建築にも機能はないですものね。

B そうなんですよね(笑い)。空間をとにかく洗練された
やり方で覆ってやれば、後は何とでもやっていけるでしょ
うという結論があのプログラムだったんですよね。それが
一方で菊竹さんのメタボリズムにつながっていくわけです
が。たぶんそのあたりの根源的な建築のあり方と関係す
る、ひとつの要素だと思うんですよね。

まとめ

B ありがとうございました。これで、プログラムについて隈
さんの考えがよく分かりました。最後に少しまとめさせても
らいますね。

プログラムに目覚める一番のきっかけになったのは、コー
ポラティブハウスだった。状況と条件がコロコロ変わるな
かで、さまざまな関係者と一緒に、設計条件を自律的につ
くっていく過程が新鮮だった。危ない目にも遭った。

そして、公共建築、それも地方のお金のない自治体と付き
合い、プロフィットではなく全体のベネフィットをプログラム
するという経験が大きかった。建築には、プログラムという
計画が必須と考えるようになった。

また、建物の名は、体を表さない。浅草も観光センターと
いいながらそれは1階だけで、その一段上のプログラムの
提案を求められていた。長崎県美術館では、長崎県・市
は観光の拠点が欲しかっただけで、それがたまたま美術館
というプログラムだった。そういう意味で、敷地の運河を活
かした提案が優れていた。

隈さんはこのように考えているわけですね。

■ キーワード

── プログラムとは

一番簡単な定義は、モノやコトが事実となる前に、つまり建築環境
が実際に存在し成立する前に、その在るべき姿・状態について述
べることで、建築設計の前段階にこれからつくる建築環境の「在
り方」を簡潔に表現した言葉であり、設計を導く指針でもあり、関
わる人々のコミュニケーションの梃子となったり、同意を得ていく助
けとなったりするものである。従って、建築環境の最終的詳細が
設計されるプロセスの初期にまずは設定・設計されるものであり、
その記述形式は概念的なものであると同時に、そのある程度の
抽象性がその後の設計過程を導いていくことになる。

── 建築概念の大きな変化

設計作業の内容を、設計者やユーザー・オーナーなどの関係者間
で伝え合うために表現する言葉として、プログラムという概念を用
いる。その大きな理由は、対象である建築の在り方が大きく変化
したからで、建築存在の形態を現わす要素として在るべき「デザイ
ン」や「機能」の概念では、必ずしも設計の内容を示すには十分で
ないことが背景にある。

── 建築概念の拡張

建築と社会のつながりを考えると、建築(空間とBE・床壁天井柱
梁)とそのデザイン・機能に収まらない建築の使命がある。

── 拡張されつつある建築概念を守るプログラム

プログラムをどうつくるかが社会のなかで建築が果たす使命を保証
し、その寿命や生きやすさを決める。デザインや機能だけでは建築
の存在を守れず、FM概念も踏まえて「長期に渡るアクション(メン
テナンスに限らない)により建物価値を低下させない」という経営
概念なども重要である。

── 建築プログラムを決める多くの関係存在

建築がどう在るべきか定義するプログラムを創るには、その建築を
取り巻く多くの関係者や関係要因が存在する。

── 設計者に求められる職能

近代初期・明治には、例えば「議事堂」設計を依頼されると、議事
堂に関する知識も含めて建築設計を提供するのが設計の役割
だった。しかし建築概念が一般に浸透してくると、要求は増す。
「人目を引く印象効果のあるデザイン」から、「建物の使われ方に
関する経験値や専門知識」を提供して、使用上の機能面での齟
齬を防ぐことなど、専門家としての幅広く深い知識と経験が求めら
れてきた。
現代では「所有者・管理者変更などによる大幅な用途変換設計」
や「まったく前例のない用途建築の設計」もあり、設計職能のなか
でプログラム概念の適用確立と、それをアクター(関係者＋関係
要因)間で共有した設計─施工─管理が求められている。

---

*1──ブルーノ・ラトゥール(Bruno Latour、1947年生まれ)は、フランスの社会学者。専門は、科学社会学、科学人類学。アクター・ネットワーク理論(Actor-
network theory、ANT)に代表される独自の科学社会学の構想によって知られる。基本的には、「主体-客体」「人間社会-自然」というような二分法脱却を目
指し、幅広い概念でのアクター・ネットワーク理論を展開する。

*2──隈研吾設計。地上4階地下1階。東京都世田谷区砧2-4-27、1991年竣工。もとはマツダの東京拠点のひとつとして建てられ、1991年11月28日にオープン。
M2というビル名は「2つ目のマツダ」の意。ポストモダン建築の斬新な内外装デザインが国内外の話題を呼び、語り草となった。しかし、後にマツダはこれを売却、
葬祭施設東京メモリードホールとなった。

*3──大阪の都住創、ヘキサ・中筋修氏の一連のコーポラティブハウス。

隈研吾の設計とプログラム
概要

このまとめは出版にあたり、情報設計小委員会が、本書の基本テーマである「建築プログラム」について、対談座談を書き留めた資料をもとに、隈研吾氏の考えを整理した一文である。具体的な事例を示すことで本書への読者の理解につながれば幸いである。

聞き手　今日は「隈さんのプログラム」について語っていただきたいのですが、ポイントは3つあります。
1）まず「隈さんのプログラム概念に対する考え」を伺います。プログラムは建築の在るべき姿を示しますが、その「在るべき」とは、ひとつには関わる人の希望であり、もうひとつには理想のみならず社会の他の要因からの規制や規範を示しています。建築とは、敷地、街、都市、社会といったものとつながっており、また関わる多くの人との関係により成り立っているシステムであることを前提にしています。以上を前提に、隈さんの「プログラムついて考えること」をお聞かせください。
2）次に「プログラム概念」に対する考え方の変遷があれば伺いたいです。設計活動のなかで考え方が変化してきていたら、その過程を教えてください。
3）またプログラム的に上手く行ったと思う事例があれば、教えて下さい。なぜ上手く行ったのか、何かお考えがあれば教えてください。
最後に、これからの設計活動のなかで、やってみたい、実現したら嬉しい、というようなプログラムがあれば、教えてください。

私のプログラム論

隈　まずはプログラムですが、機能（ファンクション）と対比して考えたほうがいいと思います。時代が変化するダイナミズムのなかで、建築が再定義されてきています。建築をトータルなシステムすなわちフローと考えると、社会のさまざまな経済や政治、建築自身のメンテナンスのことなどを考える必要が生じてきます。国立競技場の一番上に散歩道があるのですが、いろいろな意味があってただの通路ではないわけで、存在自体が大事なものなのですけど、そういう提案の説

得力が、機能だけでは力がないわけですよね。時代も状況も違ってきている。
この状況転換を言うと、建築、あるいは環境と言ってもいいのですが、主体/アクターが人間だけではなくなってきています。僕がシンパシーを感じているフランスの思想家ラトゥールのANT（アクター・ネットワーク理論）でいうような、アクターは物を含めてたくさんあり人間はその一部だということです。従来の建築計画とは違った考え方です。建築物は固定されているのが問題だと言われてきましたが、物と人の総合物だと考えれば動き続け流れ続けていて、少しも固定されてはいません。変化のなかに流れているのがプログラムかとも思います。建築を構成する素材も何もがアクターで、アクターを動かしているのがプログラムだという考えです。
設計の経験からいうと、商業建築など民間の仕事で空間サイドに求められるのは「目立つこと・眼を驚かすこと」ですが、民間から公共建築などの設計に移っていくと建築の計画も変わってきました。これからの計画として採算性やそもそもどうやってベネフィットを生み出すのか、どうやって継続的に存在していくのか、一緒に計画を考えてほしいと頼まれることが増えました。既に出来ている建物についても声がかかることもある。ファンクションはスタティックな用語で、出来るまでの話ですが、出来た後を考えるとプログラム的に考えるしかない。先のことに責任をもつこと自体を設計と考えていると言いたい。
磯崎さんは建築をアートと言い切ってしまいます。それは出来たら終わりで、売り切りです。しかし僕自身そうはいかない場面にたくさん直面しました。「M2」はショールームから葬祭場になりました。それで相談を受ける。これはまったくのファンクション変換ですから、そのなかで新しいプログラムを考えるのです。事務所を始めた初期にコーポラティブハウスをプロデュースし、プロジェクトに参加する人集めから経験しましたが、そこでも機能はコロコロ変わった。建築が変化のなかにあるというのは、よく知っているんです。大阪の「都住創」というコーポラティブハウスでやってきた中筋さんに教わりながらやったけど、先に何のスキームもない。与条件があって、それに沿って設計するという大学で習ってきたやり方ではなくて、設計条件を自分でつくっていくしかないんです。そしてそれすらコロコロ変わる。また、自分たちもそこに入居したため第三者ではいられない。しかもバブルが弾けたら会社が潰れてローンが払えない人が出てきてしまって、他の人の所有する部分も僕が引き受ける羽目になり。建築はナマモノで怖いことを思い知りました。

聞き手　建築は敷地、街、都市、社会などとつながっており、またそこに関わる多くの人との関係により成り立っているシステムであることを前提にしています。これはプログラムの定義にも関わりますね。磯崎さんのように設計時

サンドニ・プレイエル駅

にプロセスプランニングに取り組んだり、大分の図書館が
ミュージアムになったりという、時間軸を取り入れた設計
の段階からもさらに変化している。建築はさらに複雑で多
様なものが関係し合ってつくられ、完成したら終わりではな
く、ずっと変化していくというような捉え方でしょうか。

隈　やはり建築の再定義が継続的に必要です。建築はも
のではなく流れですね。

聞き手　パンテオンはローマにしっかり建っているけど、そ
れを支える仕組みがあってこそ存在を続けている。本書
出版までの議論のなかで「建築は永遠のもので人間や
社会を超える」という立場を強調した建築家もいますが、
建築は支える人がいなくなったらアッという間に壊れてし
まうと考える方がいいのではないか。その点が建築家とし
て、隈さんの考えとの大きな違いだと思います。その一方
で、人間以外に建築の存在に関係しつづけ、支えている

要因はないのでしょうか。

隈　建築の存在を支えるもの、機能が変わっても変化しな
いものは、場所そのものです。場所の力を信じて、それからプ
ログラム論をスタートさせることが必要です。これは建築論
でもあります。磯崎さんの建築アート論では、建築は場所か
ら切れている「作品」であり「商品」なわけだけれど、そうじゃ
ない。いまフランスのサンドニのプロジェクトをやっています。
駅なんだけど、ただの駅ではしょうがないので、そこにコミュニ
ティの中心のようなものを置く。ぐるっと回っているスパイラル
の上に文化施設を置いて。地下には4本のメトロが通ってい
る。コンペで取りましたが、そこで強調したのは形態ではなく、
新しいプログラムです。また、上海で造船所を再利用したプ
ロジェクト「Shipyard 1862」でも、残っている煉瓦の構造をそ
のままにして、ここに人が集まって流れてくれるためのプログラ
ムを考えました。

2

日本建築学会賞（作品）と時代背景
時代の反映としてのその歴史

この節は、建築学会賞の歴史とその時代背景についての概要を示すために、建築史家の長谷川堯氏が、学会賞作品を歴史的観点から考察した論文をもとに、現代までの学会賞作品の歴史を俯瞰する試みである。節の前半には、長谷川氏の論文（冒頭文、第1期〜第4期（1949年〜1991年））を掲載し、以降の年代（第5期）については米田が記した。さらに、参考のために建築学会賞と時代背景に関する年表を末尾に掲載した。

長谷川堯「学会賞受賞作品年表を読む 作品賞の歴史を4分割して考える」*0

本誌の編集委員会から届いた原稿依頼の手紙の冒頭には、「日本建築学会賞受賞作品年表を一覧すると、戦後における建築デザイン潮流の変化が読み取れる」と書いてあった。そして「学会賞受賞作品を手がかりに、当時の建築設計界の動きを振り返るとともに、受賞者のその後の活躍にも言及しながら、デザイン潮流における受賞作品の意味や作家活動における学会賞の意味を考察する」ことを求めたいと、かなり欲張りにも思える趣旨が記されていた。はたしてそれほどうまく「学会賞の意味」がつかめるものかどうか。正直なところ私は訝りながらも、とりあえず、1949（昭和24）年から現在に至る40数年間を、20世紀後半の50年と考えて、時の流れを整理してみた。まず受賞者である建築家たちの世代を、大学卒業の年度を中心にいくつかのグループに分け、これに彼らの建築デザインにみられる共通した傾向を探しつつ、さらに当時の社会的動向を考慮し、これらによって作品賞の歴史を、ほぼ4つの時期に分割して考えることはできるのではないか、という結論に達した。具体的には、「第1期：1949-61年」「第2期：1962-74年」「第3期：1975-87年」「第4期：1988年-世紀末」の4エポックがそれである。早速、その各期間の内容と、その区分の理由、およびその期間内の建築作品の傾向等について、概略説明を加えてみることにしよう。

第1期：1949-61年

敗戦後の被占領状態を、1951年のサンフランシスコ平和条約によって脱して、国家の独立の回復と、国際社会へ復帰しようとするころに始まり、終わりは、1960年の「新日米安保条約」の成立による日米の軍事的関係の明確化、にいたる政治的過程がこの時期にあたる。経済的には朝鮮戦争勃発による特需景気によって、終戦直後のインフレ経済から次第に脱却し、戦後の経済の再構築作業がスタートする。谷口吉郎（〈藤村記念館〉ほか）が、1949年に最初の学会賞の受賞者となって以来の12年間が「第1期」である。この期間における受賞作品の内容は、戦後全く新たに提示されたデザイン理念を、いち早く空間的に実現した結果であったわけではない。むしろ戦前の建築界において、これらの建築家たちが提言・表明していた内容が、やっと戦後になって実現し、こうした作品に対して、学会賞が与えられたケースが多かった。事実、受賞した設計者たちの世代的な側面を見ても、彼らはほとんど例外なく、大正時代から昭和戦前に大学の建築教育を終えていた人たちであり、しかも大部分が、戦前において設計活動の実務につき、図面を引いた経験を持つ人たちであった。A.レーモンド、ミノル・ヤマザキの外人組は別にしても、村野藤吾、今井兼次、山田守、堀口捨己、岸田日出刀、佐藤武夫などの大正期卒業組が、名付けて「昭和ロマン派」といったグループを構成して、次々と受賞した。他方で、これに続く世代の建築家、たとえば谷口吉郎、前川國男、坂倉準三、小坂秀雄、吉村順三、丹下健三、大江宏、佐野正一、清家清、芦原義信などが一塊になっており、この昭和戦前の大学卒業組が、もう一つの核である「コルビュジエ（近代合理）派」系列をつくり、前者に拮抗するというよりも、それを圧倒するほどの勢力となっていた。もうひとつ、この時期の第三勢力として案外無視できないのが、「旧逓信省派」とでも名付けることのできる一群の建築家たちであり、山田守、小坂秀雄をはじめとして、これに薬師寺厚、大沢秀行、国方秀男

*0──建築雑誌　Vol.108, No.1337　1993年1月号掲載

などの面々が続き、着実に受賞している。この三派のうちで最も勢いのあったのはいうまでもなく「コル派」であり、その中心人物であった前川國男は、51年の〈日本相互銀行本店〉以後、〈神奈川県立音楽堂・図書館〉〈国際文化会館〉（共同設計）、〈京都会館〉、そして〈東京文化会館〉に至るまで、この時期だけで実に5度、作品賞を受賞している事実は、当時彼が日本の建築界に与えた影響力がいかに大きなものであったかを如実に示しているだけでなく、当時の学会作品賞の評価基準がどこらあたりにあったかを、はからずも私たちに教えている。

第2期：1962-74年

池田内閣の「所得倍増計画」（1960）が引き金になって、高度成長経済政策が発進し、やがてそれが田中内閣の「日本列島改造論」（1972）に増幅されていった矢先の1973年、オイルショックが世界経済を震撼させて、経済が一頓挫した時期。水俣病をはじめとする深刻な公害問題が顕在化したのもこの時期である。受賞者の顔触れでいえば、62年の今井兼次、槇文彦、安田臣の組合せから、74年の浦辺鎮太郎、岡田新一、山本忠司の組までの12年間である。今井→浦辺、槇→岡田という二組の受賞者が、この時期の前後を抑えているのは、その内部に同じような二系列の受賞者と作風が存在していたことを暗示しているといえるかもしれない。前者は、今井兼次〈日本26聖人記念館〉、吉阪隆正〈アテネフランセ校舎〉、浦辺鎮太郎〈倉敷国際ホテル〉、村野藤吾〈日本生命日比谷ビル〉、白井晟一〈親和銀行本店〉、佐藤武夫〈北海道開拓記念館〉、浦辺鎮太郎〈倉敷アイビースクエア〉、山本忠司〈瀬戸内海歴史民俗資料館〉などの諸作品が示す系列である。これは、先の第1期では優勢なモダニズムの陰に隠れて守勢に回った感のあった、「反合理主義」としてのある種の歴史主義とかロマンチシズムが息を吹き返した結果の系譜である。後者のグループは、第1期の「合理主義」の系譜を一応は引き継ぎながらも、そのなかに国際主義を否定した地域主義や、ブルータリズムやメタボリズムなどが代表するような、紋切り型のモダニズムからの離脱志向に勇気づけられた一群の作品であった。基本的なデザイン傾向としては、構造躯体をできるだけ露出して表現し、打放しコンクリートの仕上げを好むといった点では、前の第1期に濃厚だった「前川イズム」が継承されていた。受賞者の世代を参照するとこの時期の受賞者の独自性はさらに鮮明に理解されるだろう。というのも、62年の受賞者である槇文彦が、実は戦後、大学建築教育を修了した建築家のなかで一番初に学会賞を受けた

建築家であったからである。このことでもわかるように、これ以後続々と、「戦後卒モダン派」の建築家たちが学会賞を受けていくことになるのである。年度順に受賞者の名前を列記すれば、槇文彦、菊竹清訓、鹿島昭一、高瀬隼彦、横山公男、磯崎新、太田隆信、大高正人、鬼頭梓、岡田恭平、内田祥哉、高橋靗一、篠原一男、内井昭蔵、池原義郎、岡田新一などがそれである。この中にはアメリカの大学、大学院を修了した人たちが少なくないのも特徴である。なお時期的には次の第3期の受賞者に属すが、穂積信夫、増沢洵、阪田誠造、林雅子、大谷幸夫、などの作品もこのグループの作品系譜に入れて考えることができる。

第3期：1975-87年

石油の高騰による省エネ論議や、首相の汚職のロッキード事件（1976）などの暗い話題で始まりながら、やがて日本経済の海外進出が世界中から注目されるようになり、円高基調はますます進んでいった。中曽根内閣の登場（1982）以後、しだいに経済はそのバブルを膨張させ始め、巨大都市への金と人の集中化傾向が極端になり、地価が暴騰したし、地方で農業と農村が疲弊した。業務のコンピューター化や、一般へのパソコンやワープロが普及しはじめたのもこの時期。建築デザインのうえでは、1974年に始まった「巨大主義建築論争」が象徴するような、巨大スケールのオフィス建築などの連続的な登場があり、大都市のスカイラインが変わっていった。また他方では、20世紀も第4四半期に入って世界的に顕著になってきたモダニズムからの離脱、いわゆる「ポスト・モダニズム」の建築が日本でも有力になり、歴史的な意匠の継承やヴァナキュラリズムが台頭した時期。その意味で、この期間の最初の年（1975）の受賞作品が、前者の論争のきっかけとなった日本設計の〈新宿三井ビル〉であり（やがてこれが7年後の小倉善彦・浜田信義の〈新宿NSビル〉の受賞につながる）、またモダンからポスト・モダンの意匠への転身を日本で最も鮮やかに遂げてみせた磯崎新の〈群馬県立近代美術館〉であったことは興味深い。この期間に特徴的なことの一つは、1960年前後か60年代前半に大学または大学院を出た世代の建築家たちが、受賞者の中心的な世代だった点にあるだろう。受賞年度順に列記すれば、山崎泰孝、山下和正、安藤忠雄、谷口吉生、高宮真介、宮脇檀、象設計集団、三井所清典、小倉善明、浜田信義、毛綱毅曠、伊東豊雄、木島安史、長谷川逸子、原広司、中筋修、安原秀、小島孜、渡辺豊和などであるが、これに次の第4期の黒川紀章、

葉祥栄、瀧光夫も入れることができる。これらの建築家たちの作風は、強力なモダニズムに基づく建築教育を通過し、その論理や美学を強く信じた経験をもちながら、ある時その「教科書」に疑問を抱き、それを意図的に投げ捨ててみせた、そのさまざまなポーズによって構成されていたといえるかもしれない。第2期にみられたような、構造的な表現や打放しコンクリートの仕上げは、安藤忠雄の場合のように、依然として残っているが、しかし躯体や素材感を誇示するというよりも、より中立的で控え目な存在に見せるように立場が後退し、かわって軽金属、ガラス、合成樹脂などの、軽く光沢のある素材が好まれる傾向に次第に移行してきて、やがて次の第4期の主流の表現に成長していく、その初期的な兆候が生まれる。このほかこの期間の受賞作品のもう一つの特色は、地方主義あるいは地域密着型の建築デザインに光が当てられた点にあった。この方向は、すでに前の期間に、浦辺鎮太郎の倉敷での仕事や、山本忠司の香川県での仕事などへの授賞で始まっていたが、この期間に入るとさらに明確になり、宮本忠長の「長野」、象設計集団の「名護」、内田祥哉の「佐賀」、毛網毅曠の「釧路」、木島安史の「熊本」、石井修の「西宮」、渡辺豊和の「龍神村」と展開し、さらにその後、次の第4期の葉祥栄の「小国」、真喜志好一の「沖縄」、吉田桂二の「古河」などへと続いていくことになる。

第4期：1988年-世紀末

バブル経済の狂想曲の高まりが、1990年代初めに突然弾けて、日本経済はオイル・ショック以来の墜落を経験した。こうして劇的なスタートを切った20世紀の、まさに世紀末の12年間がこの期間を構成するはずだが、まだその1/3の時間が経過したばかりである。学会賞の行方の確かな予測はつけにくいが、思えばこの第4期が、高松伸の〈キリン・プラザ・大阪〉ではじまったことは、かなりの意味があることのように思える。高松は1948年生まれであり、前年に学会賞を受けた山本理顕（1945年生）とともに、じつに戦後生まれの建築家たちの仕事が、初めて学会の作品賞となったのがこの〈キリン〉であったからだ。戦後に大学を卒業して最初に作品賞を受賞したのが、1961年、弱冠33歳の時の槇文彦（1952年卒）であったことはすでに触れたが、おそらく40歳の高松の作品賞の受賞は、槇の場合に似た、学会賞史の屈折点を示すものになるだろう。つまりポスト・モダンがようやく「表舞台」での興行が承認されたという意味と、戦後の建築界を席巻したモダニズムの洗礼を直接受けずに成長した世代、いわば建築界の"新人類"世代の活躍の予兆という二つの点からである。翌89年には、石井和紘（1944年生）、坂本一成（1943年生）、続く90年には真喜志好一（1943年生）、湯澤正信（1949年生）、長澤悟（1948年生）、六角鬼丈（1941年生）など、いずれも1940年代生まれの、いろい

*1——第1期～第4期の論考は、1993年、長谷川堯氏による。第5期は米田により、1993年以降の学会賞作品賞を対象としている。

*2——「バブル崩壊」：1990年初頭に起きた株価と地価の暴落を指す。株価と地価が経済の実勢から乖離して高騰し、その後下落し、経済に大きな影響を及ぼした（内閣府経済社会研究所によるシリーズ『バブル/デフレ期の日本経済と経済政策』、慶応義塾大学出版会 参照）。

*3——バブル崩壊後、公共投資が拡大していく過程は、（「財務省財務局六十年史」および、各年度国会「予算説明」）がその概要を伝える。

*4——「EU」：戦争の悲劇を繰り返さないという理念のもと発足し共同体ECSC等を経て、EC（欧州共同体、1967年発足）に至り、1993年にマーストリヒト条約（欧州連合条約Treaty on European Union）（①経済・通貨の統合、②外交・安全保障、③司法・内務協力、の統合、経済統合と政治統合への道筋を示した条約）が発効され「EU」（ヨーロッパ連合）に改称された。（駐日欧州連合本部HP記事および『現代用語の基礎知識2015年版』、自由国民社、2014年 参照）

*5——「京都議定書」：1992年に世界は、国連のもと、大気中の温室効果ガスの濃度を安定化させることを究極の目標とする「気候変動に関する国際連合枠組条約」を採択し、地球温暖化対策に世界全体で取り組んでいくことを合意した。同条約に基づき、1995年から毎年、気候変動枠組条約締約国会議（COP）が開催されている。1997年に京都で開催された気候変動枠組条約第3回締約国会議（COP3）では、先進国の拘束力のある削減目標（2008-2012の5年間で1990年に比べて日本は－6％、米国は－7％、EUは－8％等）を明確に規定した「京都議定書」（Kyoto Protocol）に合意した。（環境省 気候変動の国際交渉 より）／1979年省エネ法、1997年京都議定書地球温暖化の原因となる、温室効果ガスの削減率を先進国における1990年を基準として各国別

に定め、共同で約束期間内に目標値を達成することが定められた。温室効果ガス6種の合計排出量を1990年に比べて日本は－6％とする。／2003年省エネ法届け出義務（2,000m2以上の非住宅）、2006年省エネ法（届け出義務の拡大）、2010年省エネ法（届け出義務の拡大、300m2）、2012年都市の低炭素化の促進に関する法律、2015年パリ協定、産業革命前からの世界の平均気温上昇を「2度未満」に抑える。さらに「1.5度未満」を目指す。日本の目標として2030年までに、2013年比－26％のCO2等の削減（みずほ研究所）2020年省エネ基準適合義務（すべての建築）（1979年も記載）／「長期的には1.16℃/100年の割合で上昇している。特に1990年代以降高温となる年が増えている」国土交通省 気象庁 日本の年平均気温偏差分布。「このままでは、最大4.8℃上昇する（気候変動に関する政府間パネルIPPC第5次評価報告書（2014年）一第一次作業部会（自然科学的根拠）環境省／設備環境技術の成果を示す作品も多い。ダブルスキン（せんだいメディアテーク）、空調ジェットノズル・他（関西空港）、（NBF大崎ビル）他。

*6——「インターネット」：インターネットプロトコルベースのコンピュータネットワーク間における相互接続ネットワーク。商用利用は、1980年代後半から使われた。／「携帯電話」は、1990年代から普及が進んだ。90年代半ばにアナログからデジタルへ移行、メッセージサービス始まる。99年（NTT）iモード開始。／携帯電話の普及率（1994年1.7％→2000年40.4％→2016年123.1％）（総務省「電気通信サービス契約数及びシェアに関するデータの公表 平成27年度」）

*7——「アメリカ同時多発テロ」：2011年9月11日米国で発生した同時多発テロは国際情勢に対して最も大きな影響を与えた衝撃的な出来事であった。従来、国家を中心に展開されてきた国際関係に対して、テロ組織という非国家主体がこれまで想像もできなかった影響を一瞬のうちに及ぼし

ろな意味でピカピカキラキラした世代の建築家たちが作品賞を手にしている。あと、建築設計の国際化という新しい局面を反映して、レム・クールハースの受賞が、今後の学会賞の一つの方向を暗示しているといえるだろう。

第5期：21世紀初頭-2020年

次に1994年から2016年現在までの期間に受賞した作品を分析する[*1]。

時代背景

90年代初頭、バブル崩壊[*2]後、日本経済が急速に失速しはじめるなか、主に景気刺激のため積極的な公共投資が行われていった[*3]。ヨーロッパでは93年に欧州連合「EU[*4]」が発足し政治経済的統合を加速させてゆく。また、環境分野では地球規模の問題が議論され、97年に各国の環境抑制目標値を定めた「京都議定書」が採択された[*5]。その後、日本でも建築に関する環境基準が次第に厳しく規定されることになる。社会状況に目を向けると、インターネットがパソコンの普及とともに社会へ浸透しはじめ、携帯電話が急速に普及していった[*6]。

今世紀に入ると、現在までの十数年の歴史を象徴する事件といえる「アメリカ同時多発テロ」が発生した。この事件はテクノロジーによる高度情報化やグローバル化する政治経済という特徴を有する国際社会において、国家対テロという新たな対立軸をもたらし、イラク戦争や移民問題をはじめとしたさまざまな国際問題の発端となる出来事であった[*7]。ヨーロッパでは2002年に新しい通貨「ユーロ[*8]」が流通を開始し、世界経済のグローバル化へ多大な影響を与える一方で、08年アメリカの「リーマン・ショック」が「世界同時不況」という負の連鎖を生むことになる[*9]。90年代後半から、日本では「少子高齢化」の傾向が顕著になり、社会保障への支出が増大し、その分を穴埋めするかのように公共投資が抑制されてゆく[*10]。しかし、根本的改善には程遠く、国の歳出と歳入の差が「ワニの口」のように開いてしまい、現在では巨額の財政赤字が累積する事態に陥っている[*11]。そのような状況下、2つの震災に対し巨額の復興費が投入され、建築界も復興に貢献することになった。そして、震災の検証結果を受け構造関係法規が一部改正された[*12]。日本経済は総じてデフレーションの傾向が続き、バブル崩壊以降、現在まで我が国は「失われた20年」と呼ばれる経済の低迷期から抜け出せない状態が続いている[*13]。今世紀に入ってからもインターネットやコンピューター情報技術（IT）の発展は目覚ましく、進化する高度情報化の一端として「スマートフォン[*14]」が、2009年頃から急速に普及しはじめている[*15]。また、携帯端末と融合し双方向の情報通信を主とした「ソーシャルメディア[*16]」が、個人をつなぐ情報ネットワークの拡張に貢献している。一方で高度情報化を支えるコンピューター技術の発達は、建築業界に「耐震偽装事件」という倫理的問題を突きつける一因となった[*17]。こ

た。（平成14年外交白書 外務省）

[*8]——「ユーロ」：1991年に導入されたEU共通通貨。2002年通貨流通開始。（『現代用語の基礎知識2015年版』自由国民社、2014年）

[*9]——「リーマン・ショック」2007年サブプライムローン問題を契機に起きた住宅金融市場の混乱（サブプライムローンを組み込んだ証券化商品の価格暴落）から、2008年9月リーマン・ブラザーズの破産申請により、国際金融資本市場の緊張が一気に高まった。「リーマン・ショック後の経済金融危機における財政投融資の対応」平成23年6月財務省理財局財政投融資総括課）

[*10]——社会保障費の増大と公共投資の抑制の関係と過程について（『財務省財務局六十年史』および、各年度国会「予算説明」）を参照した。／「少子高齢化」は、「少子化」と「高齢化」に分けて説明がなされている。／「少子化」：少子化の問題は、1990年、前年1989年の出生率（1.57）が、丙午1966年生時の出生率1.58を下回った件を受けて、「1.57」ショックと呼ばれた。この事態を受け1994年「少子化」対策基本方針策定（厚生労働省「エンゼルプラン+緊急保育対策等5か年事業」）から現在まで、数々の対策が打ち出され施行されるが、出生率の抜本的改善には至っていない／「高齢化」：生産年齢人口（15才から64才）が減少傾向に入るのが、1990年代半ば頃からである。また、高齢化率は、上昇の一途であり、2015年には、人口（65才以上）が生産年齢人口（15才から64才）を上回る、人口の逆転が起こるのが、1990年代半ばである。（内閣府「平成28年版高齢化白書」）

[*11]——「ワニの口」：「我が国財政の現況を語る際、「ワニの口」という言葉が人口に膾炙するが90年代後半以降、拡大する支出と低迷する税収で大きく開いた格差を視覚的に表現したもの」（立法と調査 2015.4 NO363、参議院事務局企画調整室編集発行）（その他、国会質問

財政金融委員会 税収構造の変化問題について（2015年3月31日）参考）／国の債務の増大とその内容については、財務省 平成24年2月 日本の財政関係資料（平成24年予算案 補足資料）が詳しい。／「IT」：情報技術（Information Technology）

[*12]——2つの大震災とは、1994年阪神淡路大震災（M7.3）、2011年東日本大震災（M9.0）を指す。（参考に、現在の建築構造基準に関わる他の主な地震を挙げておく。1948年福井地震（M7.1）、1968年十勝沖地震（M7.9）、1978年宮城県沖地震（M7.4）、2004年新潟県中越地震（M6.8）、2007年新潟県中越沖地震（M6.8）（マグニチュードの値は気象庁データベース）／今後、建築構造基準に影響を及ぼすと考えられる地震として2016年熊本地震（M7.3）（同 気象庁）

[*13]——「失われた20年」：1990年代初頭から2010年頃まで景気後退が続いた時代をいう。／「失われた20年」（第一生命研究所経済調査部 ECONOMIC TRENDS 経済関連レポート 2009年）参照。

[*14]——インターネットの普及率：平成9年（1997年）9.2%→平成12年（2000年）37.1%へ普及が進む（平成15年2003年総務省通信白書）→平成26年（2014年）82.8%（世帯、個人、法人のうち、事例として個人の比較情報を掲載。出典：総務省「通信利用動向調査」）

[*15]——「スマートフォン」：携帯電話やPHSと携帯情報端末（PDA）を融合させた端末（『現代用語の基礎知識 2009年版』、自由国民社、2008年）／スマートフォンの普及率（2010年9.7%→2014年64.2%）（総務省「インターネットの普及状況平成27年度」）

の問題を受け、建築士法をはじめ関連法が改正され、構造と設備設計に関する新たな国家資格が創設されるに至った。

90年代バブル崩壊以降

さて、作品賞を振り返ることにしよう。91年初頭のバブル崩壊以降、「ポスト・モダニズム」的傾向が弱まり、新しい建築理論を模索する動きが見受けられるようになった[18]。そのような時期に新たな建築デザインを指向し評価された受賞作品のひとつが内藤廣〈海の博物館〉である[19]。安価な建設費用と高耐久性能の要求に対し、「素形」という建築の原型を探り時間性に依拠したデザインを取り入れる設計方法が提案された[20]。また、〈登米町伝統芸能伝承館〉により受賞した隈研吾は、低予算のなかで地場産の木ルーバーを巧みに取り入れ「たたみこまれた時間を表現する」というデザインの新たな境地を開いた[21]。隈はその後、「負ける建築」という、環境（物質）の循環へ、また、時間へ「接合」する建築を目指す建築理論を展開させてゆく[22]。

戦後、日本は高度成長期を主に、人口が都市部に集中する都市化[23]が急激に進行していった。都市化はさまざまな都市問題を生み出していく。インフラ整備が追い付かず孕みゆく諸問題と社会のグローバル化を背景に、また、公共投資の後押しも受け〈関西国際空港旅客ターミナルビル〉が竣工した[24]。また、「新国立劇場」は、それまで主流だった多目的劇場とは一線を画す、オペラや演劇、コンサート専用のホールを備えた本格的劇場建築となった[25]。

90年代、「都市型住宅[26]」という分野から、東孝光が「都市型住宅の基幹を創出し」受賞[27]。岸和郎の〈日本橋の家〉は「建築の詩的能力を極限の形で証明した現代的意義」を評価された[28]。今世紀に入り、コンピューター技術や高度情報化の影響による特徴をもつ建築が現れた。どこでも使えるという意味の「ユビキタス[29]」。そのような時代における「公共建築の規範」と評された、伊東豊雄・佐々木睦朗の〈せんだいメディアテーク[30]〉。渡辺誠の〈飯田橋駅〉は、コンピューター技術により初めて設計が自動生成された建築として注目を集めた[31]。

*16——ソーシャルメディア (Social Media)：消費者が主体的に情報を発信するためのブログやSNS (facebook、twitterなど) は、CGM (消費者生成メディア) と呼ばれる。情報発信の主体が個人と個人、個人と組織に社会的に双方向的なつながりを与えるメディア (『現代用語の基礎知識2016年版』自由国民社、2015年) ／facebookはマーク・ザッカーバーグらが2004年に創業、2008年に日本語版が一般公開、twitterはOBVIOUS社 (現在twitter社) が2006年に開始したウェブサービス、youtubeは2005年設立動画投稿が始まった。instagramは2010年apple app storeにて始まった。

*17——「構造偽装事件」：2005年11月に発覚した事件。07年改正建築基準法、08年改正建築士法の施行。構造計算適合性判定の導入、構造設計一級建築士、設備設計一級建築士の創設、建築士の定期講習義務付けなどが矢継ぎ早に始まった。(日経アーキテクチャー2010年11月ホームビルダー記事より) ／構造基準規定の強化 (1950年建築基準法、1971年建築基準法改正…耐震規定の改正、1981年新耐震基準、1995年耐震改修促進法、2000年建築基準法改正…耐震規定の改正)、国土交通省国土技術政策総合研究所・国立研究開発法人建築研究所 監修『2015年版 建築物の構造関係技術基準解説書』／2006年建築士法改正 (建築士制度の見直し…自然災害や社会的事件に応答、徐々に厳しい規定となる。1950〜81年も記載)

*18——「様々な建築理論。とくにドゥルーズが盛んに議論された。東京大学建築学専攻ADVANCED DESIGN STUDIES 編『これからの建築理論』東京大学出版会、2014年、p136を参照／「ドゥルーズ」：Gilles DELEUZE(1925-1995)。ドゥルーズの著作は1990年代に翻訳が進んだものも多い。河出書房新社編集部 編『ドゥルーズ 没後20年 新たなる回転』、河出書房新社、2015年を参照／1960年代以降の世界の経済動向と建築理論、建築の実践の相関モデルが提示される。／「ポストモダニズム」：(建築の)ポストモダニズムは、歴史を否定し建築の共通原理を普及させる運動としての近代建築への批判として、再び歴史性や場所性を導入、多様な建築文化をつくる試み (鈴木博之 編著、横手義洋、五十嵐太郎『近代建築史』市ヶ谷出版社、2008年) より／その他、以下の文献を参照 (五十嵐太郎 著『終わりの建築／始まりの建築 ポスト・ラディカリズムの建築と言説』INAX出版、2001年。チャールズ・ジェンクス 著、竹山実 訳『ポスト・モダニズムの建築言語』エー・アンド・ユー、1974年。鈴木博之＋東京大学建築学科 編『近代建築論講義』東京大学出版会、2009年。平尾和洋、末包伸吾ほか 著

『テキスト建築意匠』学芸出版社、2006年。デニス・シャープ 編、彦坂裕ほか 訳『合理主義の建築家たち モダニズムの理論とデザイン』、彰国社、1985年

*19——内藤廣「海の博物館」(1993年受賞。建築雑誌1993年8月号、新建築1992年11月号)

*20——「素形」：(英訳：「protoform」(TOTO出版「内藤1992-2004」より)) ／「素形」：内藤廣による造語 (概要：究極の経済性、耐久性を求めるうちに、気候風土に沿い、余剰なるものを排除して、本質のかたちを抽出するに至った設計方法) (新建築1992年11月号他参照)

*21——隈研吾「登米町伝統芸能伝承館」(1997年受賞。新建築1996年9月号) ／「登米玄昌石、在庫青森ヒバの活用、森林組合の協力をえて、2億円弱の総工事費で完成できたことも注目すべき。地方都市の町づくりに新しい価値観を提起すること」(推薦理由より) ／「登米町伝統芸能伝承館」に関して、隈はその著書のなかで、「波のような襞はドゥルーズが『襞』の中で論じた物質の襞に他ならない。」「ライプニッツによれば、物質は…独立した粒子(…オブジェクト)ではない。…物質とは凝集であり、…物質と時間とを分節することができない。物質の中に時間が内蔵され、襞のように折り畳まれている…登米の天然スレートを割った時、そのような物質の本質を…了解するのである。物質の中に折りたたまれた時間が…襞として露出するのである。(隈研吾 著『反オブジェクト』(筑摩書房、2000年)p149より)90年代以前の「ポストモダン」のデザインスタイルとは一変し、線状の素材やデザインを多用する建築家の新しいデザインソースがここに垣間見える。

*22——隈研吾 著『負ける建築』(岩波書店、2004年)

*23——「都市化」：日本の都市化率(都市化率とは都市部に住む人口の割合)は1950年約36%→2005年約66%。日本の都市化率は先進地域の水準に比して高くない。しかも近年都市化率の上昇が鈍化している。(みずほ総合研究所「都市化率上昇策が経済を活性化させる」、2010年)

*24——戦後、高度成長期を挟み、我が国では、旅客と物流の輸送が飛躍的に高まってゆく。一方で公害や騒音など都市問題も発生した。／1990年代後半、航空機利用輸送量は1950年の約20倍に膨れ上がる。EDMC編『EDMCエネルギー経済統計要覧』(2015年)、国土交通省「航空輸送統計年報」(1965年2952百万人・kmに対して、1995年65014百万人・km)／レンゾ・ピアノ/岡部憲明「関西国際空港旅客ターミナルビル」(1995年受賞)「社会的インフラ整備の規範。現代に

高度情報化が劇的に進む時代、社会を構成する国家や個人という主体の概念すら変容しはじめている可能性がある[32]。建築の世界においても、評価の対象範囲が拡張されるなど、学会賞の受賞作品にもその影響ともいえる兆しが見えはじめている。例えば、世紀末から徐々に審査の評価の対象が、建築そのものから、建築のプログラムやプロセス、市民との協働のあり方、建築計画と一体化した運営、使用状況など、広範囲に広がってきている[33]。この特徴が最初に現れた受賞作品に新居千秋〈黒部市国際文化センター〉が挙げられる。この建築は市民協働の「運営までを含めたソフトウェアとしての建築」が評価の対象となった[34]。また、「ワークショップ」という語が登場するのは04年に受賞した〈福島県立郡山養護学校〉である[35]。建築計画の過程に触れたものとして、「プロジェクトとは、様々なプロセスが織り込まれている……」とコメントした阿部仁史・小野田泰明〈苓北町民ホール[36]〉を挙げておきたい。この流れは市民とのワークショップを重ねた〈茅野市民館[37]〉、市民協働のまちづくりへ展開した〈岩見沢複合駅舎[38]〉などへと続いていく。山本理顕・木村

俊彦の〈公立はこだて大学〉では、協働者や使用者、そして、運営者との綿密なコミュニケーションをもとに、PC構造の巨大な一室空間からなる「共感された空間」が実現した[39]。また、手塚貴晴・手塚由比の〈ふじようちえん〉は、「幼い子どもの本能を呼び覚まし感性を伸ばす、人と建物の両輪がそろった園舎」として建築の使用状況が重要視されており、ここでも評価の対象の拡がりが認められる[40]。

■ ミニマリズムと技術への志向

今世紀以降の受賞作品における建築デザインのもうひとつの流れを見ていこう。20世紀末頃に、モダニズムの「均質空間[41]」を純化させ徹底させることによって、逆に不均質な空間を浮かび上がらせるという「スーパーフラット」の概念が現代美術家らによって提示された[42]。そして、構造技術の進化を背景に、モダニズムの系譜上に位置しながらも、ミニマリズム的構造・構法の実践によって導かれる新しいデザインの手法からいくつかの成果が生まれることとなった。最小限の鉄の柱群から極限の空間

おける芸術と技術の統合。学会賞受賞理由「軽快な大屋根、スケールの大きな発想を、ラチスシェルによる構造やオープンダクト、ジェットノズルによる空調、間接照明、などの先端技術を使いこなして結実させている。芸術と技術の統合」「わが国の空港にはなかったスケールの大きな発想を先端技術を使いこなしながら結実させている点、技術と芸術の統合を成し遂げている点を高く評価」(推薦理由より)(建築雑誌1995年8月号、新建築1994年8月号)

[25]──柳澤孝彦「新国立劇場」(1998年受賞)(新建築1997年6月号)

[26]──「都市型住宅」:日本建築学会編「日本の名建築167」(技報堂出版、2013年)p230より

[27]──東孝光は、1995年「塔の家から阿佐ヶ谷の家に至る一連の都市住宅」にて受賞。

[28]──岸和郎「日本橋の家」(1996年)

[29]──ユビキタス:(Ubiquitous)ラテン語で「いたる所に存在する」という意味。「ユビキタスネットワーク」:いつでも、どこにいてもネットワーク、端末、コンテンツ等を自在に、意識せずに、安心して利用できる情報通信ネットワーク(総務省 情報通信政策局「情報家電のネットワーク化の推進に向けて」2005年)/参考:矢代眞己+田所辰之助+濱嵜良実 著「マトリクスで読む20世紀の空間デザイン」

[30]──伊東豊雄+佐々木睦朗「せんだいメディアテーク」(2003年受賞)(建築雑誌2003年8月号)情報通信社会への応答「ユビキタス時代の公共建築の規範」(推薦理由より)(新建築2001年3月号)/受賞理由のキーワード「ユビキタス、インターネット、ダブルスキン、フラクタル、鉄鋼フラットスラブ、ラチスシェル、」

[31]──渡辺誠「地下鉄大江戸線飯田橋駅」(2002年受賞)(建築雑誌2002年8月号、新建築2001年1月号)

[32]──主体の概念が変容する様は、一例として、アントニオ・ネグリとマイケル・ハートの著書に登場する、「帝国」と「マルチチュード」が一例として当てはまる。「帝国」:(ネグリ/ハート「帝国」)『帝国』とは新しいグローバルな秩序形態…それは『ネットワーク状の権力』という新たな主体形態…主要な国民国家に加えて、超国家的制度、メジャー資本企業の権力が、主要な要素または節点(ノード)として含まれている。」(ネグリ/ハート「マルチチュード」p17)/『帝国』は『国境』を超えた一種の世界国家であるが、アメリカによる世界の一極支配を批判する用を持つ概念。…国境の超えた労働者の集団」(宇波彰 現代用語の基礎知識2015年版、自由国民社刊)/「マルチチュード」:(互いにコミュニケートしたりいっ

緒に行動できる、〈共〉性(=共同、共通性)を見出す可能性が生まれている…あらゆる差異を自由かつ対等に表現することのできる発展的で開かれたネットワーク」(ネグリ/ハート「マルチチュード」p19)

[33]──審査委員の講評文には多様な評価の在り方に対する意見が散見される。また、推薦理由文や設計者(受賞者)のコメントに、多様な評価を語る箇所が多数見つかるようになる(設計のプロセス、運営・使用者とのコラボレーション・協働、竣工後の使用状況など)。日本建築学会編「日本の名建築167」(技報堂出版、2013年)

[34]──新居千秋「黒部市国際文化センター(CORARE)」(1996年受賞)「企画運営に至るまで設計者が地域と深く関わるなかで生み出されたこの建物は、建物の個性的な全体像とともに、地方都市における公共建築のこれからの在り方を指し示す好例」(推薦理由より)(建築雑誌1994年8月号、新建築1996年1月号)

[35]──渡辺和生「福島県立郡山養護学校」(2004年受賞)(新建築2001年7月号)

[36]──阿部仁史／小野田泰明「苓北町民ホール」(2003年受賞)

[37]──古谷誠章「茅野市市民館」(2007年受賞)(建築雑誌2007年8月号、新建築2005年11月号)

[38]──西村浩「岩見沢複合駅舎」(2010年受賞)(建築雑誌2010年8月号)「風土と歴史を掘り起こし、将来を見据え、市民と協働、との成果を、構築した。賑わいを演出。穏やかな既視感を伴ったファサード。街の核となる駅の復権、周辺整備を目指していること」(推薦理由より)。「繋ぐ建築、繋がる建築」(受賞者の言葉より)(新建築2009年9月号)

[39]──山本理顕／木村俊彦「公立はこだて未来大学」(2002年受賞)(建築雑誌2002年8月号、新建築2000年9月号)

[40]──手塚貴晴／手塚由比「ふじようちえん」(2008年受賞)(建築雑誌2008年8月号、新建築2007年5月号)

[41]──「ポストモダンは、明白に異質な要素を用いて、近代建築の均質空間を批判した。逆に西沢は均質空間を徹底させることで、その内部の差異を暴く。」(五十嵐太郎 著『終わりの建築/始まりの建築-ポスト・ラディカリズムの建築と言説』(INAX出版、2001年)/「均質空間」:「機能なる概念にまつわる一切の関係性から解放された建築、機能を対象化しない建築、均質空間を理念とする建築。近代における普遍的な空間の形態が、均質空間しかあり得なかった」「均質空間論」(原広司 著「空間〈機能から様相へ〉」p22〜、岩波書店、1987年)

が生まれ、空間の密度の変化から「場」を出現させた、石上純也の〈神奈川工科大学KAIT工房〉[43]、アートと自然と建築が一体となった〈豊島美術館〉[44]、そして、「街のように開かれた空間構成」から、参加型、協働型、共創という新たな価値観を提供した〈金沢21世紀美術館〉、などが関連性ある建築作品として挙げられるだろう。

今世紀に入り公共投資が次第に減少していくなか、少子高齢化による人口構成の変化、大都市圏への人口集中の影響も受け人口減少が続く地方では、〈茅野市民館〉、〈岩見沢複合駅舎〉のように、街と建築と人の密度を高めることで新たな賑わいをもたらそうとする作品が生まれるようになった。

また、政策により今後の需要が期待される木構造[46]。その木造の系譜には、90年代世紀末以降〈海の博物館〉、〈登米町伝統芸能伝承館〉、〈ふれあいセンター泉〉[47]、〈工学院大学弓道場[48]〉と、新しい形態、構造、構法を提案し評価された作品が挙げられるだろう。

建築の新しいプログラムを提案した一例には、オープンスクールの先駆けのひとつとなった〈千葉市立打瀬小学校〉が挙げられる。この建築は、「生徒の視点から見た学校建築における新しい空間の在り方」が評価されている[49]。また、新しい用途として、注目されるシェアハウスは〈SHARE yaraicho〉が「地域に開かれた建築の在り方を提案し、シェアハウスとして社会大きな影響を与えた」として評価された[50]。

次に受賞作品を支える建築技術が重要な位置づけとなっている傾向について分析したい。今世紀に入り、新しい構造、とくに鉄材を使った新しい構造を特徴とする受賞が増加している。そして、構造家の受賞が目立つようになった[51]。鉄鋼フラットスラブやラチスチューブを採用した〈せんだいメディアテーク〉や、ラチスシェルを採用し、構造、空間、ファサードを一体化させた〈プラダ・ブティック青山店[52]〉は、いずれも新しい構造解析による構造デザインを取り入れ有機的建築空間を具現化した作品である。また、「都市型住宅」の流れが続く住宅分野では、新しい構造や構法を提示した〈積層の家〉[53]、や〈IRONHOUSE[54]〉。キャンパス建築の新しい方向性を示した山本理顕〈公立はこだて未来大学〉は、構造家木村俊彦の技術的貢献も極めて重要であると評価されている。また、西沢立衛〈豊島美術館〉は、極薄の3次元RCシェル構造シェルターの実現が新しい空間の創造に欠かせない技術であった。

地球温暖化と温室効果ガス排出量の削減の問題など、環境への配慮がますます重要視される時代に、環境の時代を象徴する作品として、環境計画とアートと建築空間の一体性が評価された三分一博志〈犬島アートプロジェクト「精錬所」[55]〉が注目された。

受賞者の系譜

ここまで社会状況と作品賞を展望してきたが、受賞者の系譜と傾向についても触れておきたい。

学会賞の創立から80年代にかけて「メタボリズム」のように世界的にも著名な建築ムーブメントを主導するグループが生まれたが、90年代後半以降、そのようなグループ

*42──「スーパーフラット」:(Superflat)村上隆と東浩紀が提出した(芸術)概念(村上隆 著「スーパーフラット」マドラ出版、2005年)「カメラアイがない。奥行がない。階層構造がない。内面がない。あるいは『人間』がない。しかし、視線がいっぱいある。ぜんぶに焦点があたっている。ネットワークがある。運動がある。そして『自由』がある。」(「スーパーフラット元年」『広告2000年1、2月号』博報堂)/人間の不在や多視点という発想は、フーコーの思想にも通じることは明らかだ。(「……表象のひらく空間の定義があると言えるだろう。……自己をこの絵のなかに表象しようと企てているのだ。だが、……本質的な空白が指し示される。その空白こそ、表象を基礎づけるものの消滅──……主体そのものが省かれているのだ。」(ミシェル・フーコー著、渡辺一民・佐々木明訳)『言葉と物』p40〜41、新潮社、1974年)。

*43──石上純也〈神奈川工科大学KAIT工房〉(2009年受賞)

*44──西沢立衛〈豊島美術館〉(2012年受賞)(建築雑誌2012年8月号、新建築2011年1月号)

*45──妹島和世/西沢立衛〈金沢21世紀美術館〉(2006年受賞、建築雑誌2006年8月号)「街のように開かれた空間構成、新しい美術館の空間形式を未来に向けて切り開いた」(推薦理由より)/美術館学芸課長「美術館の新しい空間概念」(新建築2004年11月号)「モノ」ではなく、「出来事」「人々によってつくられる時間風景」をいかに美しく見せるか?/以下のコメントはこの時代の建築の価値を端的にあらわしている。3M(MAN個人主義、MONEY資本主義、MATERIARIALISM物質主義)から3C(COEXISTENCE共存、COLLECTIVE INTELIGENCE共有知、共働、CONSCIENCE意識)

への移行をコンセプトのバックボーンに据えた。双方向的で参加型、協働型の共創という価値観へ導いた。

*46──「森林資源を生かし…木材需要の創出を図る」(平成28年5月新林業基本計画閣議決定)

*47──武田光史「ふれあいセンター泉」(1998年受賞)(新建築1997年6月号)

*48──福島加津也/冨永祥子「木の建築 工学院大学弓道場 ボクシング場」(2015年受賞)(新建築2013年7月号)

*49──小嶋一浩/工藤和美/小泉雅生/堀場弘「千葉市打瀬小学校」(1997年受賞)(建築雑誌1994年8月号)「ここで生活する児童から見た、学校建築における新しい空間の在り方が提示されている。」(推薦理由より)(新建築1995年7月号)/「街と一体化したオープンスクール」千葉市教育センター(千葉市打瀬小学校HP)

*50──篠原聡子/内村綾乃「SHRAE yaraicho」(2014年受賞)(建築雑誌2014年8月号、新建築2012年8月号)

*51──学会賞作品構造種別グラフデータ(新建築1950年〜2020年各号)(「前川國男作品集」美術出版社、1990年)/2001年以降、学会賞作品賞の構造種別は、鉄(鉄骨)造を主とした構造建築作品は、全体の62%を占める。(01年〜16年の受賞作品における主要構造の比較)/「構造家」:「構造家」という名称は以前から一般的に用いられている。例えば1954年受賞「愛媛県民館」では、受賞者の丹下健三が共同受賞者の坪井善勝を「構造家」と紹介している。(新建築1954年7月号)/構造家の受賞は、02年木村俊彦、03年佐々木睦朗、10年金田勝徳、11年梅沢良三、12年新谷眞人。

は現れていない。

建築家の系譜に注目すると、伊東豊雄をはじめ、第1期「戦後卒モダン派」に属する建築家のもとを巣立った建築家が多い。例えば、菊竹清訓の事務所からは、内藤廣、伊東豊雄、富永譲。また、槇文彦の事務所からは栗生明、大野秀敏。磯崎新の事務所からは、青木淳、渡辺誠、元倉眞琴らを輩出している*56。また、妹島和世、西沢立衛ら、伊東豊雄のもとで育った建築家の活躍が目立つ。伊東本人を合わせると90年代後半（第5期）以降、延べ8人に及んでいる*57。

学会賞には同一建築家による重賞を避ける規定が存在するが、伊東豊雄、山本理顕、妹島和世、西沢立衛らは、時代を代表する極めて優れた作品を創造したと評され重賞を獲得している*58。

次に出身大学を分析すると、東大出身者が受賞者の60％以上であった第1期から、最多であることには変わりないが、今世紀以降は約24％に減少している*59。この現象は1950年の学制改革により建築系学科が増加し、受賞者の出身大学が多様になったことを示す結果といえるだろう。また、第1期に受賞者の割合が数％にすぎなかった東京藝大出身者が徐々に増え、今世紀（01〜20年）は学生数に対する割合を考慮すると東大を上回る結果となる*60。構造家の受賞者が増える一方で、藝大出身者が増加の傾向にあることは興味深い。また、大学の地域別受賞者数を分析すると、時代が下り少しずつ割合が減少しているものの首都圏の大学出身者がまだ70％以上を占めている*61。今世紀に入ってから、主宰者二人から構成されるユニットの増加、また、あわせて、女性の受賞者が増加していることも注目すべき傾向であるといえるだろう*62。

*52──ジャック・ヘルツォーク／ピエール・ド・ムーロン／（株）竹中工務店「プラダ ブティック青山店」（2005年受賞）（建築雑誌2005年8月号）「周辺環境へ積極的にはたらきかける姿勢を評価」「網目格子のファサードは、構造でもあり、空間を縁取るファサードでもある」（推薦理由より）（新建築2003年9月号）

*53──大谷弘明「積層の家」（2005年受賞）（建築雑誌2005年8月号、住宅特集2004年5月号）

*54──椎名英三／梅沢良三「IRONHOUSE」（2011年受賞）（建築雑誌2011年8月号、住宅特集2008年1月号）

*55──三分一博志「犬島アートプロジェクト 精錬所」（2011年受賞）（建築雑誌2011年8月号、新建築2008年5月号）

*56──「戦後卒モダン派」建築家のもとを巣立った建築家（日本建築学会編「日本の名建築167」技報堂出版、2013年）、新建築各作品掲載号、その他

*57──第5期（1994年〜2020年）に受賞した伊東豊雄＋伊東事務所出身者（伊東豊雄、妹島和世（2回）、西沢立衛（3回）、ヨコミゾマコト、福島加津也）／西沢立衛は学生時代に伊東事務所で修行している。（「妹島和世氏とパートナーに、西沢立衛氏に聞く」──新しい建築の鼓動2011｜日経アーキテクチュア）

*58──重賞は原則として避ける審査規定になっているが、特に際立った時代を代表すると判断され受賞した作品が重賞となっている。山本理顕（公立はこだて未来大学）、伊東豊雄（せんだいメディア・テーク）、妹島和代（マルチメディア工房、金沢21世紀現代美術館）、西沢立衛（マルチメディア工房、金沢21世紀現代美術館、豊島美術館）である。／日本

建築学会編「日本の名建築167」（技報堂出版、2013年）を参照。他に「進路決めた妹島氏との出会い、西沢立衛氏に聞く」（日経アーキテクチャー2010/11/24WEB版）伊東豊雄のもとで育った、妹島和世、ヨコミゾマコトらである。妹島事務所出身である、西澤立衛を、この系譜に含めると、重賞含めて、1994年以降、計延べ8回受賞していることになる。ちなみに第5期以降の、学会賞とプリツカー賞の受賞者は、伊東豊雄、妹島和世、西沢立衛、坂茂の4人である。

*59──学会賞受賞者出身大学他グラフデータ（首都圏大学出身者（第1期：1950〜1961年79％）（第2期：1962〜1974年57％）（第3期：1975〜1987年20％）（第4期：1988〜2000年61％）（第5期：2001〜2020年76％）（日本建築学会編「日本の名建築167」、技報堂出版2013年、新建築各作品掲載号、その他）（ここでは第4期と第5期を世紀末で区分してデータを比較している。）

*60──東京藝大出身者。（日本建築学会編「日本の名建築167」技報堂出版、2013年、新建築各作品掲載号、その他）

*61──出身大学の地域別比較データは、最終学歴をとりあげている。（日本建築学会編「日本の名建築167」技報堂出版、2013年、新建築各作品掲載号、その他）

*62──1950年〜2000年までの50年間に4人（林雅子、長谷川逸子、妹島和世、工藤和美）の女性が受賞した。今世紀に入り女性の増加が目立つ傾向にある。01年〜20年の期間に11人の女性が受賞している。（妹島和世、木下庸子、篠原聡子、内村綾乃、鍋島千恵、冨永祥子、赤松佳珠子、工藤和美、川原田康子、原田麻魚、乾久美子）（会社・事務所・グループを受賞対象としている場合はカウントしていない）

日本建築学会賞（作品）受賞作品年表

年	回	受賞作品／受賞者		
1949	1	慶應義塾大学校舎「4号館及び学生ホール」及び藤村記念堂／谷口吉郎		
1950	2	東京通信病院高等看護学院／小坂秀雄	八勝館「御幸の間」／堀口捨己	
1951	3	日活国際会館／小林利助	リーダーズ・ダイジェスト東京支社／アントニン・レーモンド	
1952	4	日本相互銀行本社／前川國男		
1953	5	丸栄百貨店／村野藤吾	大阪厚生年金病院／山田守	愛媛県民館／丹下健三、坪井善勝
1954	6	図書印刷株式会社原町工場／丹下健三	神奈川県立図書館・音楽堂／前川國男	一連の住宅／清家清
1955	7	広島世界平和記念聖堂／村野藤吾	国際文化会館／前川國男、坂倉準三、吉村順三	
1956	8	東京空港郵便局／薬師寺厚	秩父セメント第2工場／谷口吉郎	神戸アメリカ総領事館／ミノル・ヤマサキ
1957	9	国鉄川崎火力発電所／馬場知己	倉吉市庁舎／丹下健三、岸田日出刀	
1958	10	法政大学／大江宏	中国電電ビルディング／大沢秀行、三宅敏郎	関東通信病院／国方秀男
1959	11	寿屋山崎工場／佐野正一	中央公論ビル／芦原義信	大多喜町役場／今井兼次
1960	12	羽鳥市庁舎／坂倉準三	京都会館／前川國男	
1961	13	日比谷電電ビル／国方秀男	東京文化会館／前川國男	
1962	14	日本26聖人記念館／今井兼次	名古屋大学豊田講堂／槇文彦	大分県庁舎／安田臣
1963	15	リッカー会館／鹿島昭一、高瀬隼彦	神戸ポートタワー／伊藤紘一、仲威雄	出雲大社庁の舎／菊竹清訓
1964	16	日本生命日比谷ビル／村野藤吾	南山大学／アントニン・レーモンド	東海道新幹線旅客駅／国鉄設計グループ、設計事務所グループ
1965	17	山口銀行本店／圓堂正嘉	蛇の目ビル／前川國男	
1966	18	大阪府総合青少年野外活動センター／大阪府建築営繕課、西澤文隆、山西嘉雄、太田隆信、吉田好伸	大分県立大分図書館／磯崎新	
1967	19	早稲田大学理工学部校舎／安東勝男、松井源吾	千葉県文化会館／大高正人	
1968	20	親和銀行本店／白井晟一	東京経済大学図書館・研究室／鬼頭梓	
1969	21	木更津農業協同組合／岡田恭平	大手町電電ビル別館／大沢弘	
1970	22	桜台コートビレジ／内井昭蔵	佐賀県立博物館／高橋靗一、内田祥哉	
1971	23	「未完の家」以後の一連の住宅／篠原一男	ポーラ五反田ビル／林昌二、矢野克己	
1972	24	該当作品なし		
1973	25	所沢聖地霊園の礼拝堂と納骨堂／池原義郎	北海道開拓記念館／佐藤武夫	
1974	26	倉敷アイビースクエア／浦辺鎮太郎	最高裁判所／岡田新一	瀬戸内海歴史民俗資料館／山本忠司
1975	27	群馬県立近代美術館／磯崎新	新宿三井ビル／株式会社日本設計事務所	
1976	28	善光寺別院願王寺／山崎泰孝	田野畑中学校および寄宿舎／穂積信夫	フロム・ファーストビル／山下和正
1977	29	国立室戸少年自然の家／畑利一	成城学園の建築／増沢洵	東京都立夢の島総合体育館／阪田誠造
1978	30	該当作品なし		
1979	31	資生堂アートハウス／谷口吉生、高宮眞介	住吉の長屋／安藤忠雄	松川ボックス／宮脇檀
1980	32	生闘学舎／高須賀晋	一連の住宅／林雅子	
1981	33	大阪芸術大学塚本英世記念館・芸術情報センター／高橋靗一	神戸市立中央市民病院／末岡利雄、伊藤喜三郎、青柳司	名護市庁舎／株式会社象設計集団＋株式会社アトリエ・モビル
1982	34	金沢工業大学キャンパス北校地／大谷幸夫	佐賀県立九州陶磁文化館／内田祥哉、三井所清典	新宿NSビル／小倉善明、浜田信義
1983	35	該当作品なし		
1984	36	釧路市立博物館・釧路市湿原展望資料館／毛綱毅曠	佐野市郷土博物館／戸尾任宏	藤沢市秋葉台文化体育館／槇文彦
1985	37	球泉洞森林館／木島安史	シルバーハット／伊東豊雄	眉山ホール／長谷川逸子
1986	38	田崎美術館／原広司	目神山の一連の住宅／石井修	

		時代背景
		第49代内閣総理大臣に吉田茂が再就任
		建築基準法制定
		奄美群島が日本に返還
		第52代内閣総理大臣に鳩山一郎が就任
厚生年金湯河原整形外科病院／杉浦克美、山根正次郎		第55代内閣総理大臣に石橋湛山が就任、日本が国際連合に加盟
		第56代内閣総理大臣に岸信介が就任
		東京タワー(高さ333m)が開業
旭川市庁舎／佐藤武夫		伊勢湾台風発生
		ベトナム戦争開戦、カラーテレビの本放送開始、第58代内閣総理大臣に池田勇人が就任
		ガガーリンが世界初の有人宇宙飛行
アテネフランセ校舎／吉阪隆正		
		日本初の高速道路が開通
倉敷国際ホテル／浦辺鎮太郎	大石寺／横山公男	第18回夏季五輪東京を日本で開催、第61代内閣総理大臣に佐藤栄作が就任、四大公害病の新潟水俣病が発生、新潟地震発生
		ビートルズが来日
		「アポロ8号」打ち上げ、川端康成がノーベル文学賞受賞、郵便番号制度実施、十勝沖地震発生
		東名高速道路が全線開通
		日本万国博覧会「大阪万博」が大阪府で開幕
		沖縄返還
		オイルショック
		ロッキード事件
		日中平和友好条約調印、宮城県沖地震発生
		第二次オイルショック
長野市立博物館／宮本忠長		スペースシャトル初飛行、建築基準法改正(新耐震基準)
		東京ディズニーランドが開園
		グリコ森永事件
		日航ジャンボ機墜落
		男女雇用機会均等法施行

1987	39	一連のコーポラティブ住宅／中筋修、安原秀、小島孜	雑居ビルの上の住居／山本理顕	龍神村民体育館／渡辺豊和
1988	40	該当作品なし		
1989	41	キリン・プラザ・大阪／高松伸	小国町における一連の木造建築／葉祥栄	東京都多摩動物公園昆虫生態園／浅石優、白江龍三、瀬谷渉
1990	42	数奇屋邑／石井和紘	House F／坂本一成	広島市現代美術館／黒川紀章
1991	43	東京武道館／六角鬼丈	沖縄キリスト教短期大学／真喜志好一	浪合学校／湯澤正信、長澤悟
1992	44	古河歴史博物館と周辺の修景／吉田桂二	シャープ労働組合研修レクリエーションセンターI＆II／瀧光夫	レム棟、クールハース棟／レム・クールハース
1993	45	海の博物館／内藤廣	ダイキン　オード・シエル蓼科／室伏次郎	東京都立東大和療育センター・東京都立北多摩看護専門学校／船越徹
1994	46	阿品の家をはじめとする一連の住宅／村上徹	熊本県草地畜産研究所／トム・ヘネガン、インガ・ダグフィンスドッター、古川裕久	用賀Aフラットをはじめとする一連の集合住宅／早川邦彦
1995	47	塔の家から阿佐ヶ谷の家に至る一連の都市型住宅／東孝光	リアスアーク美術館／石山修武	県営竜蛇平団地／元倉眞琴
1996	48	黒部市国際文化センター（COLARE）／新居千秋	日本橋の家／岸和郎	植村直己冒険館／栗生明、有限会社プレイスメディア
1997	49	登米町伝統芸能伝承館／隈研吾	千葉市立打瀬小学校／小嶋一浩、工藤和美、小泉雅生、堀場弘	佐木島プロジェクト／鈴木了二
1998	50	川上村林業総合センター／飯田善彦	国際情報科学芸術アカデミー マルチメディア工房／妹島和世、西沢立衛	ふれあいセンターいずみ／武田光史
1999	51	潟博物館（水の駅ビュー福島潟）／青木淳	高知県立中芸高校格技場／山本長水	グラスハウス／横河健
2000	52	ビッグパレットふくしま（福島県産業交流館）／北川原温	曼月居／齋藤裕	
2001	53	東京国立博物館法隆寺宝物館／谷口吉生	熊本県立農業大学校学生寮／藤森照信	中島ガーデン／松永安光
2002	54	公立はこだて未来大学／山本理顕、木村俊彦	W.HOUSE／渡辺明	地下鉄大江戸線飯田橋駅／渡辺誠
2003	55	苓北町民ホール／阿部仁史、小野田泰明	せんだいメディアテーク／伊東豊雄、佐々木睦朗	ひらたタウンセンター／富永譲
2004	56	国立国会図書館関西館／陶器二三雄	ポーラ美術館／安田幸一	福島県立郡山養護学校／渡部和生
2005	57	積層の家／大谷弘明	プラダ　ブティック青山店／ジャック・ヘルツォーク、ピエール・ド・ムーロン、株式会社竹中工務店	
2006	58	金沢21世紀美術館／妹島和世、西沢立衛	北上市文化交流センター さくらホール／野口秀世	富弘美術館／ヨコミゾマコト
2007	59	茅野市民館／古谷誠章		
2008	60	武蔵工業大学新建築学科棟＃4／岩﨑堅一	ふじようちえん／手塚貴晴、手塚由比	
2009	61	神奈川工科大学KAIT工房／石上純也	日本盲導犬総合センター／千葉学	ニコラス・G・ハイエックセンター／坂茂、平賀信孝
2010	62	洗足の連結住棟／北山恒、金田勝徳	岩見沢複合駅舎（JR岩見沢駅・岩見沢市有明交流プラザ・岩見沢市有明連絡歩道）／西村浩	
2011	63	東京大学数物連携宇宙研究機構棟／大野秀敏	犬島アートプロジェクト「精錬所」／三分一博志	IRONHOUSE／椎名英三、梅沢良三
2012	64	豊島美術館／西沢立衛	真壁伝承館／渡邉眞理、木下庸子、新谷眞人	
2013	65	該当作品なし		
2014	66	SHARE yaraicho／篠原聡子、内村綾乃	明治安田生命新東陽町ビル／菅順二	NBF大崎ビル（旧ソニーシティ大崎）／山梨知彦、羽鳥達也、石原嘉人、川島範久
2015	67	上州富岡駅／武井誠、鍋島千恵	木の構築 工学院大学弓道場・ボクシング場／福島加津也、冨永祥子	
2016	68	流山市立おおたかの森小・中学校、おおたかの森センター、こども図書館／赤松佳珠子、小嶋一浩	武蔵野プレイス／比嘉武彦、川原田康子	竹林寺納骨堂／堀部安嗣
2017	69	ROKI Global Innovation Center - ROGIC／小堀哲夫	直島ホール（直島町民会館）／三分一博志	
2018	70	該当作品なし		
2019	71	新豊洲Brillia ランニング スタジアム／武松幸治、萩生田秀之、喜多村淳	桐朋学園大学調布キャンパス1号館／山梨知彦、向野聡彦	
2020	72	延岡駅周辺整備プロジェクト／乾久美子	パナソニックスタジアム吹田／大平滋彦、浜谷朋之、奥出久人	道の駅 ましこ／原田真宏、原田麻魚

		国鉄民営化
		東京ドーム完成
		消費税がスタート
		大学入試センター試験開始
		台風19号による甚大な被害が発生
NTSシステム総合研究所／水谷硯之、梅崎正彦、澤柳伸		バブル崩壊
		松本サリン事件、ユーロトンネル開通
関西国際空港旅客ターミナルビル／レンゾ・ピアノ、岡部憲明		阪神・淡路大震災、地下鉄サリン事件
彩の国さいたま芸術劇場／香山壽夫		アトランタオリンピック開幕
愛知県児童総合センター／仙田満、藤川壽男		アップルとマイクロソフトが提携、地球温暖化防止京都会議COP3（京都議定書採択）
新国立劇場／柳澤孝彦		長野オリンピック開催
		石原慎太郎が東京都知事に当選
		シドニーオリンピック開催、建築基準法改正（性能設計の導入）
		アメリカ同時多発テロ事件発生、ユニバーサル・スタジオ・ジャパン開園
		EU域内12ヶ国が通貨をユーロに統合
		SARSがアジアを中心に世界的に大流行、六本木ヒルズがオープン
		アテネオリンピック開催、新潟県中越地震発生、スマトラ島沖地震発生
		郵政民営化関連法案が成立、愛・地球博開催、構造計算書偽装問題が発覚
		第1回ワールド・ベースボール・クラシック（WBC）開催
		宮崎県知事に元タレントの東国原英夫が当選
		北京オリンピック開催、秋葉原通り魔事件発生
		歌手のマイケル・ジャクソン死去、裁判員制度スタート
		上海万博開催
		東日本大震災、金総書記死去
		iPS細胞研究所山中教授ノーベル賞受賞
		富士山が世界文化遺産に登録
		ソチオリンピック開催、御嶽山噴火
		パリ協定（気候変動に関する国際的枠組）
		熊本地震、日銀マイナス金利初導入、新国立競技場着工
		アメリカトランプ政権発足、九州北部豪雨
		大阪府北部地震、北海道胆振東部地震
		令和へ改元（皇太子徳仁親王が天皇に即位）
		新型コロナウィルス感染症（COVID-19）流行

建築設計を導くプログラム概念
建築の始原と要素の相互関係から

本節は1章の括りとして、また2章の24事例を相対化し、それら全体が一本の系となって何を語るのかを読み解くために、「プログラム」概念を「建築」概念および「設計・計画」概念と関係付けながら総覧する。再録すれば、1節では建築の在り方・扱われ方がここ数10年で変化したために、従来のデザインと機能という設計・計画では対応できなくなり、それを補うために「プログラム」という概念が重要なものとなった。2節では、本書の事例を選んだ母集団として「日本建築学会賞作品賞」の意味、位置付けを探り、その変遷の傾向を論考している。本節では、建築ー設計ープログラムという3つの概念の関わりのなかで、2章の事例群を相対化し、相互に位置付ける助けとなるように、「プログラム」概念を総覧する。

はじめに

1 考察の枠組み

本節のキーワードは、「プログラム」、「建築」、「設計・計画」ということになろう。なお本書では単に「建築」と表記しているが、建築およびその周辺環境や人も含めて「建築」と捉えている。

プログラムとは文字通り「先に言うprogram」ことだが、モノやコトが現実存在となる前に、そのあるべき姿・状態について述べることである。あるべきとは一つは関わる人の希望理想であり、もう一つは社会の様々な要因の規制や規範を示す。規制や規範に沿いながら、希望、理想に正統性があれば、その建築の社会的寿命は長く担保されることになろう。建築が社会に存するための方程式ともいえる。

建築とは、その創出を望む人が居て出来するものであり、敷地、街、都市、社会と相互につながっており、またそこに関わる多くの人との関係により成り立つシステムともいえる。従って建物は、物として見える部分と背後にある見えない部分とで構成されている。システムとは「要素とその関係」の総体と簡述され、建築と関わるさまざまな要素とその関係で構成されているといえる。原始に還って考えれば、建築は外界と隔絶された内部空間を、もつものとい

うのが初源であり、その後に内部空間の使い分けが生じたといえよう。

設計・計画とは人が意志を持ってモノやコトを創出することであり、その過程は多くの人が関わる同意形成のプロセスともいえ、指針が必要である。プログラムの本質は設計の起点となることであり、建築の今後のあり方を指し示すことなのである。

2 建築の概念

近代建築には用途があって使うものというイメージが強いが、原始には見るもの見せるものだったという面もあり、また山川森海などと同じく人格を感じさせ愛され畏敬される存在でもある。古代ピラミッドのように、外から見るだけの記念碑的建造物から生活の器となる建築物まででは、その捉え方によりプログラムも変わるが、それこそが対象建築の簡潔な表現ともなることは、重要な点である。原始、多くの危険に悩まされていた人類の祖先は、洞窟空間や一方を囲われた壁空間の中に閉ざされた生活空間を見出し、そこでこそ危険な動物や虫、身体を害する暑さ寒さなどから守られていた。したがって内部空間こそが建築概念の初源であり、しかも初期においてはそうした空間をすべてつくる能力は、人類にはなかった。おそらく、当初はテント住居のような粗末な空間しかつくれなかった人類が、多くの人を内包する巨大な空間を建造するのはこの数千年である。

建築家・設計者が価値として提案するのは、かつては見た目の形状、意外さ、発信性としてのデザインに始まり、使い方と空間の整合を示す機能・ファンクションであったが、建築が敷地ごと売却されたり、ビジネス環境の激変によりまったく違う用途が設定される事態が生じたりすると、良心的に思えた機能の提供・提案も、新しい用途には無意味、あるいは用をなさず邪魔になる。

しかし用途が分解され建築種別が次々と派生するのは近世以降のことで、人類史数十万年、有史以来数千年から見ても最近のことである。建築はその内部空間を確保することが先決（前述、後述）で、デザインや機能は最近に意味を与えられたのである。

設計作業の内容を、設計者やユーザー・オーナー等の関

係者間で伝え合うために表現する必要に対し、プログラムという概念を用いる大きな理由は、設計対象の建築のあり方が大きく変わってきたからである。存在形態を現わす要素としてあるべき「デザイン」や「機能」という言葉が、必ずしも設計対象の内容を示すに十分でないことが背景にある。また建築概念の拡張と社会とのつながりを考えると、建築とは空間やBE・床壁天井柱梁だけの存在ではなく、プログラムをどうつくるかが社会のなかで建築が果すべき使命を保証し、その寿命や生きやすさを決め、建築の生命を守るのである。その建築がどうあるべきかを示すプログラムをつくるには、その建築を取り巻く多くの関係者や関係要因が存在する。

▌3　プログラムという概念

プログラムは、その建築が関わるさまざまな要素とその関係性の上で、その建築がどのように存在すべきかを設計プロセスに沿って示し、かつまた形を変えつつ深化していくもので設計・計画と深い関係がある。また建築のプログラムという捉え方だけでは不十分な場合もあり、人間の行動のプログラムも、考える必要がある。人の側のファクターとしては、人体寸法や動作寸法、一連の行動や集団的累積（たとえば動線という考え方）等、多面的に捉える必要がある

空間と行動の整合という機能概念について補足してみよう。服飾におけるオートクチュールとプレタポルテという概念に擬えてみると、分かりやすいかもしれない。プレタポルテは予め誂えておくという既製品のことだが、オートクチュールは何度も採寸し、その人自身にピッタリな寸法、色形のデザインで仕上げられる。しかしその人自身の写しであればあるほど、その人が暴飲暴食したら1週間で着られなくなるかも知れず、気が変わっても打ち捨てられる。その人の写しと云うものはその人が変わったらおしまいなのである。しかし建築内の行動が変わっても、建築空間は簡単には変えられないし捨てられない。

一方建築設計の条件も、じつは変わるものである。多くの人は近未来の自身の像を明確には描けない。それはまたある種の変数のようなもので、今が変わる以上、未来も変わるのである。しかし一つだけいえるのはどこかで決めなくてはならないことで、設計結果のある部分が「根拠の薄い決断」となる場合もある由縁である。未来は過去の結果ではないし、今現在の不十分さを根拠に未来を描くことが設計の宿命である。しかし建築設計の根拠の一つとして、多くの人が研究し関係を同定してきた「空間と行動の整合」という関係性自体は、そんなにいい加減な概念ではない。研究成果は、間違っていない。

多くの場合「関係性」が変わってしまうのではなく、関係性を考える前提が変わってしまうのである。これからの建築設計は、このような変化を予測し少しだけ改変の余地を残しておくことで、変化に対応しやすくなる。そうした「プログラム」を内蔵しているか否かが重要で、これからの建築設計者はその「プログラム」と設計結果を一体のものとして、施主に提出すべきであろう。

前提条件が変わった結果、既にある建築の存在が消去される事態もあり得る。1章1節で隈研吾氏が語っているように、自動車メーカーの名前を冠した建築である「M2」の場合は壊されるのではなく、葬祭施設に売却されてしまった。Mの名前は残したままである。これは当時の隈氏が若かったが故に侮られた、あるいは尊重されなかったためではない。企業の論理というものが、全く優先されているのである。学会賞作品賞を受賞した「眉山ホール」（長谷川逸子氏設計）は、建設から数年で壊されてしまったし、「赤坂プリンスホテル」（丹下健三氏設計）は丹下氏の愛着も強く、設計レベルも高く評価されていたにも関わらず、速やかに壊された。赤坂プリンスにもし「プログラム」が付けられていたら、少なくとも設計者（設計組織の後継者）との協議（配慮）くらいはあったであろう。建築設計者は、機能という概念をリジッドなものとして信じてはいけないということになろう。

▌4　設計・計画概念との関わり

プログラムの定義は、モノやコトが事実となる前、建築環境が実際に存在する前に、そのあるべき姿・状態について述べる言葉であり、建築設計の前段階にこれからつくる建築環境の「あり方」を簡潔に表現した言葉、である。これは設計を導く指針でもあり、関係者間で意思疎通の鍵となるものである。従って、建築環境の最終的詳細が設計されるプロセスの初期に設定・設計されるものであり、その記述は概念的なものだが、その抽象性、柔軟性がその後の設計過程を導いていくことになる。

また設計者の職能の発展過程にも関わる。明治近代化初期においては、「議事堂」が欲しいと言われれば「議事堂」に関する知識も含めて提供するのが、設計者の役割であった。しかし建築の概念が種別ごとに浸透し、ファシリティマネジメントといった概念も普及して来ると、「人目を惹く目立つデザインの提供」から、「様々な使われ方に関する専門知識や経験を提供」して、機能面での齟齬がないようにすることまで、次第に幅広く深い知識と経験の提供が求められてきて、現代では所有者の変更による「大幅な用途転換」や、「長期に渡るアクション（メンテナンスに限らない）により建物価値を低下させない」こと等も求められてくる。建築の価値を維持し生き続けさせるプログラム概念の確立と、それをアクター（関係者＋関係要

因）間で共有した設計ー施工ー管理が求められている。

5　日本建築学会賞・作品賞

本書の事例は、作品賞受賞作品から選択されている。作品賞作品は常にさまざまな議論はあるものの、やはりその時代時代にさまざまな議論を投げかけ話題になったものであるし、突出した意味をもつ設計事例であることも事実である。24例では不足かもしれないが、それでもかなり多様な内容を具体的に見ることができ、相互関係を考えることが可能である。

2節には、作品賞に関わる年表を掲げてある。1949年から始まり2018年で70回目となる。該当者なしの年度もあるし、建築種別や設計者の属性等、作品の選択や評価に対し偏りがあるとの批判も絶えないが、学会賞を受けることにより市民権を得ることも確かであるし、新しい知的生産の価値を評価しているとの積極的な評価もある。受賞年や建築種別については、本書ではできる限り偏らないように選んだはずだが、編集の過程で欠けたものもあり、ランダムに選ばれたと考えていただきたい。

6　知的財産権としてのプログラム

建築のプログラムとは、対象建築が社会に存在するための方程式のようなもので、多くは簡潔な記述で示されると述べた。これは対象建築の適切な要約でもある。そうした事例を辿ることは楽しいだけでなく、実質的な利益があるはずである。前述のように設計成果を「知的財産権」として見ると、設計図書に示すことは多くを含み過ぎ、特許権請求明細書のクレーム（請求項）のような要約をもたない。プログラムという概念が、設計という知的作業により生み出された内容の優れた要約であり、本当の「知的財産」の表現により近いものといえるのではないか？とすれば特許権のような権利ではないが、これを知的資産としてもつことは設計者の利益であるし、それにより設計作業が充実することは社会の利益である。

7　プログラミングの実務

プログラムを生み出すプログラム・ビルディングまたはプログラミングという知的作業が、実務としてはどう位置付けられるか、まだまだ一般的とはいえないが、今後の建設過程では現状よりも、明確に位置付けられる可能性もある。とくに建設過程でゼネコンと呼ばれる存在が大きな割合を占めている我が国では、①デザインビルドとプログラミングという組合せの増加が考えられる。また一方、明治期より建設の実務を担う組織（建設会社／ゼネコン、工務店）に設計側がかなり依存し、実施設計・施工設計を欧米等に比べれば実務的には十分してこず、それはまだ継

続して行くことを前提にするならば、②プログラミング機能と設計施工機能のダイレクトな組合せも、増加しそうである。

8　本書の事例

本書は当初「設計プログラム事典」という名称で企画され、委員会内の永年の議論のなかで少しずつかたちを変え、直接に設計資料になるようなものではない方向に姿を変えてきた。しかし本書が設計に意欲をもち、よりよい設計過程を辿りたいと思う読者に、役立ちたいと考えることは変わらない。

また本節では五輪施設を題材にするが、その時代の先端的な事例が多く、かっては博覧会建築（ロンドン博のクリスタルパレス／パリ博のエッフェル塔、グランパレ／大阪万博の広場大屋根、富士パビリオン、アメリカ館、等）もそうであったが、その革新性が衰退している現在では、プログラムを語るには実に適当な事例である。「どのように空間を覆うか」という根源的なプログラム（後述）を含めた「デザイン」や、五輪競技に実施採算性も含めて求められる座席数や、競技による空間と人・物の配置が要求条件に適合しているという「機能」面での整合性が満たされればいい訳ではない。

記念的建築の寿命を60年程度と低く見積っても、その間その施設が一定収入を得つつ自立的に活用されること、そして出来れば五輪後の日本社会や東京という地域によいものをもたらしてくれる「レガシー」として、役立ち続けて欲しい。そのためにはさまざまな関係要因を織り込み考慮すること、多くの関係者を納得させることの2つを満たしながら、施設と一体のプログラムをつくり上げて行く必要がある。これがないと多大な維持費を生じる負担遺産になるばかりでなく、行き届かない管理は施設の荒廃を生み、場合によっては犯罪の温床ともなって、正に負の遺産となる。

本書が考える計画・設計のあり方とは、そうしたよく考えられたプログラムとセット、あるいは一体の存在として建築環境を計画・設計し、自立可能な建築として世に送り出してやることである。そしてよいプログラムは社会情況や環境条件の変化に対応し、新しいプログラムへと変更容易になるはずである。

五輪施設は特殊であるという考えもあるだろう。確かに五輪の要求条件のスパンは、オリンピック・パラリンピックも含めて、せいぜい1ヵ月ほどでしかない。それは確かに特殊ではある。しかし一定の設計条件が、永い間不変であるなどということは、むしろ極めて稀か、あるいはあり得ないこともいえる。条件は必ず変わるものである。例えば住宅の計画・設計では、与えられた条件の寿命はかなり短く、著

者は3〜5年と考えている。子供は当然大きくなり、小〜中〜高で学校が変わる。そして条件はどんどん変わり最後は夫婦2人となって、スペース自体を持て余すことになる。速いか遅いかの違いはあるが、変化の本質は変わらない。

「条件は変わるもの」という正しい認識がないと、五輪後10年も経たないうちに施設ともども周辺地域も荒廃の危険に晒されることになりかねない。事実、世界の都市で、例えばかつて栄えたウォーターフロントで、例えばかつて栄えた炭鉱地域で、地域全体が荒廃し住民が減少し、さらに荒廃と人口減少の連鎖のなかで破綻するということが起きているのである。少なくとも、多少の時の経過と条件変化を包含していないプログラムでは、折角の「建築」を変化に無防備なかたちで、社会の荒波のなかに押し出すようなものである。

また本節は、以下にあるような先行文献をベースにしている。本書と併せて参照していただけば、幸いである。

【関連資料】

1 湯本長伯・村上晶子ほか、2017.7日本建築学会刊行物「建築プログラム」 2湯本長伯・村上晶子 2016.8 AIJ大会梗概集「設計知的財産権確立および設計過程効率化のための『建築プログラム』概念の整理ー設計の方法とシステムに関する『建築プログラム』概念の整理と計画設計への適用研究3」 3湯本長伯・村上晶子2008.9,AIJ大会梗概集E-1p.1117「知的財産権としての『建築プログラム』概念の整理と建築計画・設計の効率向上」 4湯本長伯1996.9日本建築学会大会E-1p.513「建築プログラム概念による建築計画再考(1)ー設計の方法及びシステムに関する研究」 5湯本長伯 建築雑誌・研究年報デザインレビュー(1995)「建築プログラムのデザイン」 6 C.Alexander "The Pattern Language which generates social community center/A Pattern Language"

建築のプログラム

はじめに、同様の意味をもつ語を考察する。

1　類語分析——1

まずpro-gramという言葉は、文字通り「先に言う」ということであり、予言、計画などの意と対応し、「このようにする／こうしたい／こうあるべき」といった内容をもつ。この類語を考えてみると、pro-ject 、de-signなどが挙げられる。

projectは、「先に投影すること」すなわち現在あるものを未来に投影することで、計画、事業といった意であり、日本語にもなっている。designは、いま漠然と考えていることを、signすなわち記号／しるしにすることであり、直接的には描くことである。日本語では設計という言葉に対応する。類語にはデッサンやその元のデシネなど、描くことと対応する。従ってプログラムとは、設計のような未来に向けたプロセスに、強い親和性のある言葉である。対象の建築を設計する過程で、その基軸を形成して行く概念である。

2　類語分析——2

次に同じような状況で使われる語を考察する。情報設計小委員会では研究活動の一環として、建築プログラムに関するアンケート調査を行った(2012年7月〜2015年3月)。質問項目の抜粋は、以下の通り。

① プログラムという言葉を使ったことがあるか?それはどんな状況でか?
② プログラム概念と同義に思う語
③ プログラム概念を設計時に意識しているか?
④ 自分で使う対応概念の名称

等々である。

例示類語は、(建築)コンセプト、(建築)コア、(建築)構想、(建築)企画、建築計画、(建築)設計の肝、(建築)設計の勘どころ、(建築)の要約、コアコンセプト、コアテクノロジー、ブリーフ、サマリー、テーマ、ポイント、イメージ等々であった。

目的段階から始め、コンセプトやテーマ、ポイント、(共通)意識・イメージ、(計画設計の)肝(きも)・要(かなめ)などさまざまな表現があり、さらにターゲットやリクワイアメンツ等が用いられることもある。また設計段階が進むと、ゾーニングやゾーンダイアグラム、ボリューム配置、所要室表、(空間配置と力学的架構を含めた)空間構造(構成)計画なども、共有したい内容を指示する「言葉」として使われている。また設計のプロセスに沿って、具体的に内容が深まっていくなかで、「建築企画」や、「建築計画」(の結果)とほぼ同等に使われる場合もあるようで、「建築プログラム」という概念が幅広くは使われているが、明確な共通認識があるとはいえないというのが現状である。

建築企画から計画段階を経て設計に向かうという段階図式の中で、建築に求められるものの表現も、「目的ー要求ー機能ー空間」[*2]と形を変えて行くが、この中でも『プロ

企画-計画-設計の段階図式

グラム』の概念が、多様に関わっている。

3 設計過程・設計者とプログラム

極めて多様な考え方があり、小異を詰めれば執筆委員内でもまとまらないが、大同を議論すれば十分共有概念となるものと考えられた。その傍証のためにも、具体的な対象建築を事例にしつつ、どのような建築環境にどのようなプログラムが設定されているのか、具体的な検証が求められている。しかし、

① 設計過程を導く方向性を指示する働きをもつ
② 設計過程中で関わる人の意思疎通に役立つ

については、ほぼ意見が一致している。

①については、設計対象の大きな方向性、目的を示しているので、設計プロセスのなかで（特に設計者が）常に立ち戻る概念的基点となる。

②設計者にとり、しばしば参照すべき基点概念であるとともに、設計組織内でも利害関係者との間でも、意思疎通の重要なツールとなる。

ここで「建築プログラム」に関する例示を行うならば、前書『建築設計のための 行く見る測る考える――発見・発想・試行のフィールドとデザイン』で示したパタン・ランゲージ（オレゴン大学の実験、以降／C.アレグザンダー）のなかの「パタン」は、建築環境を領域あるいは空間毎に分節した上で、それら部分の「プログラム」に相当する。それらを関係付けながら集めた「パタン・ランゲージ」が、アレグザンダーの考えた当該対象建築の、「構造化されたプログラム」であったと考えられる。

前著では、彼と彼の設計組織（環境構造センター日本）が設計作業した盈進学園東野高等学校（埼玉県入間市二本木）の例を示しているが、ユーザーとのコミュニケーションに際して、重要な働きを示した。なお彼のプログラムであるパタンは、「条件－分析－解答」の3つの部分で構成されている。

4 知的財産権としてのプログラム

建築分野では、その公共性を大きな理由に直接的な「著作権」は認められていない。設計図書はそれ自体著作であり、描くと同時に著作権・著作人格権が認められるが、建築物は設計図書の複写物として、間接的なかたちで著作権が認められている。

しかしながら設計の立場から見ると、常に高いオリジナリティをもって設計作業を進めている努力への評価もなく、やや不当な扱いを受けているきらいがある。現状では、個々の設計結果を全体も部分も含めて何もかも固有の著作と主張することは、さまざまな手続き過程もあって難しいかもしれない。しかしむしろ建築プログラムという見方・捉え方は、設計作業が生み出す知的生産物のより本質的中核的概念に近いものともいえ、著作者の権利が認められるべきものといえる。この問題はさまざまな場で議論はしているものの、現実的には未だ議論の入り口にあり、進展はまだまだであるが、これは建築の分野から主張していかねばならないことである。この章においての必須事項として、ともかく記しておきたい。

5 プログラミング実務

今後の実務への反映を考察するために、実際の設計計画・建設に関わり、「プログラムビルド＆デザイン」実務を行った事例を示す。

プログラムとは「建築環境が社会の中でどのようにあるべきか」を考え、「その存在形式を先ずデザイン」した後に、「設定存在形式を具現化する建築環境をコトとモノの両面から具体化設計」することになる。従って、当初構想段階からクライアントの意向、要望、背景条件、等を十分考慮して、間違いない方向付けを行い、事業を開始させる必要がある。その際、次項に一事例の概要を示すように、建築環境という最終的にモノに支えられているように思われる存在に対して、そこに至るプロセスに支えられている部分も大変重要である。すなわち、「建築企画」や「建築計画」と呼ばれてきた作業と重なる部分だけでなく、プロジェクトの当初から後半に近い部分まで関わる「プロデュース」に近い概念や、プロジェクトの進行に沿って、当初の目的や設定概念が守られなくなる事態を回避する「ディレクション」（ディレクター役）に相当する部分等もあり、いわば「プロデューサー―ディレクター」システムから投影される、プロジェクトの進行プロセスをコントロールする機能も発揮する必要がある。

こうした機能は現代日本の設計計画業務には未だ位置付けられていないが、現状での設計業務の変質（それはかなり社会的に不適合な状態に近いと考えるが）を考慮するとき、社会的条件下での変質はより早く訪れるかもしれない。

次項に示す実例では、筆者らは「アドバイザー」という名称でクライアントの側に立ち、その構想確立を支援することから始め、いってみればクライアントの「夢」や「望み」に気が付かせつつ引き出し、建築環境に対応した明確な形にする手伝いをし、設計計画の「目標」確立を支援することから始めた。名称のように、その責任業務は事ある毎に「アドバイス」を行うことであるが、その業務内容には「プロジェクト・マネジメント（マネージャー）」や、当該局面にどのような「タレント」を起用して対処するかを考える「プロデューサー」の役割も、欠くべからざるものとなっていた。即ちやや広く捉えれば、モノに至る前のコトのデザインを

当然のように行う必要があるのである。

一方、クライアントの「夢」や「望み」の多くは、「建築環境に対応した明確な形にする」ことで実現に近づく。その際、「どのようにすれば、実現に近づくか」のアイデアを提供したり、「出て来たアイデアが実際に実現可能か」の検証を行いアドバイスすることも必要である。それには、検証の方法（実験、モックアップ制作、類似例探索、等々）の呈示も含まれる。多くの場合、クライアントは実現のための「建築的手段」について専門的知識をもたないから、提案も検証も重要である。本書では大きくは立ち入らないが、「アドバイザー」という名称でクライアントに対して行う基本業務は、

1　示唆
2　調整
3　（実現可能）案の立・提案
4　技術選択
5　検証（アイデア）
　　（ここ以上は計画に近い段階、ここ以下は設計に近い段階）
6　実現案検証（確認）　以下は設計に近い段階
7　コスト検証
8　存在形式検証（らしさ違和感・美しさ・プログラム）

といったことに分類される。また別の表現を採れば、「導出」「立・提案」「検証」「確認」「技術」（技術提案・実効性確認）とも言える。

以下に、プログラミングを実務として行った具体例を挙げてみる。

5a　M美術館改修設計のプログラミング事例

構想・企画から基本計画～基本設計におけるプログラミングについて、筆者が関わった事例として「静岡県熱海市M美術館改修設計計画」を採り上げる。

経緯）築後30年経過し、設備部分老朽化、来館者数激減（最盛期の1割）対策、時代要求変化への不適合、美術館概念の変化対応等が求められ、当時筆者在職中の大学におけるプロジェクトとの関係から、「アドバイザー」就任依頼を受けた。

改修目的）来館者数復活の魅力創出、地域との連携再構築、美育教育への取組み、改修コストの大きな低減等

関与形式）アドバイザーに就任。具体的な形式はクライアントと共に創出する

概要）現下の状況からデザインビルド形式を採用、展示空間の魅力創出のため館に適したアーティスト起用、長いエスカレータによるアプローチ空間（アートロード）の再構成、各部のデザイン検証まで

その背景には大きく変わってきた美術館博物館の理念や設計計画の考え方があり、現在、有力館だけでも5,000館は在り（文化庁公開承認施設1117、博物館数5747/2011年、美術館数1101/2012年、ともに長野県1位、平均入館者数半減）、法人化していない個人美術館等を加えると数万館を超え、今後のあり方、運営、社会との連携等々、特に人口減少社会における課題は多い。まさに、適切なプログラミングへの関与が求められた。

本館は、国宝3点、重文85点を有する有力美術館であるが、今後の館の魅力増進を考え展示空間の演出・デザインにアーティストを起用したこと、海外事例にも倣いカフェ・レストラン等の休息空間を充実したこと、ゆったりした空間構成を活かしながら、類を見ない景色の良さや庭園美も魅力として取り込んだこと、そして復元文化財である「黄金の茶室」あるいは「光琳屋敷」等の空間的コンテンツも活かす工夫など、多くの魅力を連携させて大きな魅力をつくる試みを行った。

5b　関わったプログラミング事例

筆者は、設計者という立場より建築のプログラムをクライアントと共につくり出す立場で複数のプロジェクトに関わってきた。それらの事業から、実務プログラミング概念に馴染む事例の概要を紹介する。

1　霞が関R-7（主として文部科学省建替え計画事業）
2　ながさき美術館（長崎美術館博物館建替え計画事業）
3　長崎歴史文化博物館（同　長崎美術博物館建替え計画事業）
4　一支国博物館（原の辻遺跡保存及び展示計画）
5　福島県いわき市総合磐城共立病院（既存同病院・建替え計画事業）

これらは時期のズレはあるが、事業として稼働した時期は、筆者がかつて在職した大学に関連して、仕事の依頼を受けたものである。また5についても、定年退職後に異動した福島県の大学を経由して受けたものである。そうした地域とのつながりのなかで成立した業務であるという点は、社会的には大変重要な点であろう。

本稿では比較検討にまで言及はできないが、実務としてのプログラミングが、今後の社会に取りどのように成立し得るのか、さらに検討が必要であろう。

5c　プログラミング業務の成立

実務として成り立つために最も重要なのは、その責任範囲、報酬、業務上の責務と権限のあり方、等々、現状では未だ明らかではないさまざまな要因があり得る。一例を示した「プログラミング」という実務は、未だ社会的に定着したものとはいえない。しかし、従来の構想－企画－計画

No.	プロジェクト名称	用途	所在地	敷地面積	建築面積	延床面積	階数	コンペ	応募社	事業概要	
1	霞が関R-7	オフィス	東京都千代田区霞が関3丁目	24,232㎡	13,556㎡	253,425㎡	西館 38F／T1F／B3F 東館 33F／T1F／B2F	あり	3	PFI事業(代表者:新日鉄エンジニアリング／東京建物)	PFIデザインビルド
2	長崎美術館	美術館	長崎県長崎市出島町2	9,914㎡	5,209㎡	10,092㎡	3F	あり	27	長崎県・市協同	設計施工2段階
3	長崎歴史博物館	博物館	長崎県長崎市立山1	5,243㎡	5,243㎡	13,322㎡	3F	あり	14	長崎県・市協同	設計施工2段階
4	一支國博物館	博物館	長崎県壱岐町芦辺町深江	約18,600㎡	約5,000㎡	約7,800㎡	3F	あり	3	長崎県・壱岐市協同	設計施工2段階
5	いわき市K病院	病院	福島県いわき市内郷御厩町	73,036㎡	11,030㎡	62,757㎡	13F	あり	3→1	デザインビルド	モデルルーム約50m
6	熱海市M美術館	美術館	静岡県熱海市桃山町	19,255㎡	4,930㎡	14,811㎡	4F／B2F／PH1F	あり	2	デザインビルド	主用途:美術館／従:通路

(基本－実施or詳細)－設計(基本－実施)といった業務の流れが、多様な人手不足や資材不足、異業種参入等々、さまざまな要因で変形しつつあり、大きめの公共的建築環境形成ではデザインビルドがほとんどとなりつつあるなか、設計側も変わらざるを得ないといえよう。なお実務事例については、それぞれ機会を与えて戴いた長崎県・長崎市、長崎県・壱岐市、福島県いわき市、霞が関7号館PFI株式会社(新日鉄エンジニアリング、東京建物等)のおかげでプロジェクトの積み重ねができ、実務としての「プログラミング」というワークフェーズを、設計作業論のなかに位置付けようという試みにつながったことを、記して深謝したい。

プログラムの始原から体系を捉える

建築プログラムの始源とは、そもそも建築が何のために存在しているかを示すことに他ならない。先ず建築という存在を原始的原論的に考え、その始源的プログラムから段階的に枝分かれ構造を導き、プログラムの体系としての流れもしくは相互関係の系を想像し、そこにエビデンスをはめ込んで行くことができれば、建築のプログラムを考えるよい基盤となるであろう。建築をプログラム概念から考えて行くための一つの手掛かりとして、このような手順を考える。

1 建築プログラムの始源-室内空間の生成と拡大

人類は原始、自分たちの生命を守るために住居空間を求めた。それは当初、既に存在した洞窟を利用したことが、遺跡として世界各地に残っている。その遺跡にある壁画には、テント住居と思われる建築のようなものがいくつか描かれており、これが資料に残る人類が自力で造った最初の住居ともいえる。そもそも人類が住居を求めたのは、人類を守る環境(その中は暖かい／危険な動物が侵入してこない／生命をつなぐための水と食料を備蓄しておける、等々)の維持が、そこでは可能だったからである。

そしてその目的のために、自らの力でスペースをつくること(以下、折りに触れて、スペーシングと略す)が課題となった。スペースがなければ、自らを守る環境もつくれないからである。そこでおそらくは棒材を頂部で結んだ三角構造が出来、それを獣皮や植物などで覆ったテント構造が、人類が最も初期に獲得した住居のための「スペース」であると思われる。

そして時期は定かではないが、程なく柱梁構造(門型架構)の発明があって、無柱でスペースを確保することの基本が出来上がった。また森林資源の希薄な場所では、柱や梁とすべき棒材がなく、最も手近な材料は土である。洞窟住居のように既成の地形を利用できなければ自ら土を掘り、あるいは土を積んで、洞穴に近いものを造り上げたであろう。例えばウルの遺跡では、何十層にも亘る(おそらくは材料は日干し煉瓦)各時代の住居跡が発掘されている。土を積み上げ、土を盛り上げ、壁を中心にスペースをつくりながら、何世代にも亘ってスペースをつくり続けたことが覗える。

このスペースを創出する／スペーシングということはどういうことか？ 振り返れば、「空間」そのものは見ることもできず、触ることもできない。その境界である壁や床・天井は見えるが、空間そのものは実は太古からそこにあったもので境界に仕切られているだけともいえる。となれば人類にできることは、「囲う」「覆う」「支える」ということであり、簡単にいえば「床」をつくり「壁」で囲い「屋根・天井」で覆うことである。この「床」「壁」(屋根)天井」をどうつくるかということが、構法の違いはあっても課題となることになる。私たちの生活空間は、覆う・囲う・支えるという3つの働きによって確保され、それは床壁屋根-天井という3つの建築部位によって発揮される。ここで天井と屋根は似たよう

な概念で、いずれも生活空間を覆う働きをもつが、発生順位としては屋根と異なる部位として天井が現れるのは、歴史的にはつい最近である。我が国では平安期の寝殿造には未だ天井という概念も部材もなく、書院造が大型化し武家建築（主殿造など）が主要なものとなるなかで、格式を表現する視覚的要素を役割として発達してきた。

現代では、天井裏に生活空間に必要なさまざまな機能（新鮮空気、温冷熱エネルギー、照明他に使う電熱エネルギー、等を供給する）が配置されており、それらを視覚的にカバーし、見栄えを整える働きを果たすものとして存在している。

2 スペーシングの軌跡を辿る——床壁天井の誕生

この「スペースをつくる／スペーシング」ということは、すべての建築の根源的プログラムではあっても、あまりに当り前過ぎて個々の具体的な建築のプログラムにはなり得ないようにも思える。しかし未だかつてない大きさのスペースをつくるというような課題があれば、それは現代でも挑戦すべき新しい「建築プログラム」になり得るといえる。

図は人類がつくった空間の模式図である。構法的には洞窟壁画等にもあるように、順番として簡単なテント形式の三角構造が出現したであろう。これには床はあったが、天井という概念はなく壁と一体である。その後に内部空間の使い勝手を飛躍的に向上させる柱梁構造が出現する。この間の変化については本書の役割ではなく別の機会に譲るとして、この後も多くの空間形式の創造が行なわれる。木材資源の多寡によって、柱梁構造のような「曲げ応力」を内在させるものと、さまざまな材料をさまざまな形態で積み上げ、主に圧縮応力を内在させる組積構造に分化する面もあるが、かつては巨大な空間をつくり出す際に、新しい空間の「覆い方」「囲み方」「支え方」が現れた。具体的には、神殿等の宗教施設や多くの人が集まる集会施設で、地域が異なればモスクや仏寺、ストア、バシリカなどが該当する。また近世・近代に入り新しい空間形式を導いたものとして、博覧会建築等も挙げられる。

以上、床壁天井の発生を辿り、生活空間を形成する主要な働き「覆う囲う支える」ということを考えてきたが、一

方で発生順位もある。生活にまず必要なのは床であり、その後に壁と屋根を兼ねたものが発生したとすれば、必須なものはほぼ平坦な床だけともいえる。よく知られた大型ゴリラの一種がつくる生活空間は、樹上に形成されたほぼ平坦な床のみで囲う壁も覆う屋根もないが、十分な生活空間である。また著者には、別記もした「住居形態と文化」に関する40数年前の議論のなかで、日本の住居とスーダンの住居を比較した経験がある。スーダンでは住居に必須なものは猛獣等から身を守る頑丈な壁であり、日本では特に雨雪、日照、風から身を守る屋根であった。地域性によっても、その必要性の軽重や、家屋構造のあり方が変化することを、明記する必要はあるだろう。

建築をプログラム概念から考えていくためのひとつの手掛かりとして、そのプログラムの体系について考えるとすると、原理的原論的には、まず始源のプログラムを置き、そこからの枝分かれを想定し、相互の関連とエビデンスをはめ込んでいくというのが手順であろう。

3 プログラムの体系について

建築の始まりとは何かという問いについては、既に何度か触れてきたが、人類の祖先が多くの危険や危害を周囲にしている環境下で、巨大で強力な体躯、そして固い殻や長い羽毛などを求めず、何かに特化しないニュートラルな進化を遂げて生存競争を勝ち抜いて来たことを考えると、自身の身体の外に自身の身体を守るものを求めるのは当然のことであった。暑さ寒さや雨・日照、危険な虫・獣等々から身を守るために人類がまず求めたのは、その周囲の危険危害から隔てられた閉じた空間、すなわち室内空間であった。現代から見ればその内部空間は、上方からの害から隔てるための覆い・屋根、側方からの害を隔てる囲い・壁、そして生活を支える（できるだけ平たい）床の3つの要素を持ち、構成されている。

しかし初めから室内空間を人類が構築できたわけではなく、従って床壁天井（屋根）が揃っていた訳でもなかったであろう。多くの遺跡等から分かることは、遺伝子情報から見てアフリカから発した人類の祖先は、かなり長い間は自身で内部空間・室内空間を建築できず、多くは洞窟空間に暮らしていたと考えられる。そして洞窟住居の遺跡には壁画が残されており、そこには呪術的意味もあったであろうが、当時の狩りの対象であった多種多様な動物の姿や、おそらくは崇拝や信仰の対象でもあったと思われるや山や川・森なども描かれている。そのなかに、おそらくは現代でいうテント住居のようなものも壁画に見える。テント空間は現代にもあるが、比較的容易に居住空間を形成できる手段であり、原始の時代にも洞窟住居と並行して存在していたと思われる。しかしテントは、おそらく外界から

スペーシング

天井

壁

床

の脅威に対しては脆弱で、とても恒久的な住居とはなりえず、どうやら洞窟住居から移動せねばならないときの（かつては多く動物の移動を追って、人類も移動した）仮の住居空間と思われる。一方、洞窟住居は有害な動物の侵入を阻止でき、暑さ寒さも防ぎ、さらに火を用いることで、気候の変化や害をもつ移動可能な生物の侵入にも対処できたはずで、人類は長い間その恩恵にあずかったであろう。

しかし洞窟を持ち歩くことはできない。そこに大きな発明があったはずで、それが天井や屋根という覆いをつくる技術であり、それはまずは梁の発明であったと思われる。もちろんそれには棒材が必要で、周囲に石や土しかない所や氷しかない所では、積むという技術の延長上でしか、覆いをつくることは考えにくい。氷の組積造であるイグルーや、ある種の土楼などが考えられるが、多くの地域では壁を積むことはできても、屋根は横に重力を支える部材、すなわち梁が必要で、またその発明により、適当と思う場所に人類自身の力で室内空間を形成できたと思われる。欧州や中東では壁は積むものであり、日本のように柱梁構造が中心ではないかもしれないが、内部空間を覆うための技術の筆頭は、梁構造であるといえよう。

ちなみに、A.ラパポートの"House Form and Culture"（1970年）によれば、世界中の土着の（バナキュラー vernacular という意味での）住居の構成材料で最も多いのは土であるという。壁を構成する材料は、基本的に石より木より土のようであり、我が国でポピュラーな竪穴式住居でも、側面の壁は掘られた土で構成されている。壁が出来覆いである屋根が出来れば、生活を支える平面である床をつくれば、室内空間が完成することになろう。なお古代の住居では、床壁天井（屋根）が一体で構成されるとは限らず、竪穴式住居では屋根は斜め材で構成され、壁は掘られた竪穴の側面であり、床は掘られた竪穴の底面ということになる。

床の原始はやはり地面である。これを生活しやすくするために平坦に均し、より居住性のよい材料（乾いた砂、湿った地面との接触を回避するための草や小木片、柔らかい葉、等々の床材となるもの）を敷いて、クッション性、断熱性、防湿性等々の性能を付け加える。特に快適に寝るためには、適度な柔らかさも求められる。

一方、床の一部では、もうひとつの性能が求められた。多くの居住空間では、火の使用（採暖や調理）が当たり前であったからで、これは明らかに寝所に求めるものとは異

なる。火を使用しても燃えないこと、火を制御するための囲い、熱を貯めるための熱容量の大きい材料（石、岩等で、燃えない材料）等々が床にあるとすれば、それは住居の床が少なくとも2つのエリアに分かれる必然を示す。洞窟住居等の遺跡でもかなり早くから、床部分がこれら2つのエリアを示すという説もあり、人類が定住的な住居（季節的移動はあったとしても）を形成してから比較的早期に、床には2つの仕上げが存在した可能性がある。

また旧石器時代等の狩猟採集生産時代では、狩りの対象である動物の移動（草食動物）に従って、人類も定期的に移動していたことが知られており、動かせない洞窟住居と狩りのための持ち運びできるテント住居を併用していたことが窺われる。

洞窟住居時代を過ぎて人類自身が恒久的な住居を建築するようになったとき、まずは梁構造の発明によって広い室内空間が出現し、壁と梁、柱と梁という構造種別はあっても、建築の原点としての室内空間が、大きく発展していくことが分かる。

さらにいえば、この室内空間を覆う構造もさまざまに進歩し多様化したし、壁構造も強度や隙間風の制御を含め、材料・工法共に発展していく。また床も、地面から次第に独立し浮き床となり、また床板の発明によって平坦な生活面が確保されていく。

ここで人類の建築史を網羅的に辿ることは本書の目的から外れるが、以上の記述からだけでも「洞窟住居＋テント住居」の併用や、寒地系の「竪穴式住居が土壁と土床＋三角形式の屋根」で構成されていること、我が国では神社建築に残る棟持ち形式の単純柱梁構造など、さまざまなバリエーションが見て取れる[*]。

次に一例として、オリンピック・パラリンピックに関わる建築のプログラムを採り上げてみよう。ここでのプログラムは極めて単純で、競技を行う平たい面が確保されればいいわけであるが、人類の建築に関する夢のプログラムを象徴するものでもある。すなわち、拡大する無柱空間の夢と、超高層の夢である。

1964年、第1回東京オリンピック・パラリンピックでは、丹下健三氏を中心とする設計グループが、2つの競技場建築を設計し建設に至った。その建築プログラムは、「かってない方法で」、「かってない大きな無柱空間を造り」、新しい室内競技場を世界に示すことであった。この課題に対して、世界で初の吊り構造による半剛性の屋根でスペーシングを行った。コンピュータどころか電卓もない時

＊備忘としての洞窟住居遺跡
・アルタミラ洞窟：スペイン北部・カンタブリア州、壁画で有名　旧石器時代末期　世界遺産
・ラスコー洞窟：フランスの西南部ドルドーニュ県モンティニャック村　先史時代（オーリニャック文化）の洞窟壁画で有名
現時点で特に著名な上記事例を参考としたが、近年新しい発見が続いており、人類の住居の始源につき、今後さらに新しい知見が期待される。

国立代々木競技場

国立競技場

代に、大変な技術的挑戦であった。

2000年シドニーでは、本設の競技場と仮設の観客席の組合せの提案、2004年アテネでは新設競技場の建設が大幅に遅れ、話題になった。2008年北京ではいわゆる「鳥の巣」として、さまざまな大きさの門型架構を並べた設計が提案され建設されるなど、この系統の建築プログラムの系譜を見ることができる。北京五輪では「水立方」という北京国家水泳中心も話題となった。

2012年ロンドンでは、オリンピック・スタジアムが、傾斜地を半地下まで掘り込んだすり鉢状の敷地の上に建てられ、円形の屋根が丸く観客席を覆っている独特の形状が話題となった。

五輪施設の設計は、大空間を無柱で覆うというシンプルな目標のなかで、国の威信もかけた、新しい競技場の設計と建設が話題となっている。多くの人が集まるオリンピック競技場は、スペーシングという始原的な建築プログラムが、さまざまな夢を乗せながら現代でも話題になり続けているいい例である。

一方で、大きな空間を無柱で覆う必要がない建築もあり、F.L.ライトが示したジョンソンワックス本社というオフィスビルのような建築プログラムもある。いわゆるキノコ型の構造(マッシュルーム構造)で部分ごとに個別に覆う形式であり、無柱で大きな空間を覆う建築プログラムに比べ、鉛直方向の重力を水平方向に伝える構造的負担が小さくなる。

他にも空間を覆う構造的負担を小さくする構造形式として空気膜構造などがあり、現代ではさまざまな形でのスペーシングが考えられるが、いずれにせよ今後も「スペーシング・スペースをつくる／空間を覆う・確保する」ということは、建築にとって根源的な建築プログラムであり続けるといえる。

▍4　建築プログラムの始原2──機能の発生

建築プログラムの始源として、まずは「スペーシング・スペースをつくる」ことを述べてきたが、もう一方の始源的建築プログラムは「空間環境をつくること」である。この環境条件はただ人類の生存条件を確保するレベルから急速に高度化していく。古い住居跡から分かることのひとつに、早くから煮炊きをする場所と寝る空間が分化し、「食寝分離」が果たされていたことが知られている。いわば「機能空間の誕生」である。

この項は、第2章以降の個別事例に多くを譲ることとしたいが、近世に多くの建築種別が生み出された以降であっても、現代でも新しい機能を有した建築環境は生み出され続けており、常に最新の建築プログラムであり続ける可能性がある。

例えば、病院は、寺院や教会・修道院の社会救済活動として行われた古い歴史はあるが、近代的戦争がクリミアで発生し比較にならない数の傷病者が生み出された頃に、ナイチンゲール等の働きもあって近代病院の基が築かれたといわれる。しかしそのクリミアの野戦病院から現代までに、医療技術の変革や情報技術の導入があって、病院建築の機能把握はまったく変化しているといってもいい。

美術館・博物館も、宮殿や教会等に飾られていた美術品を近代的運営で展示する形式に代わるなかで、展覧を最

ジョンソンワックス本社ビル

優先とする考え方からニュートラルな「ホワイトキューブ」の考え方が一時支配的になったが、展示されるものの特性に応じた個性的な展示空間を許容する考え方が出てきて、美術館・博物館建築の機能把握も変化しているといっていい。

この後に続く設計事例のなかでも、日本で初めて意識的に提案されたプログラムにより設計・建設された「最高裁判所」や、鉄道線路に分断された市街区をつなぐ新しい通路（跨線橋）と社会施設「岩見沢複合駅舎」など、それまでになかった新しい建築プログラムの登場は、それまでにない状況の変化により、途絶えることがないと思われる。

また新しい機能空間を考えることだけでなく、「機能は時系列的に変わる」ことも重要な観点である。「機能」と「空間」の間には、じつは「主体」が介在しており、最も身近な建築種別である住宅を例に挙げれば、家族の行動に合わせて緻密に組み立てた空間機能が、子供が成長して家を出て行くことで、まったく合わないものになり、住み手に大きなダメージさえ与えることがある。「機能は移ろう」ものという観点も極めて重要で、特に今後大きな社会変動が予想されるなかで、「改修」「コンバージョン」「リノベーション」といった言葉で象徴されるような変化への準備も必要である。少し言葉を換えれば、「機能」という概念は、使われ方とセットであり、使い手（ユーザー）とも同様で限定された範囲に留まりがちである。しかし狭い概念を少し広げ、「時間性」や「意味」の概念も加えれば、多様な意味と価値をもつことになるだろう。

1 3 付録

24事例一覧

この付録では1章の括りとして2章の24事例を相対化し、それら全体が1つの系となって何を語るのかを読み解くために、「プログラム」概念を「建築」概念および「設計・計画」概念と関係づけながら総覧する。

本書24事例における建築プログラム

この世に存在する建築は一つひとつ異なる存在のプログラムをもち、それを一覧することにより、今後の建築環境設計に役立つ建築プログラムを知ることができよう。特にこれら相互の関係を注意深く考えることで、読者一人ひとりが独自に得られるものも大きいはずである。

本書24の事例を、いくつかに類別してみよう。

事例の類別

▌1　空間をつくる／スペーシングのプログラム

「出雲大社庁の舎」は、有史以来基本的な架構のひとつである柱梁構造が、スパンが大きくなるほど梁成の比率を逓減できることを生かして、長手方向40mの大スパン1組で空間を覆い、次に稲掛けをモデルにその側面2面をより細い取替え可能な部材を配して空間を囲い、大地で空間を支えるという、シンプルなスペーシングが基軸の空間構成である。如何に空間を効率的に覆い囲み支えるかという点に特徴があり、背景には建築の構成材が重要性により大きさをもち、細部に至るほど寿命短く入れ替わるという、建築の構成・維持・保全に関する「メタボリズム理論」がある。我が国建築界の金字塔であったが、2017年に壊されたことは残念で、深く悼みたい。

一方、「神奈川工科大学KAIT工房」は、必ずしも大架構にして無柱とする必要はないとして細い柱が林立しており、結果的には有柱でも透明性の高い機能空間が創出されている。一定スペースをその範囲ごとに1本の柱で覆うという、マッシュルーム構造の現代版である。

▌2　新しいプログラム／建築種別の創出

「神奈川県立図書館・音楽堂」は、我が国が敗戦から立ち上がる際に、社会に最も必要なものは文化的潤いであり、それを支える公共的な文化施設であるという考え方から創出された。他にも美術館や音楽ホールなど、同時代には意欲的な公共施設が多いが、まさに公共文化施設という概念を創出したプログラムである。

「寿屋山崎工場」は、そもそもウィスキーを知らない人の方

が多かった時代に、その製造過程を十分研究したうえで、見学もでき外部への発信力もあるという、単なる工場ではない多面的な要求に応えた、まったく新しい建築種別の創出であった。

「大分県立図書館」は、建築の種別や機能を超えた方法論によって建築を設計してきた磯崎新が、図書館を題材にしながら、新しい機能空間を創出したものである。現在は、磯崎新建築展示室を含むアート施設に生まれ変わっているが、図書館であっても記念的ミュージアムであっても、まったく違和感のない「空間」が、そこに存在していて見事である。

「最高裁判所」は、それまでに存在せず当面は建て替えられることもないであろう最高裁判所という建物について、新しく相応しい型を与えようとしたプログラムで、ドイツの黒い森を切り拓いたスクエアで誰もが裁判に陪席できる広場（コート／法廷）の創出が、根源的なプログラムとなっている。裁判所の空間は、実務的には会議室・集会室の集合となりがちだが、最高裁という唯一無二の存在を象徴的な空間で表現し、また我が国司法関係の最高事務機関のオフィスというまったく別種の空間を、二重に配置された壁（ダブルウォール）で、明快に整理し融合している。

「資生堂アートハウス」は、そもそもは施主社の収集品を収める倉庫をつくるという要求を拡大転換することで、収蔵と展示を行う「アートハウス」という新しい概念、あるいは建築種別を創出してしまった珍しい事例である。

「岩見沢複合駅舎」は、人口が減少しさまざまな施設の駅近くへの集約が進むであろう地域事情を反映し、駅舎と公共施設の複合空間に、さらに鉄道の町であることを反映して、鉄路に分断されている町をつなぐ高機能な橋を組み合わせた、新しい種別の建築空間である。

「神奈川工科大KAIT工房」（再掲）は、さまざまな課題を抱えた地方大学のキャンパス計画において、工科系大学の「工房」という機能空間に新しい空間形式を与えつつ、キャンパスの絶妙な位置に学生の新しい居場所を創り出したものである。

▌3 既存の建築種別の新しい転換

「桜台コートビレジ」は、限界があった集合住宅の設計において、低層だが高密度な居住空間を見事に創出した。原型をつくり出す「型設計」としても意義深く、高い計画技術力で支えられている。

「ポーラ五反田ビル」は、オフィスビルの進化過程の中で、両側ダブルコアの空間構造を用いながら、効率的なオフィス空間を創出しつつ、施主のイメージ戦略やPR活動など、多様な要求に応えている。周辺の街への付加価値も高い。

「新宿三井ビル」は、1960〜70年代に進展した超高層オフィスビルという分類のなかにあって、空間効率的にも優れていながら、次代に継承されるべき型を、高い技術力で創出したものである。

「フロム・ファーストビル」は、民間の小規模商業ビルであるが、その空間的魅力は優れており、40年を経過しても高い賃料を保っている。空間的価値が経済面にも良い価値を生んでいる珍しい事例で、不動産価格が下がらないことは、さまざまな良い連鎖を産んでいる。

「名護市庁舎」は、いわゆる市庁舎でありながら、地域性を保ちつつエコであるヴァナキュラー建築の先駆的な事例である。なかなか当初のプログラムを守り切れていないのがもったいない。

「海の博物館」は、間違いなく博物館ではあるが、何を展示するのか誰が誰のためにつくるのか等々、建築の根本的なプログラムを長い時間をかけ、設計者がユーザーとつくり上げたユニークなミュージアムで、何を収蔵・展示すべきか、どこにどうつくるか等、ミュージアムの概念を拡張したといえる。

「関西国際空港旅客ターミナルビル」は、巨大化し変貌する国際空港という建築空間を再概念化して、新しい空港をつくり出した点が評価される。空港を建築というより人の流れを扱うプロセスが置かれる場のように扱い、人を支え動線計画を体現する床と、空間を覆う屋根には空調の気流制御の役割を与えて、床、屋根、壁をまったく別の要素としていることも興味深い。

「黒部国際文化センター」は、いわゆるホールの集合体ではあるが、設計者がオーケストラの指揮者のような役割を果たしながら、完成後の運営や関わるプロの力を結集して引き出し、市民が主役となる施設をつくりあげたプロジェクトで、その後の公立ホールづくりの原型ともなった。

「千葉市立打瀬小学校」は、小学校でありながら町に開かれ町の一部となる、従来にない建築環境をつくり出し、大きな価値を創出した。ただ小学校を取り巻く社会状況の変化により、街と連携しつつそのなかに存在して機能する可能性を、十分に生かし切れていないことが惜しまれ、残念である。

「はこだて未来大学」も大学キャンパスの設計事例ではあるが、情報系を主とする学際的でプロジェクト中心の教育・研究内容に比較的閉じた箱としての建築型を与え、教職員・学生の活動の場としている。産業界や地域との幅広い連携に教育・研究の特色があり、そのアクティブな活動内容に対してふさわしい入れ物を用意している。また冬は厳しい気候となるため、閉じた室内にランドスケープがあるような、変化のある内部空間を創出している。

「せんだいメディアテーク」は、機能的には集会施設であり展示施設という複合施設だが、高い透明性により、それ自体が町のステージであるかのような、類例のない個性的な空間をつくり出している。

「プラダ ブティック青山」は、ブランド企業の店舗だが、そもそもネットコマース時代に商業店舗はどうあるべきか、かなり深く綿密な考察や検討を踏まえて、広告塔のような象徴的な空間を創出した。用いられている建築技術も、高度なものである。

「ふじようちえん」は間違いなく幼稚園ではあるが、公的な補助金を得るための定型化した空間ではなく、幼稚園児や教職員、父母等にとって、何が最も必要なのかという観点に立って設計内容が吟味され、結果としてユーザーに深く愛される建築空間を創出している。設計が園経営にも貢献している点は、本来の建築の力である。

「金沢21世紀美術館」は、美術館と公民館等の複合的な建築空間ではあるが、街の一部として多方向に開いたミュージアムの新しいあり方を提案して、障壁を感じない独特の建築空間を創出し成功している。

▌4　設計者の理念も含む独特なプログラム

「八勝館「御幸の間」」は、日本建築の現代化に取り組んでいた堀口捨己が、銘木や珍品など素材のいわれや付加価値に依存することなく、その地域で普通に得られる材料や工業製品も使いながら、天皇・皇后の宿泊所という格式も求められる和風の座敷を創出したもので、庭園との融合も見事であり、まさに素材に過度に依存することなく、設計者の力量で素晴らしい空間の価値をつくり出せることを示したものである。類例を容易には見出せない、独特のプログラムであるといえよう。

また「広島世界平和記念聖堂」は、カトリックの教会堂（聖堂）だが、原子爆弾で壊滅的な被害を受けた「広島」から、「世界平和」を訴えるという記念碑的な意味もあって、単純な「教会」でもなく「戦争と平和の祈念館」で

もない、特別な存在プログラムをもつ。設計者を決めるコンペティションが行われたが、1席は該当なしで、2席に丹下健三、前川國男の巨匠建築家、3席には当時大学生の菊竹清訓が入るなど、ビッグネームが選ばれながら設計者は選定されなかった。後年、その審査委員であった村野藤吾が設計に当たるという不可思議な結末となる。村野自身も、この教会の設計に何が求められているのか、建設に主導的な役割を果たした神父や教会関係者との狭間で、相当に苦しんだことが記録されており、設計者が施主の意思に沿いながら、その建築のプログラムを見出すことが、必ずしも容易なことではないことが分かる。

「八勝館「御幸の間」」（前掲）では、つくられるべき建築のプログラムと最終形のイメージは設計者の内部にあって、要求条件を示すプログラムは明示的ではない。また「広島平和記念聖堂」では、恐らくはこの教会に本質的に求められているものが分かったときに、設計が進むべき方向性ばかりでなく、かなり細部にわたる内容まで一気に氷解、あるいは凝縮するかのように設計が進んだ可能性もあり、この事例も極めて特殊であるといわざるを得ない。

以上を踏まえ、1〜3までの類別には入らない特殊な事例も存在することは、常に意識しておいてよいことであろう。またそれらが日本建築学会賞（作品）に選ばれていることは、日本建築界にとって、真に喜ぶべきことかも知れないのである。

本書では、建築プログラムの捉え方に対して、一つの考え方を押し付けるものではない。色々な考え方がありえるし、幅広であってよいはずである。

しかし先にも述べたように、プログラムという共通的な概念で設計事例を通覧することには利益があるはずである。本書により読者がその利益を得ていただければ、筆者らの努力も報われるし、ぜひ読者の反応が寄せられることを、切に願う。

写真出典
国立代々木競技場、国立競技場　湯本長伯
ジョンソンワックス本社ビル　松本文夫

24作品の所在地

24 岩見沢複合駅舎
北海道岩見沢市

18 公立はこだて未来大学
北海道函館市

16 黒部市国際文化センター
富山県黒部市

21 金沢21世紀美術館
石川県金沢市

5 出雲大社庁の舎
（現存せず）

19 せんだいメディアテーク
宮城県仙台市青葉区

22 ふじようちえん
東京都立川市

17 千葉市立打瀬小学校
千葉県千葉市美浜区

8 ポーラ五反田ビル
東京都品川区

9 最高裁判所
東京都千代田区

10 新宿三井ビル
東京都新宿区

11 フロム・ファーストビル
東京都港区

20 プラダ ブティック青山店
東京都港区

12 資生堂アートハウス
静岡県掛川市

1 八勝館「御幸の間」
愛知県名古屋市

14 海の博物館
三重県鳥羽市

2 神奈川県立図書館・音楽堂
神奈川県横浜市西区

7 桜台コートビレジ
神奈川県横浜市緑区

23 神奈川工科大学KAIT工房
神奈川県厚木市

4 寿屋山崎工場
大阪府三島郡島本町

15 関西国際空港旅客ターミナルビル
大阪府泉佐野市

3 広島世界平和記念聖堂
広島県広島市中区

6 大分県立大分図書館
大分県大分市

13 名護市庁舎
沖縄県名護市

24作品のプログラム一覧

八勝館「御幸の間」

戦前、戦中の議論を乗り越えて、建築における「日本的なるもの」を、具体的な形態に表象した堀口捨己の代表作品。過去の日本建築を実測、文献資料を基に詳細に調査・研究して、新しい時代に相応しい建築を実現する。〈庭、建築、室礼、調度〉を対象に、「見立て」・「取り合わせ」等の手法を駆使して総合的芸術まで高めた作品であり、銘木等の高価な材料に依存せず、普通の材料を用いて、高い空間の質をもつ和風建築をつくり上げている。旅館は廃業し料亭営業のみだが、生き続ける経営力にも大いに貢献している。

1

神奈川県立図書館・音楽堂

戦後復興期に、「県立図書館と云う日本では未だその性格を明確に規定しえない課題と、音楽堂のような設計の基礎データの確立されない課題」に取り組み、建築生産の工業化、工法精度の向上に挑戦してそれをつくり上げた、前川國男の初期の代表作。公立の文化施設として「図書館と音楽堂」という組合せの新しいプログラムを提唱し、結果として変わらず多くの市民に愛され続け、親しまれている。

2

広島世界平和記念聖堂

広島の原爆犠牲者の鎮魂と恒久平和を願う聖堂案は、戦後初の公開設計競技で求められた。新生日本の精神文明を期待し日本的性格をもつことと、恒久平和を導く場としての教会建築には健全なモダンスタイルが求められたが、当選案となった。この刷新のプログラムが内包された難解な設計主旨は、審査員村野藤吾の設計に託され、伝統的バシリカ様式ながら繊細な曲線と陰翳により日本的感性に呼応する空間に昇華し、構造の直截さに健全なモダンが表現され、素材に手づくりの感触を施すことで「時間」を経てこその価値を高め、屹然と存在する聖堂を出現させた。

3

寿屋山崎工場

戦後まもなくのモダニズム全盛期に建設された国内初のウイスキー醸造工場である。一般の見学者に開かれた最初期のPR工場として、高温を発する大型の蒸溜設備の下方に見学者の動線を設けつつ、上方へ立ちのぼる蒸溜を大空間の中で体感できるプログラムとしている。街区スケールでの動線の配慮や山崎の地域スケールでの外形と外装のデザインなど、近景から遠景にいたる周辺環境、さらに長く稼働し続ける時間経過をも積極的に設計上で現すべきプログラムとして建築設計に反映させている。時代を超えても変わらない心づかいが今に受け継がれている。

4

出雲大社庁の舎

氏子総代による要求条件の定まらない建築発注の中で、社務所という名称の機能を特定出来ない施主与条件が与えられた。菊竹はそのような設計条件を逆手に取り、変化する機能に関わらず、まず空間をつくるという根源的プログラムを洗練することに専念。時間経過の中で要求条件が変化しても対応できる空間を、原理的に形成した。原型となる柱梁構造で40m超の最大スパンを支え覆い、その天井を支える架構に依存した取替え可能な部品で壁を構成して空間を囲い、大地で床を支えるという建築の原型を示し、メタボリズム建築に繋がる基本プログラムを示した。2017年、取り壊された。

5

大分県立大分図書館

建築の成長プロセスを「切断」することによって生みだされた図書館建築。その計画概念となる「プロセス・プランニング」では、建築のプログラムを静態ではなく動態とみなし、規模系列（タテ）とスケルトン系列（ヨコ）の組合せで建築を構成する方法を示した。大きさと構造による機能群の把握は、特定の建築類型を超えて異なるプログラムを導入する横断的なデザインの可能性に結びつく。常に新しい思考と理論と実践を切り開いてきた建築家の、理論と実践の痕跡をとどめる記念碑的作品。この図書館も完成後30年余を経て設計者・磯崎に関わるアート施設に転生した。

6

桜台コートビレジ

時代の変化と共に都市に固有の問題が顕在化する中で、新しい「低層高密」の集合住宅のあり方を具体的に提示した一つの模範的な回答例であった。人口過密地域における有効な土地利用という課題を前に、内井昭蔵は集合した個々の住戸に独立した戸建住宅のような自由を内在させることを目指した。集合住宅は一つの都市であるとし、電気・ガス・水道などのインフラ敷設行為を建築デザイン行為そのもののように捉え直すことで、空間価値の高い集合住宅を実現させている。そのような設計手法あるいは新建築を「環境装置」と定義し、その後の集合住宅設計に一つのモデルを与えた。

7

ポーラ五反田ビル

化粧品会社の本社ビルという使命を担い、経年変化にも色あせない建ち方が追求されたオフィスビルディングである。当時主流であったセンターコアを脱却し、ダブルコアオフィスのプロトタイプとして、空間のフレキシビリティーと明るい執務環境を実現した。また、線路際という立地や変化の激しい周辺との関係を積極的にとらえ、建築的操作で独自の環境をつくりだしている。日建設計林昌二グループのオフィス設計研究の一つの頂点であり、オフィス設計の社会的地位も高めた。

8

最高裁判所

近代的な感覚を基調に、利用者を問わない使い勝手のよさ、新時代の正義の殿堂としての記念性を有しつつ、都市の文脈にしっかりと位置づけられた、静かな空間の創出。それが日本人の建築家が初めて取り組む、あくまで公共建築の一つとしての最高裁判所に求められた課題であった。都市軸の導入をはじめ、機能連関、ゾーニング、そして動線計画といった基本的な考え方を丁寧に組み合わせながら、設計者はその中心である大法廷とホールにそれぞれ、森を伐り拓いてつくられたかつての裁きの場、万人に開かれた広場といった公共空間の像を重ねている。石を思い切って用いた記念的建築である。

9

新宿三井ビル

モダニズムの潮流の中で生み出された超高層オフィスビル建築のモデルである。センターコアはフレキシブルな平面構成を可能とし、両サイドのブレースは高さ約210mの超高層建築を実現した。低層部にある人の流れを生み出す広場は、高層部との対比によりヒューマニズムと合理性との調和を目指した。デッキプレート・カーテンウォール等の今日の建築技術の礎となる研究開発は、組織の垣根を超えた議論の積重ねにより、当時の最先端技術として集約されたものである。それら多様な組織での創作活動は「組織づくりというデザイン活動」と表現され、組織系設計事務所初の学会賞受賞作品となった。

10

フロム・ファーストビル

現代建築のテーマがプランニング主義からプロセス主義に転換する前夜、都市型建築の新たなタイプとして提案された。商業コンサルタントから建築家に提示されたプログラムと建築家の確かなプランニング力が生み出した1970年代の都市型商業建築の名作である。ここではプログラムは建築家に自由を与え、より大きな能力を引き出すことになった。ファッションの最先端地、南青山にあって、40年を経た今もなお商業的価値は落ちず、従って不動産価格も同じである。建築家が実現した空間構成の魅力は、経済的価値を今も高め続けている。

11

資生堂アートハウス

設計スタート時は、蓄積された施主所有美術工芸品の収蔵庫という施主側のプログラムであったが、これを収蔵と展示というミュージアムのプログラムに、設計過程に沿って転換したものである。またアートハウスという名称にすることで、より親しみのある新しい展示施設種別が生み出されている。ポストモダン建築が隆盛を極めた時期に、設計者の意図は、単なるモダン建築から環境に配慮したランドスケープ一体型建築を試行すると共に、資料館及び美術館という二つの機能を円形と正方形でS字型に一体化することで、単なる収蔵庫ではないアートハウスという新しい建築種別の創出を得た。

12

名護市庁舎

公開2段階コンペという画期的試みで生まれた建築。沖縄での建築とは何か、市庁舎はどうあるべきか、を問うた特筆すべきコンペ条件と、それに応えた象設計集団の巧みなプログラムはポストモダニズムの歴史を刻んだ。インターナショナルスタイルが席巻する時代において、それを突き破る地域性・土着性がもっている特質を、建築のコンセプトとデザインに見事に反映させた。このヴァナキュラー性の意味を、コンペと協議調整のプロセスを通して具現化した歴史的位置づけは、その後の建築像の規範に大きな影響を与えた。

13

海の博物館

建築の「原形」を探る設計から生まれた博物館。海と漁業の歴史を収蔵・展示する機能の具現化には、ローコスト化や高耐久化が求められた。余剰を排し本質のみをかたちに還元する「素形」を繰り返すという設計手法により、周辺環境に呼応する配置とかたちを模索し、現代の技術を積極的に取り入れる。また「プログラム」の軸に時間軸を据え、重層する時間性が表れる豊かで清新な建築空間を生み出すことに成功した。経済と技術に縛られる時代へ向け、新たな建築空間の創造性を示した内藤廣初期の代表作。

14

関西国際空港旅客ターミナルビル

国際コンペで選ばれた新時代を予感させる移動のための都市空間の提案。海上の人工島に建ち、厳しい自然と共存を図り、一枚の長大なルーフを単一の部材で覆う、その自然曲面により構成される内外の空間に、この建築のプログラムが凝縮されている。多くの人が流動する空港の機能を床が支え、それとは自由に設定された天井の形状は、必要な空気の流れを制御する。新しい空港の在り方を提案している。

15

黒部国際文化センター

公立施設の中でも特に公立ホールでは、完成後の利用者からの要望が見えない状況の中で設計が行われ、自治体が提示する条件を優先するのが常である。しかし本事例では設計者が初期段階に丁寧な調査を行い、より良い施設運営とするために、与条件の書き換えを行っている。また設計の進行過程を重視して設計当初から市民の参加を促し、さらに適材適所にプロの力を加えながら、建築家がオーケストラの指揮者のように、常に全体の調和を保って、市民が主役となる施設をつくりあげた。その後の公立ホールづくりのプロトタイプとなった。

16

千葉市立打瀬小学校

門も塀もなく、街に開かれた学校として知られる千葉市の公立小学校。内部と外部が繋がり、流動的に連続した開放的な空間が、こどもたち本位のアクティビティを引き出している。領域を分節しながらもそれが連続性を持ち、棟によって空間が異なる意外性により、使い方が規定された場の集合体ではなく、多様な空間であることに普遍性がある。地域に開かれた学校の在り方は、安全重視の時代となっても健在である。ユニークな運用とあわせて、オープンスクールの新しいスタンダードを示し、学校建築に大きな影響を与えた記念碑的な作品である。

17

公立はこだて未来大学

豊かな自然環境の中に、独自の計画コンセプトとプロセスによって生み出された新領域大学。その学際的な教育内容に相応しく、個々の研究に集中しつつも常に全体を俯瞰するという構図がそのまま空間化されている。本格的なプレキャスト・コンクリート工法を採用し、プラン・空間・素材・構法がロジカルに組み上げられた建築は、あらかじめ決められた与条件ではなく、建築がつくられるプロセスそのものにおいてプログラムが生み出されるという思想を明確に示し、それが生み出された瞬間を追体験させてくれる。

18

せんだいメディアテーク

せんだいメディアテークは、海草のような柱・徹底的にフラットなスラブ・ファサードのスクリーン等、強く情報化社会をイメージした建築デザインにより、新しい時代精神を表現している。それは、デザインと構造を融合させ、ガラススクリーンと薄い層間から生まれる高い透明性、1階をオープンにして前面広場との連続性等を生み出し、またチューブ周りに生まれる波紋や渦のイメージのように、各フロアに人のアクティビティや流動性をもたらし、活動を誘発する場を生み出している。優れた構造設計に対する評価も高い。

19

プラダ ブティック青山店

ネットショッピングが広く普及し始めた時期に、ファッションブランドの新しい解釈の店舗建築として提案され初期の事例であり、店舗建物の一部を占める形態のものから一つの建物全体を構成するという建築プログラムのもとで設計された初期の事例でもある。プラザの効果的配置により、都市との視覚的物理的コミュニケーションがとれて、建物自体が街の中でアイコンとなり、実用的店舗であると同時に、3Dの広告としての役割を果たしている。

20

金沢21世紀美術館

ファサードを消滅させた透明な円形ボリュームの中に、街路に見立てたグリッドを設定し、徹底的に抽象化した構造的思考のもとで機能空間の平面配置が検討された。独立した矩形に分割された美術館展示スペースと市民交流スペースは互いが混在しながら配列され、周辺都市より単体の建築内部にまで連続浸透するかのごとき革新的な動線が生み出された。その結果、これまで閉鎖的に扱われてきた純粋美術の機能空間は周辺環境へと解放され、複合する諸機能の相互交流を誘発すべくプログラムされた空間が創出されている。

21

ふじようちえん

境目のない空間構成で仲間外れのない幼稚園を形成する一方、それらを一体化する建物の屋上を生活空間とする。この際立った二面性が、高さ2mほどの屋根の上下で展開される。ドーナツ状で緩やかに傾斜がかかった屋根の上は回遊性が演出され、600人の子供たちが力いっぱい走り回る。即物的な遊具をつくらず、一つの村のような大らかな建築とフリーハンドを元にした要素の配置が、幼い子供の本能を呼び覚ます。自主性を大切にする教育理念と、様々なチャレンジが可能な建築の構成と、それに応える子供たちの行動が相乗的に結びつき、生き生きとした空間が生まれている。人の活動と建物の両輪がそろった園空間である。

22

神奈川工科大学KAIT工房

理系学部学科を有する地方の大学において、施設の増築や新築は既存のキャンパス環境に様々な影響を与え、大きな意味をもつ。これは学生が実習を行う施設ではあるが、同時にキャンパスでの居場所づくりにもなっており、キャンパス内の位置を見れば、ここが既存の建築を繋ぐ学生が比較的長時間を過ごすには絶好のロケーションであることが分かる。そうした場所/位置がもつ意味をさらに強めるために、ランダムに配置したかのように見える305本の鉄骨柱を、自然な配置で天井/屋根を支えさせ、あたかも林の中で長時間を過ごすような感覚にさせてくれる建築空間である。恐らくは、既存キャンパスの価値向上にも大きな力を与えている。

23

岩見沢複合駅舎

鉄道のまち岩見沢で、日本初の駅舎の公募デザインコンペが行われた。駅の公共性を市施設に繋げ、賑わいを過疎のまちにもたらす共存共生をめざす。PC一枚版の大屋根を、市施設・図書館と駅の構造コアが支えるガラスの箱の複合建築を、快適な駅の温熱環境と共につくりだした。広大な景色を見渡す自由通路を新設し、地域再生に繋げた。鉄道遺産の古レールと地場産の野幌赤レンガを素材に、鉄道と地域の歴史・文化を未来に伝え、建築と土木の連携、駅から街づくりへと繋がる市民協働を進め、鉄路の町の風景に新しく開かれた空間をつくり出している。駅という交通施設と公共施設が複合し、新しい地域の中心を形成している。

24

2

作品に見るプログラム

八勝館「御幸の間」

主要諸室を併用する和風建築は、庭園との一体感と、空間の「心地よさ、美しさ」という建築の原点であるその質を、木質、木割、規矩術により高度に追及する本質をもつ。この本質を具体的形態に表象した堀口捨己の代表作品。優れた日本建築事例を、実測や文献研究を基に詳細に調査、研究して、見立て、取合せ等の重層技法を駆使して、新時代に相応しい総合的芸術建築を昭和天皇巡行御座所として実現した。

建築作品の背景

戦後、日本建築の方向性

1950年頃は、戦後復興も進み、1949（昭和24）年には、「フジヤマのトビウオ」と呼ばれた古橋広之進が、日米水泳選手権で世界新記録を樹立した。そのような時期の国民体育大会が、昭和26年、名古屋で開催される。それに合わせて、昭和天皇、皇后両陛下の御寝所として、1950（昭和25）年、〈八勝館御幸の間〉が、日本建築で著名な建築家、堀口捨己（1895〜1984年）の設計により建築された。

八事という場所

敷地は、明治末から大正にかけての材木商、柴田家の別荘であった名古屋南東部の八事の地である。柴田家がこの別荘の処分することを知った名古屋の財界人達が倶楽部を設立し、その景観を残した。1925（大正14）年、「八勝倶楽部」がつくられ、杉浦保嘉（八勝館創業者）が、その経営を任され、旅館業（1955年頃まで宿泊ができた）を始める。

「八勝館」の由来は、雲照律師により禅語「八勝道」、又は、名古屋南東部、八事の丘より、八方に山が望める景勝地との諸説がある。

プログラム概要

「日本の住宅の寝殿造と書院造との中から生まれ出て

きた数寄屋造を明らかにしようとしてゐる[*1]」と語る堀口は、日本住宅史を再構築しようと考えていた。〈慈光院〉や〈桂離宮〉の実測調査、文献研究、また、千利休の茶室の研究を行っていた堀口に、建築家として、実作をつくる機会が訪れる。堀口は、〈御幸の間〉に関して初期から設計に参与していなかった。施主である杉浦保嘉（1892〜1963年）は、銘木を用意して、自ら指示をして建設を始めていたが、東邦電力社長で茶人の松永安左ヱ門（1875〜1971年、耳庵の号でも知られる）の助言で、建築家に依頼する。松永の推薦で、堀口捨己が、設計・監理に関与するのである。

「今ここに現代建築の立場で利休の茶室をとり上げる[*1]」と序文に記述するように、数寄屋の建築を参照しながら、現代建築として、空調設備、照明設備等を加味した現代数寄屋に取り組むのである。また、木構造、小屋組に関しても、和小屋ではなく、洋小屋（木造キングポスト）を採用している。

日本建築学会技藝賞受賞

昭和25年度（第2回）に「技藝賞」（現「作品賞」）を受賞した。審査評として、次のように記述されている。

「「御幸の間」は、名古屋の旅館八勝館の廣々とした閑雅な敷地の一部に、大きな木立にかこまれ、池にのぞむ静かに落ちついた環境の中に建つてゐる。それは瀟洒で軽妙な、いはゆる和風の建物であるが、その随處に新しい時代の感覺に溢れた造形意匠が駆使されてをり、建築における温故知新の美しい精神がそこに濃く表出されている[*2]」

なお前年度には、堀口は「利休の茶室」で「學術賞」を受賞している。

建築作品諸元

御幸の間・2間

〈御幸の間〉は、広間十六畳敷と次の間十畳の2間構成である。境となる大襖を外すと二十六畳となる。それらに、東、南側に一間幅の入側縁座敷が付随しており、2間と

八勝館外観[1]

広間、床と書院[1]

次の間[1]

残月の間[1]

の境にある明障子を外せば、四十畳の大空間となる。かつ、南東に位置する、濡縁が、連続している。

広間正面の床は、幅四間弱奥行一間で、床と床脇は、チンクグリ様になり、地袋と天袋は、矩折りに直交する様をとる。付書院は、床の左手に並ぶ。桂離宮新書院一の間、上段を参照しながら、新しい時代の大らかな「床」の様を魅せる。桂離宮笑意軒を彷彿させる丸窓が、南側床脇に見られる。これらは、桂離宮や利休の茶室、とくに、二畳敷上段のある利休の色付書院や残月亭に関する調査、研究が影響すると考えられる。

書院造りの代表的な遺構である〈園城寺光浄院客殿〉が、格式的、厳格であるのに比べ、自由であり、豊饒である。空間を構成する、「線」（床柱、落掛、棹縁）と「面」（聚

楽壁、襖、障子）は、近代絵画（マレーヴィッチ、モンドリアン）を想起させる。檜、杉等の素材は、その生地が活かされ、庭の木々とともに、時間の経緯を鑑賞者に認知させる。同年に、〈御幸の間〉北側に〈残月の間〉が建設されている。表千家残月亭をモチーフに、近代設備を加え、空間に身を置いて、「時」を感じる。広間正面床に向かい、右手に、次の間と隔てる大襖がみえる。これが、堀口が最も苦心したものである。受賞記述の大部分を襖の履歴が占めている。

「私は私の力の中で仕上げ得る工藝的な道を選んで、その書家の畫料の幾分の一で、然もその繪が表はし出す美しさより、より部屋と溶け合ふ美しさを求めた。その企てが幸に實をむすんで、寫眞の如きものが成り立ったので

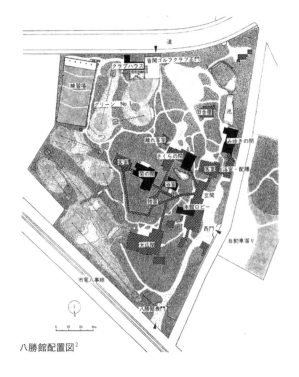

八勝館配置図[2]

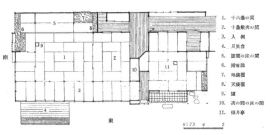

1. 十六畳の間
2. 十畳敷次の間
3. 入　側
4. 月見台
5. 躙閣の床の間
6. 階菜欄
7. 地袋欄
8. 天袋欄
9. 爐
10. 次の間の床の間
11. 瑤月亭

八勝館平面図[2]

は、その一部に組み込まれている。次の間と、優美な欄間を介して、一体となる。入側縁座敷の先には、濡縁が、東側の庭園（作庭・堀口）へとつながる。

予言としての建築（プログラムの意味）

1920年、東京帝国大学大学院在学中に分離派建築会を友人と立ち上げ、モダニズムの洗礼を受けていた堀口は、30、40年代、「日本的なるもの」の命題のもと、数寄屋建築の調査、研究を建築家の眼差しで行う。幼少より和歌を嗜んでいた堀口は、万葉集、古今和歌集をはじめとする古典文学と、数寄屋建築の関係性を論考する。価値観の承継でもある。

桂離宮

八勝館には、〈桂離宮〉を彷彿させるアプローチがある。東庭より一段低い敷地にあるので、高床の手法を用い建築と庭の一体化をみせる。「池をはさんで、互に見合う大きな松、その間に朱塗の大橋、これが昔、桂離宮の庭を、組み立てていた最も著しい見所の中心であった[*4]」。「桂宮御別荘全図」、「桂御別業之記」等の文献より、松琴亭の前庭池に、朱塗り欄干のある大橋がかかり、松琴亭書院、白と藍の市松模様の襖との色彩対比に辿りつく。

慈光院

1940年頃、西川一草亭（1878～1938年）に勧められた、片桐石州の唯一の遺構である奈良大和小泉の慈光院を初めて訪れている。この建築と庭園のすばらしさに惹かれ、その詳細を実測するため暫く滞在する。石州流の茶道家、柘植曹谿の立会のもと、調査が進む。「我国で書院造の庭と数寄屋造の庭とが一つによく溶け合って玉の如くにも、纏められ、磨き上げられたものは桂離宮とここより他にない[*5]」。

西洋と日本

堀口が、西洋建築に距離を置き、日本の数寄屋建築を意識しはじめるのは、20代後半のギリシャ旅行によると後日記述している。パルテノン修繕のため、おろされた列柱を見てだと回顧する。それは学校で習ったドリア式の柱頭とは異なる美しさとスケールであった。
それを育んだ風土や歴史、豊かさにはこのままではとても太刀打ちできないと悟り、身の丈に合う日本の美を模索する。さらに、京都の文化サロンで、当時一流の文化人（西川一草亭ら）との交流が彼の「日本的なるもの」への探求を助長する[*6]。

ある。それは新渡りの南方の切地を貼って、アップリケイの如き効果をねらったのである。その切は色麗しく強い地に、細かい載金の摺箔（印金）をしたものである。印金の切は古くから茶の世界では極めて尊ばれて来たもので、その美しさは見れば直ぐわかる類のものである[*3]」。
「襖貼は何もこのやうな珍しい切を、使わなくともわが國で手易く入るものでよいはずであるが、たまたま御幸と云ふやうな稀らしい事のために、特にしつらはれた部屋であったが故にかうなったのである。着物の古いものや、新しい服地の切でも、使い古した後に、見立て一つで、どのやうにも仕上げ得るはずである[*3]」。
襖は、印金（載金の摺箔）の裂地を、コラージュした作品であり、数寄者・堀口の意匠である。江戸時代に東南アジアから輸入された、優美な布を、帯状に、貼り合わせている。この手法が、まさに「見立て」（茶道における室礼の手法）、「取合せ」（近代美術のコラージュ手法）である。
天井に目を向けると、〈三溪園臨春閣住之江の間〉を参照したであろう、丸太の棹縁が、卍状に配され、天井照明

慈光院[3]

桂離宮笑意軒[3]

八勝館 広間[3]

河文水かがみの間[3]

日本的なるもの

日本的価値観(日本趣味)の建築の美について、堀口は次のように分類している。

1) 知性によってとらえられる美
  - 功利の美
  - 組織の美
2) 感性によってとらえられる美
  - 自然に生かした美
  - 意識して求めた美
  - 表現の美

つまり、建築の鑑賞は、知性と感性の両立が必要である、という[*7]。

茶室

茶室について、その思想的背景から導かれて、茶室の構成を次の4つにまとめあげている。

1) 反相称性
  - 茶室建築の共通性として反相称性(アンシンメトリー)があり、「不同の理」が茶の湯の思想の現れである。
2) 構成的な表現
  - 建築の表現法が構成的であるために材料は素材を活かした物となる。

3) 反多彩主義(アンチポロクロミー)
4) 平面計画の多様性
  - 3坪に満たない小室が床の間と炉を中心として100に近いバリエーションとなる。

堀口は歴史的な背景において内なる行為で建築を語る。建築家の眼差しで数寄屋ー茶室や住宅ーを見ていたのである[*5]。

建築の外部、内部環境を一体化した計画。空間は、「見立て」(茶道における室礼の手法)により可変性をもつが、本質は時代を反映する。

類似事例との比較

自邸である〈大森の小住宅〉(堀口邸)(1954年)は、木割は、六尺心々で、四畳半と二畳台目の茶室と居間、食堂との分断も配慮されている。竹縁は、居間と、茶室に配し、出の相違で、内外を、調和して繋いでいる。和風建築の名品である、〈碼居〉(1965年)は、広間八畳と小間三畳台目を中心に、水屋、寄付、台所、倉で構成されている。広間の南側には、竹縁(縁先は栗材)は、二本の柱を介して、〈秋草の庭〉に連続する。〈御幸の間〉の〈月見台〉のような手摺はなく、水平にのびやかである。堀口の内外介入の意図が色濃く表れる。天井にも、〈御幸の間〉の建築言語を発見できる。

八勝館 濡縁 [3]

名称＝八勝館八事店「御幸の間」／所在地＝名古屋市昭和区広路町石坂29／主要用途＝料亭／構造＝木構造平屋／設計＝堀口捨己／施工＝森春吉

い見識に立脚したものである。

「建築」の精神における「普遍性」と、自然がもつ「可変性」を内在化させる作業を、作品に反映させる。「普遍性」とは、「時間」に揺るがされず、その真髄を探ることであり、「可変性」は、「時間」の流れに委ね、時々刻々と、変化する物質の宿命を意味する。

相互に矛盾をはらみながら、日本美の本質が感知できる。堀口の設計思想には、現代和風を「時間」と「場所」にかかわらず、明快に施工過程を純粋化することを経て、自然と建築の呼応を意図していたのであろう。

総合芸術としての建築は、数寄屋造─茶室・住宅・料亭─において、完成度を増す。

堀口は、建築とその環境に、自らの身をおいて、現在という時点で、観賞することを人々に求める。皇居の新年歌会始の召人を務めたほどの歌人であった堀口が、「御幸の間」の設計をしていた同時期、1949年に詠んだ和歌を記して論を閉じる。

「たかくおもひ きよく生きなむ ねがひにぞ すきびとみちをえらびたりしか」

■ 同時代の建築家事例

吉田五十八（1894〜1974年）は、「近代数寄屋住宅の明朗性」（「建築と社会」1935年10月号）において、真壁と大壁の関係性を図示して新しい和風空間を提示する。1930年代中程から吉田独自に近代化した数寄屋造の住宅を発表し始めた。吉田の手法の主なものとして、大壁造の採用、吊束と欄間の省略、荒組障子の採用、工業生産材料の採用、などが挙げられる。数寄屋住宅の明朗性を獲得するためとして、(A)平面、(B)廣椽(C)天井高(D)柱と壁の部面、の各考察と提案を行っている。

谷口吉郎（1904〜79年）は、同じ名古屋の老舗料亭〈河文・水鏡の間〉（1973年）で、脇床に極端に細い竹で吊られた棚を用いる。それに象徴されるように、空間のバランスを、素材と寸法、納まりを極めて、鑑賞者を魅する。

村野藤吾（1891〜1984年）は、古民家を戦中に移築し、〈残月の間〉をはじめ、さまざまな実験を自邸にて試行する。建築空間の連続性、部位の装飾性を求め、庭と建築の相貫性にも、考慮している。

■ 予言としての建築

日本建築の実測調査、文献研究をもとに、建築が構築した当時の状況を、「建築家の眼差し」で確認した後に、現在の視点で未来を予測する。「利休」「遠州」や「石州」の視点を、自らに重ねる。弟子にあたる早川正夫は、「冷飯と熱い粥」で、戦中の食事を例に、洋式と和式の分離か折衷かの問題をエピソードとして興味深く語る。平面が一本の線で和風と洋風と見事に分かれる〈岡田邸〉（1933年）を設計した後、「日本数寄屋建築」に傾倒し、戦後の新しい「佇まい」を目指すのである。このように視ると、堀口の「現在という歴史性」は、参照する作品への揺るがな

出典
*1 堀口捨己 著『利休の茶室』岩波書店、1949年
*2 『建築雑誌』第66輯──第775号（昭和26年6月号26P）、日本建築学会、1951年
*3 堀口捨己 著「八勝館御幸の間について」（『建築雑誌』第66輯──第775号 昭和26年6月号26、32P）
*4 堀口捨己 著、佐藤辰三 写真『桂離宮』毎日新聞社、1952年
*5 堀口捨己 著『草庭 建物と茶の湯の研究』白日書院、1948年
*6 堀口捨己 著「現代建築と数寄屋について」1954年
*7 堀口捨己 著「現代建築に表れたる日本趣味について」（『思想』1932年1月号、岩波書店、1932年）

参考文献
『建築雑誌』第66輯──第775号（昭和26年6月号）、日本建築学会、1951年
堀口捨己 著『利休の茶室』岩波書店、1949年
堀口捨己 著、佐藤辰三 写真『桂離宮』毎日新聞社、1952年
堀口捨己 著『草庭 建物と茶の湯の研究』白日書院、1948年
堀口捨己 著『堀口捨己作品・家と庭の空間構成』、鹿島研究所出版会、1974年
堀口捨己 編『日本の美術NO.83 茶室』至文堂、1973年
SD編集部 編『現代の建築家 13 堀口捨己』鹿島出版会、1983年

図版出典
1 小田惠介撮影
2 SD編集部 編『現代の建築家 13 堀口捨己』鹿島出版会、1983年
3 安達英俊撮影

神奈川県立図書館・音楽堂

前川國男

戦後の復興期の資材の乏しい時代に、「県立図書館と云う日本では未だその性格を明確に規定しえない課題と、音楽堂の様な設計の基礎データの確立されていない課題[*1]」に取り組み、「落ち着いて音楽を楽しみ、明日への力を養う場所」として、「図書館と音楽堂」の組合せによる新たな「公立文化施設のプログラム」が提唱された。その後の高度成長期に先駆けて、プレキャストルーバーをはじめ、建築生産の工業化、工法精度の向上に努めた建築家・前川國男の初期の代表作。その建築は、竣工後60年を経て、今もなお多くの市民に愛され続けている。

窮乏の時代にこそ文化の拠りどころを

戦後、公共建築の方向性

1954（昭和29）年に、横浜・紅葉ヶ丘の上に、第二次世界大戦後のモダニズム建築を牽引した前川國男の設計により開館した。

1945年の終戦後しばらく神奈川県には県立図書館がなく、横浜市立図書館がその機能を果たしていた。1950年の図書館法公布を受け、神奈川県立図書館設立への要望が高まっていた。

神奈川県では、1952年のサンフランシスコ講和条約の発効記念事業として県立図書館設立を企画。当時の神奈川県知事・内山岩太郎の英断で、大戦後の窮乏の時代に「こういう時代にこそ、大衆が落ち着いて音楽を楽しみ、明日への力を養う場所が最も必要である」と、図書館に音楽堂を併設する構想を打ち出した。

音楽堂併設図書館という構想は各方面から支持され、坂倉準三、丹下健三など5人の建築家の指名コンペより、前川國男の案が選ばれた。前川國男にとっては初めての公共建築の設計であった。

横浜・紅葉ヶ丘の場所性

桜木町駅から、急な坂を上っていくと紅葉ヶ丘にたどり着く。かつてこの建物が竣工した当時は、この丘から遥か東方に横浜港とドックが一望でき、いかにも「港町・よこはま」を感じることができる場所で、南側に伊勢山、北側の掃部山市立公園に挟まれた西高東低の「段地」であった。

戦後の荒廃の中から、日本がまさに再び復興しようとしていた時代、市民たちはこの丘に集い、遥かな海原を望んで、未来の希望に胸を膨らませたに違いない。

日本建築学会作品賞受賞

1954年度・第6回日本建築学会賞「作品賞」を受賞した。審査評として、次のように記述されている。

「図書館と音楽堂との間に、敷地の高低差を利用した広い遊歩道を設け、これを主としてその左右に庭園と駐車

音楽堂正面[1]

ホール[1]

ホワイエ[1]

場とを配し、以て後方市立公園への空間的連繋を保た
しめた配置計画は、全構築物に清新強靱の主軸を附与
し、特異の快適な雰囲気を醸成している。建築各部の設
計に入念に注意が払われているのはいうまでもなく、特に
オーディトリウムは純粋の音楽堂として、その音響計画の
よさは、完全に近いものがある。

更にこの建物に採用された材料とその工法とには、建築

に関する日本の工業水準を引上げよう作者の熱意と意
図が、よく現れており、それがかなり成功していることは、そ
の造形表現の清新溌剌さと相俟って、この建築を稀に見
る傑れたものとしている。学会賞委員会は、以上の理由
から、この作品が昭和29年度日本建築学会賞を贈るに
適わしいものと認め、推薦したものである[*1]」。

この年度の作品賞としては、丹下健三の図書印刷株式

会社原町工場と、清家清の一連の住宅が受賞している。

南側の伊勢山と北側の掃部山の2つの緑地を結ぶ空間的つながりと、敷地内のレベル差、東方からの騒音、南方からのアクセスなどを勘案して、建物の配置は西側上段に図書館、東側下段に音楽堂、最下段の道路沿いに駐車場が配置された。
敷地のほぼ中央を南北に走る「遊歩道」は、2つのブロックをつなぐピロティをくぐって、全体計画の空間構成の主軸をなしている。音楽堂南側の駐車場と、図書館北側の庭園はそれぞれこの「遊歩道」の左右に配置され、「南北の丘地の緑に囲まれた空間構成は一つの文化圏として別天地を形成する事を期待したもの[*2]」である。
外観は、入口の黄、壁面の赤と緑、窓枠の黒で、ル・コルビュジエを思わせる色合いである。

音楽堂正面アプローチ[1]

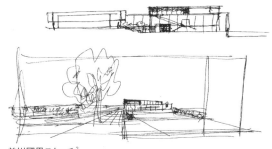
前川國男スケッチ[2]

▌図書館——やわらかい光が届く読書のための室内空間
この図書館がそもそも如何なる性格のものであるべきかは、設計当初、準備委員会が再三開催されて討議されたが、「結局、図書館行政の確立していない現状に順応する外なく、県の中央図書館であると同時に、ブランチライブラリーの一つのモデルを作らうと云う事になり、形としては御覧のように所謂中央書庫を囲んで一方に中央図書館用諸室、他方に広い開架をもった閲覧室と云った物とが併存する事となった[*2]」。
図書館の外壁は、テラコッタ(陶器ブロック)を積み上げたブリーズ・ソレイユ(日除け格子)になっているが、これが「外観の印象の決定的要素」になっている。昼間はこれで太陽光線を遮り、室内に柔らかな明るさをもたらしている。夜は逆に、この格子を透けて内部の灯りが外から美しく見える。「このテラコッタ製ブリーズ・ソレイユの手法は、その後の日本の建築界に流行することになった[*3]」。
内装の配色は3色の基本色。手摺と壁に緑色、鉄骨、鉄扉の黒色、鉄骨内側の黄色で、基調色に白色が使われている。
北西面の2層吹抜の閲覧室は、日照のチェックを夏至でなく1年で最も暑い8月中旬に設定。重量約800kgの現場製作の「くの字」型のプレキャストルーバーが巧みに構成されている。

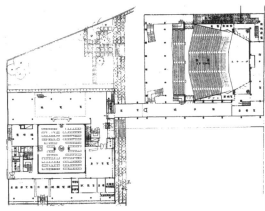
1階平面図[2]

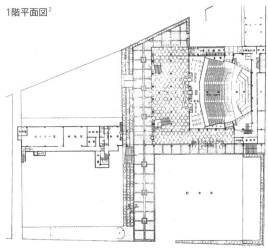
2階平面図[2]

図書館閲覧室[2]

南側内観[2]

ホワイエ床パターン[2]

音楽堂ホール内観[2]

ホワイエ[2]

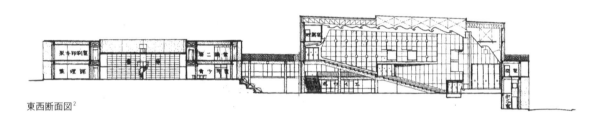
東西断面図[2]

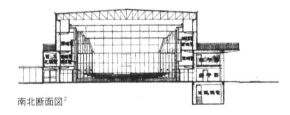
南北断面図[2]

音楽堂——東洋一と絶賛された音響に優れた「木のホール」

「音楽堂の性格は当初から判切りと音楽プロパーを目標としたもので、多目的で不徹底なものより音楽堂として予算の許される限り完璧なものと云う注文であった[2]」。当時、発注者の英断によって音響実験費と、音響上の調整に必要な工事費が認められたことは、「日本の建築界にとって重要な事件」であった。

広々としたホワイエがデザインの大きなポイントのひとつ。三方に開けたガラス面の中に打放コンクリートの柱が林立し、講堂客席の段形の下面がそのまま斜めに天井として露出した極めてダイナミックな構成で、周辺の緑を上手く視覚的に取り込んでいる。

また、前川の空間的特徴として、「水平的連続性」が挙げられるが、人が佇むことのできる空間をつくりながら、これもル・コルビュジエの影響と思われるが、「反時計回り」に

広がっていく。アプローチは、低いブリッジの下をくぐって階段を上がり、2階の席にたどり着く。

後年の東京文化会館では、エントランスから食堂の手前を左に回って、小ホールへ左回りで上がっていく。エントランスのさらに奥を大ホールへ左回りで入っていく。日本の城郭建築におけるその道往きに似ている。

戦後、世界の音楽堂建築では、1951年に竣工していたロンドンのフェスティバル・ホールが音響に優れ、国際的に有名であったが、この音楽堂の音響効果はそれに劣らぬものと絶賛された。

音楽家の野村光一氏の尽力で、フェスティバル・ホールの建築報告書を入手して研究が重ねられた。「そこには経験的でなく、きちんと科学的に音響がデザインできる方法が詳細に書かれていた[4]」。

「音楽堂の音響設計については東京大学生産技術研究所の渡辺要研究室に依頼して石井聖光氏の指導の下に施工の途中に於いても材料、工法、室容積等について多くの調整が出来た[1]」。

船の汽笛などの東方からの騒音の侵入方向に舞台の背を向けた配置、オーディトリアムを中央に置いて、四周に、楽屋、事務室、トイレ等を配置したこと、さらにコンクリート壁とコンクリートパネルの二重壁の採用等は、すべ

全景の夜景[1]

て遮音を最優先させた結果である。

外壁軽量コンクリートブロックは、外部からの騒音を50dB遮断し、室内側は軽量ブロック積みプラスター仕上げの二重の壁構造。木造建築の大壁の手法に基づいている。

すべての材料はコンクリートとしての同一の耐用年限をもたせ、内装の下地はすべて木製で、「まるで楽器の中に包まれたような音の響き」であることが、音響的に優れている所以である。

プログラムの意味

▌人々が集う「公共建築」　公会堂・会館の原点

「民主主義を標榜する戦後の日本では、公会堂ないし公民館の建築が沢山建てられるようになったが、これは文字通どおり、公衆のために使われる建築として、もっとも素直な意味で"公共建築"と呼ばれるにふさわしい……[1]」。衣食住も十分でなかった戦後間もないあの時代に、先ずは"教育と知識"、そのための図書館、そして心に響く"音楽"が大切だとして音楽堂を併設するという、戦争中に失われていた心の問題に触れるプログラム・設計条件を立てたこが最も評価に値する。

遊歩道を軸に、先ず図書館を置き、次に開かれたホワイエを挟んで音楽堂を置くという配置に、前川が心掛けてきた都市計画への配慮が感じられる。これは後世の当該地域計画に先導的な役割を果たして良い影響を与えた。市民のための音楽堂などという概念さえなかった時代に、それを構想し、提案した設計者の卓越した発想力とその後作品に展開されていく空間構成の原点を見ることができる。また、物資が乏しい時代に、様々な家具や什器まで、必要なものはすべてデザインして創ってしまうアプロー

音楽堂・ホワイエ大階段[1]

図書館閲覧室[1]

チも、その後の建築とその設えに必要なものを一体化する取組みの兆しが感じられる。

▌解体の危機を乗り越えて現代に生きつづける

建築されて40年になろうとする1993年に、紅葉ヶ丘文化施設群の再整備計画「かながわ文化施設21世紀構想」が持ち上がる。図書館と音楽堂は解体の危機に陥った。建築界を中心として、音楽家や市民などから保存運動が起こる。その後、バブル崩壊の影響もあり構想は頓挫。

ホール¹

築後60年を超えてこの名建築が現在に残ることになった。

神奈川県立図書館・音楽堂は、1999年にはDOCOMOMO（ドコモモ　近代建築の記録・保存のために設立した国際的組織）より「日本の近代建築20選」に選ばれ高く評価されている。

2014年に開館60周年を迎える　なぜこの音楽堂が今まで残り得たのか

なぜ今まで残り得たのか。それは、一般市民にとって何よりも使いやすいスケールであったこと。すなわち有名音楽家のリサイタルやコンサートはもちろん、市民レベルの催し物、発表会、リサイタル等に最適だったからである。いつも多彩なイベントが行われ、「木のホール」として人びとに感動を与えつづけている。

この音楽堂は、その後の前川國男のホール作品、国会図書館（1961年）、東京文化会館（1961年）、学習院大学図書館（1963年）、埼玉会館（1966年）、熊本県立劇場（1982年）などの原点になった。

前川國男は、建築学会賞受賞の謝辞の中で、いみじくもこう述べている。

「……現在我々の置かれている社会的条件、建築生産の工法水準の中で作られた昭和29年度建築学会賞受賞作品なるものが将来どの様な意味を持ち続け得るのか、此の点我々の窺知し得ないところである。我々は現代置かれている諸条件の中で一つの作品毎に何物かを掴み取らうとする。そして次の作品は前の作品の終わった点からスタートして一歩でも半歩でも前進しようとする。今度の作品も勿論この一連の歩みの中の瞬間でもあります。……*¹」。

名称＝神奈川県立図書館・音楽堂／所在地＝神奈川県横浜市西区紅葉ヶ丘／主要用途＝図書館・音楽堂／事業者＝神奈川県／構造＝RC＋一部S造／規模＝図書館：地上2階、地下1階、音楽堂：地上4階、地下1階　延べ面積＝図書館：3,196㎡、音楽堂：3,392㎡／設計＝意匠・監理：前川國男建築設計事務所、構造：横山構造設計事務所、音響：東大生産技術研究所　渡辺要研究室・担当石井聖光、舞台照明：穴沢喜美照明研究所、施工＝大成建設株式会社横浜支店

建築方法論、工法、材料など、これらの建築の設計におけるこの飽くなき挑戦は、建築家・前川國男の生涯を通じて、その設計の神髄ともいうべきものであった。

2014年12月14日、地元市民と学生の合唱による第49回クリスマス音楽会「メサイア」全曲演奏会が開催された。2時間を超える熱演であった。

この神奈川県立図書館・音楽堂は、竣工後60年を経て、今もなお多くの市民に愛され続けている。

参考文献
*1　『建築雑誌』1955年7月号、日本建築学会
*2　『建築雑誌』1955年2月号、日本建築学会
*3　浜口隆一他 編『世界建築全集11 現代Ⅱ』平凡社、1960年
*4　松隈洋 編『前川國男 現代との対話』六耀社、2006年

図版出典
1　谷沢友美撮影
2　前川建築設計事務所提供

広島世界平和記念聖堂

村野藤吾

広島の原爆犠牲者の鎮魂と恒久平和を願い、戦後初の一般公開設計競技が行われた。その要旨には、新たな精神文明を創出する日本人の出現を期待した日本的性格の表現と、健全なモダンスタイル、恒久平和を導く場としての教会建築に対する記念性と普遍性が求められた。しかし結果は首席なしとなり、難解な要旨は、審査員の一人の村野藤吾に託された。「10年後になったら何とか見られるようになりましょう」と、時間のなかで建築が美しく成熟することを村野はプログラムした。構造の直截さに健全なモダンが表現され、繊細な曲線と陰翳による空間は日本人の感性と呼応し、素材に施される職人の手の感触を仕掛けることで「時間」を経てこそ屹然とある聖堂の姿の出現を見たのである。

被爆から記念聖堂建設の決意と設計競技まで

天主堂として明治期に広島で活動を始め、中国地方のカトリックの拠点（司教区）となった幟町教会は、1945年8月、爆心地から約1.2kmのところで被爆した。「原爆による犠牲者を弔い、かかる戦禍を二度と繰り返すことのない様に、当時自らも原爆の洗礼をうけ、惨憺たる実情を目撃されたラッサール神父[*1]祈願の聖堂である。その為め、神父は戦後直ちに世界を巡り平和を愛する人々に訴え、戦禍の惨状を説き、内外の識者に乞うて、或は拠金に、或は物納によって聖堂の建設に取りかかられたのである[*2]。終戦から3年を経た1948年にカトリックの修道会であるイエズス会の主導で鎮魂と恒久平和の願いを込めて、世界的な記念性を担う建造物としてその設計案は広く公募されることになった。敬虔なクリスチャンとして知られていた建築家で早稲田大学教授の今井兼次が募集要項の骨子を整理し審査員の推挙についてもすべてを依頼されて競技は行われた。1948年3月に聖堂設計のコンペ募集要項（1948年4月6日付朝日新聞朝刊）の発表、同年6月締め切りで実施され、応募者は日本人建築家に限られた。広島という象徴的な場所で実施された戦後初の本格的な一般公開コンペは建築界に反響を呼び、混乱期の短期コンペにも関わらず177点の応募が

あった[*3]。

設計競技

募集要項の条件は以下である。
1) 聖堂の様式は日本的性格を尊重し、最も健全な意味でのモダンスタイルである事、従って日本及び海外の純粋な古典的様式は避けるべきである。
2) 聖堂の外観及内部は共に必ず宗教的印象を与えなければならない。
3) 聖堂は記念建築としての荘厳性を持つものでなければならない。

審査員は今井兼次、村野藤吾、堀口捨巳、吉田鉄郎の日本人建築家、教会側からフーゴー・ラッサール、グロッパ・イグナチオ、荻原晃の3名、後援の朝日新聞社代表の8名である。

この難解で一見相反する条件は、審査側も評価が分かれることになった。8月の審査結果発表では二等に井上一典案、丹下健三案の2点を選出したものの「一等該当なし」としたことが物議を醸すこととなった。教会関係者が応募案のなかに満足できる案がなかったとし建築分野の審査員も「私共は、私共が最も秀れたと案と思うものが1等になれないならば、せめてその上に位する何ものもないことを望んで、引き下がったのであった。（堀口捨巳審査員）[*3]とされている。なお、井上案への講評で「謙虚な温かさをもって内外空間を構成し、記念性を求めることに或程度成功を収めている」とあるのは新しい教会へ求められた評価として特筆すべきである。丹下案は秀れた創造的建築技術的作品であるとされたが、海外の同類の聖堂建築が強い反発と拒否にあい実施できないとされた。

設計競技要項に込められた教会の思い

この設計競技の要項は、世界平和記念聖堂への教会の想いの呈示である。ここには恒久平和を願う想いと、日本の文化への受容への深い思いが込められている。石

正面外観[1]

聖堂記
此の聖堂は、昭和20年8月6日広島に投下されたる世界最初の原子爆弾の犠牲となりし人々の追憶と慰霊のために、また万国民の友愛と平和のしるしとしてここに建てられたり。而して此の聖堂によりて恒に伝へらるべきものは虚偽に非ずして真実、権力に非ずして正義、憎悪に非ずして慈愛、即ち人類に平和をもたらす神への道たるべし。故に此の聖堂に来り拝するすべての人々は、逝ける犠牲者の永遠の安息と人類相互の恒久の平安とのために祈られんことを。

昭和29年8月6日

東側外観[2]

聖堂内観[1]

丸紀興『世界平和記念聖堂』[*4]からラッサール神父の真意を拾ってみたい。要項の最初に日本的性格とあるのは「世界平和の高みへと新たな精神文明を創出してゆく自覚をもった日本人の出現を期待し、日本文明の精神性による創造力を信じてそれを希望し、それによって日本人を繰り返し励ましたかったからだとも考えられるのである。単に西洋のキリスト教会からの押しつけではなく、日本人がこの教会を自分たちのものでもあるとも感じて、日本人の自発的な参加意識を促す必要もあったからである。それをもって日本的性格と表現するのである」。恒久平和を導く場として、建築が普遍性を感じさせるものでもなければならない。それゆえ歴史主義的な引用は避け「最も健全な意味でのモダンスタイルである事」と断っている。宗教的荘厳性と記念碑性は、慰霊かつ被爆の記憶を呼び起こさせる必然的な条件である。さらに加えると第二バチカン公会議（1962〜65年）へのカトリック教会刷新への世界的な動きあり、審査員講評のなかで今井兼次が、「Victor Engelhardtの言葉から『歴史的な様式の継承のみを主張するものでもなく又世人を驚愕せしめるような主観的革新的な実験を試みんとすることはカトリック聖堂に希求すべきことではない。主観的革命的な実験を廃する連続的有機的な発展への顧慮が語られているのである』[*3]とあるように、カトリック教会の世界的な大改革直前の姿勢がその想いに内包されている。

世界平和記念聖堂のプログラムの実現へ向けて

▌ 村野藤吾の格闘

首席なしの設計競技後、固辞する村野に実施の設計が託された。ラサール神父の証言には、「設計募集をするために、一ついい案（募集要項）をつくったんです。その案づくりの一人が、村野先生なんです。……応募した中からは、決まらなかったので、最期には、だれに設計を頼むかということになって、やっぱり村野先生になりました[*5]。ここからも要項作成の過程で、村野への信頼が生まれていたことが推測できる。しかし村野の苦労はここから始まる。設計が始まると敷地も区画整理で当初の倍以上になり大幅な変更を余儀なくされた。学会賞受賞の村野のことばによると「設計上では最初は困った。カトリックは新教と異なったところがあることはもち論だが、一種の型のようなものある様に思えた。教会からは、天井高さを18メートルにすること、千人を入れる会堂と記念の小聖堂を取る以外は、全く私の自由に任せられた。而し、神父さん達と話をしてみると、自由な私の考えなど以ての外であった。変わった教会の写真を見せたりしたが全部否定された。

ペレーの作品なども駄目だった。日本に来ている神父さん達の建築観は私の様な日本の建築家に対して少し厳しすぎるのではないかと思った」。さらに「外観はどれも駄目だった」とある。

これについて村野の設計図を所蔵する京都工業繊維大学の松隈洋教授は「残された図面からもそのことが読み取れる。外観のデザインをどうするのか、立面図の検討が延々と繰り返されているからだ。その数は40枚以上にも及ぶ。……村野の言葉にある『厳し過ぎる』注文をつけたのは、おそらくコンペの審査員であり、記念聖堂の敷地に戦前にたてられた司祭館（1937年）の設計者であった、イグナチオ・グロッパー修道士（1889-1968年）である。彼は、戦前に上智大学の校舎建設のために来日し終生を日本で送っている」[*6]と記している。筆者もイエズス会の四谷の教会の設計に携わったとき、そのグロッパー修道士の後継司祭・修道士から建築に対する厳しさを見聞きしている。

▌ 村野が仕掛けたプログラム-献堂式に寄せて

「建物の外観は鉄筋コンクリートの構造体がそのまま少しも手を加えずに現され、その間を特性の煉瓦積で壁体を創って居ります。そして凡てが荒けずりのまま、無装飾に表現されては居りますが、材料や手法から来る素朴さや、純粋な気分が、この二つの材料を合理的に組み合わせ

塔[3]

外壁の目地[3]

て居るところから来る近代的なものの調和して一種の芸術的な表現となり、さらに灰白色の色調などと合して、近代人の祈りに応える宗教的感触を念願して居りますがそれにも増してこの建物全体の構成や手法の上になんとなく日本的なものをただよわせたいというのが私の考えでありります[6]」。

村野自身が流行のスタイルを批判的に超えて、近代建築による普遍性、時間性の獲得へ向けて平和記念聖堂が献堂したということが感じられる。コンペの顛末への批判や、建設費の高騰による工事中断など、竣工までの村野を支えてきた今井兼次は、記念聖堂が発表された『新建築』に寄せた文章の中で「村野さんの言葉の奥には……10年後になったら何とか見られるようになりましょう……」と述べている。「時間」の経過が建築の普遍に結ばれることを村野が仕掛けたことが見て取れる。

建築の経過と緒元

1950年8月に定礎式を行い10月には着工したものの費用に関しては戦後のインフレのなかの見切り発車でもあった。さらに朝鮮戦争による建設資材の高騰も拍車をかけて度重なる工事中断の局面があったが、1954年8月6日、原爆慰霊日に献堂を迎えた。竣工後も世界各地から鐘やパイプオルガン、祭壇などが届けられ、最後のステンドグラスが嵌め込まれたのは8年後であった。

構造

広島の三角州の軟弱地盤で基礎工事から難航した。早

稲田大学教授の内藤多仲と弟子の南和夫が考案した筒形基礎理論によって、基礎下にシリンダーシェルを設けて基礎底面を広げて地耐力を増した。上部構造の重量軽減には、柱梁間を中空のコンクリートブロックを鉄筋で柱梁と緊結して一体としたセミ・モノコック構造を採用した。45mの鐘楼は予算の関係から鉄筋コンクリート造を採用した。十字架を含めると56.4mである。身廊の屋根は鉄骨小屋組に鉄筋入りリブラス下地の上、コンクリートを打設しモルタル下地に銅板瓦棒葺き仕上げである。聖堂内陣祭壇上部の花弁状ドーム屋根は、籐細工のように鉄筋を組み上げてコンクリートを打設している。

意匠

村野が「10年後になったら何とか見られるようになりましょう」と語った通り、この建築は「時間」のなかで建築が美しく成熟する想いが込められている。その外装のレンガの目地の間は広くとられており、ヘラでひっかいて荒く仕上げられている。積み方も凹凸に突出させて陰影を深くし、独特の肌理の表情の変化によって印象を柔らげられている。雨跡や苔による風化も計算に折り込まれている。手の跡が聖堂の「時間」との対話をつくりだしている。窓廻りも現場制作のスチールサッシが打ち込まれている。正面欄間にはキリスト教の「7つの秘跡」を表した彫刻が嵌められている。

外観ではポール・ボナッツの給水塔からの影響やスイス・バーゼルの聖アントニウス教会（1927年）との類似性、内部ではI・テンポム設計のヘガリット教会（1923年）からの影響を受けたことを村野自身が書いている。1953年に記念聖堂の内部が仕上がる前に当時62歳の村野が受けた衝撃について今井兼次へ送った手紙に記している。「どうか、私に此の教会の作者のように才能を与え給え、どうか私の努力が死ぬまで枯れずに続くように導き給え」と祈ったというこのエピソードは有名である。筆者は学生時代に広島の平和記念聖堂を訪れた時に、欧米の教会空間とは異質の柔らかな居心地の良さを感じた。光をわずかな曲面に自然に当てた空間に感動したものだが、後にこの赤レンガの荘厳な教会であるヘガリット教会を訪れた時、内部に入ると、そこには清楚で柔和な村野の聖堂空間に通底するものがあったこと添えておきたい。

内部空間の壁や柱は蛭石入のモルタル掻き落としである。その肌に柔和な光がザラッと反射し空間に絡み付く。花弁形や円形や木瓜型の開口部に日本的意匠が施され、天井は檜小節材を打ち付け、照明は蓮の花状にデザインされている。この内部空間の繊細なやさしさこそ「日本的性格を尊重した健全なモダンスタイル」への回答であると確信できる。

外観正面回廊²

名称＝世界平和記念聖堂／用途＝教会／所在地：広島県広島市中区幟町4-42／構造＝RC造／延べ面積＝2,361㎡／竣工年＝1954年／設計＝建築：村野藤吾＋近藤正志（村野・森建築事務所）、構造：内藤多仲／施工＝清水建設

るような曲線を使った白いモルタル外壁の素朴で小さな鯨の姿のようであり珠玉の名作とされる。〈西宮トラピスト修道院〉は観想修道会の祈りの空間である。ザラッとした肌理をもつ精緻なディテールが光る修道院である。村野は1980年8月3日、曾孫と共にアッシジの聖フランシスコを霊名とされラッサール神父により受洗した。

内陣正面の「再臨のキリスト」のモザイクは後に寄付されたものであるが、天からの光が斜めに印象的に表現され、被爆した広島ならでの意味がこめられ宗教的印象とともに記念建築としての荘厳性を持つものとして立ち現われている。

関連する建築

広島の2つの記念建築
戦後直後といえる時期に被爆都市広島において平和を記念する施設として相次いでコンペが実施され、その後の日本を代表する村野藤吾と丹下健三によって設計されたのが世界平和記念聖堂と平和記念資料館である。ともに逼迫する建設費や建設資材に苦しみ、長期にわたる建設過程を経て実現したものである。この両建築は2006年に戦後建築として初の国の重要文化財として指定された[4]。

東京カテドラル聖マリア聖堂
広島では2等となったものの、丹下はその後東京カテドラル聖マリア大聖堂で1位となる。ここでは成熟した日本人の手による日本的印象とカトリックのモダンスタイルの創造が解き放たれた。歴史性をも併せもつ世界的にも誇る宗教的印象をみせた大聖堂が建立する。

宝塚カトリック教会と西宮トラピスト修道院
村野は晩年、コンクリートの肌は日本の気候風土や日本人の気質に合わないと察し、モルタル吹き付けのラフキャストな肌合いを好んで使う。そのカトリック教会の佳作を2つ挙げておく。〈宝塚カトリック教会〉は村野の教会感に最も影響を与えた長谷部鋭吉から設計を託された。うね

参考文献と註
*1　Hugo LASSALLE（1898-1990）ドイツ・エクステンブルグ生まれ。1929年来日。1948年には日本に帰化、愛宮真備（えのみやまきび）と名乗る。1968年広島市名誉市民。
*2　日本建築学会編『日本建築学会賞受賞建築作品集1950-2013 日本の名建築』技報堂出版社、2014年
*3　『建築設計競技選集1』メイセイ出版、1995年
*4　石丸紀興『世界平和記念聖堂』相模書房、1988年
*5　「世界平和記念聖堂の建築をめぐって」1984年3月30日
*6　村野藤吾 著、竹内次男 編『村野藤吾建築設計図展カタログ8』村野藤吾の設計研究会、2006年
*7　村野藤吾 著「世界平和記念聖堂の設計について」（『世界平和記念聖堂献堂式記念プログラム』、1954年より）

図版出典
1　山本想太郎撮影
2　米田正彦撮影
3　村上晶子撮影

寿屋山崎工場

佐野正一

戦後まもなくのモダニズム全盛期に建設された国内初のモルトウイスキーの製造工場である。一般の見学者に開かれた最初期のPR工場として、高温を発する大型の蒸溜設備の下方に見学者の動線を設けつつ、大空間の上方へ立ちのぼる蒸溜を体感できる空間配置としている。街区スケールでの動線の配慮や山崎の地域スケールでの外形と外装のデザインなど、近景から遠景にいたる周辺環境、さらに、長く稼働しつづける時間経過をも積極的に設計上で勘案すべきプログラムとして建築設計に反映させている。時代を超えて変わらない心づかいが今に受け継がれている。

建築の経緯と概要

▌悠久な風土に溢れる山崎での工場設計の挑戦

1924年、寿屋（現 サントリー）による日本初の国産モルトウイスキーの製造工場が、高湿高温の京都郊外天王山の麓の山崎に竣工した。桂川と宇治川と木津川が合流し、平野と盆地に挟まれた独特な地形と湿潤な気候による豊かな自然と最適な風土、そして万葉の歌にも詠まれた名水の地で、国内に商品としても工場としても前例のない、ウイスキー製造という新しい文化が誕生したのである。三川の水温が互いに違うことから霧が発生しやすく、貯蔵には好適な環境である。しかも京都と大阪へも近く、生産の維持、製品の配送のいずれにも利が多い。当時、日本で不可能といわれたウイスキー製造を苦心して成功させた寿屋の創業者である鳥井信治郎氏がこの地を選んだ根拠である。

国内に前例のないなか、輸入品ではない本格的な国産ウイスキーを製造するにあたって、欧州での長きにわたるウイスキー製造の伝統と技術から学び、1924年に開業した最初の山崎工場はスコットランドの様式を受け継いだパゴダ型の乾燥塔が象徴的であった。そして、戦時をはさんで約30年が経った1956年の夏、寿屋の専務取締役であった佐治敬三氏は、同じ中学高校の旧友である安井建築設計事務所の佐野正一へ、山崎の工場に製麦工場を建設するにあたり立面設計について提案を依頼し

た。佐野は、乾燥塔の特殊な立面を考え、対して低層の製麦棟の外装壁面を濃い褐色のタイル張りでまとめることとした。そのデザインは、山崎ならではの佇まいであると佐治氏や役員が大いに喜ぶ結果となり、その後、佐治氏は改めて、当時の主製品のウイスキーの生産拠点であった山崎工場を全面的に改善し改修する旨の設計を依頼した。高精度と高能率の生産を目的と考えた佐治氏は、以前から受け継がれる伝統的な雰囲気を失わず、しかも機能的で、近代の感覚を盛り込んだ設計を望んだ。

当時、日本は高度経済成長期に入り、建築に対する社会の認識も急速に変化していた。デザインの価値よりも経済的な効率が論じられる情勢となっていくなか、当時、佐野は「デザインが建物を計画することのすべてではなく、建物に対する価値観の変革」と考えていた。設計組織自体も、それまでのアトリエ的な組織から、意匠、構造、設備、積算、インテリア、監理といった部門別の組織化を、その変革の想いとともに具現化を進めていった。そのうえで、国内初だからこその与条件の数々に対して、その土地、その時代、その企業ならではの地域主義を大切にした明確なデザインポリシーを設計のうえで慎重かつ最大限に配慮すること、また、ウイスキー原酒の生産品質にも関わる厳しい施工条件にあたって、欧州から日本に技術導入していた国内有数のプレファブメーカーを建設会社の請負専門職におく特別な体制をとることなど、総力をあげての一大事業が幕を開けた。

工場設計における多様なプログラムの利活用

▌山崎ならではのアイデンティティの追求

山崎工場は大正の開業以来、蒸溜所や事務所の建物を増設し、その後の戦時中の姿を残していた。佐野が製麦のための工場棟を設計する敷地は、周囲の街に近接した工場の中央部に既に整地されていた。佐野は、工場関係者からの現場での要望、導入予定の大型機械の調査と研究、山崎の伝統的風土の解釈と配慮など、数えきれない課題に直面することとなる。しかも、想定されるウイスキー製造のための製麦工程、醸酵工程、蒸溜工程、貯

古来からの山崎の風土に佇む[1]

関西圏の別荘地でもある山崎の風土を活かした環境のなかで、来訪者は、さまざまな形状の蒸溜機器設備から生み出されるそれぞれのウイスキーの本物を目の前に体感することができる[2]

蔵工程のそれぞれの設備を収めていくと、高さ35メートルと非常に巨大な建物が想定される。佐野は、山崎が長きにわたって培ってきた風土や文化に相まったものにすべく、ウイスキーの本場、スコットランドの工場を調べつくしつつも、国産ウイスキーを製造する山崎ならではのアイデンティティを求めて試行錯誤を重ねた。足繁く現地に通い、工場関係者や地域住民から意見を聞きつつ、次第に構想を具現化していった。

街区単位の建設による工場界隈との同居

興味深いことに、山崎工場は、敷地を縦断するように一般道が走っており、現在も、日常的に一般の人々が通学路や参道として利用している。工場用地として敷地をひとまとまりにするのではなく、山崎一帯の広大な環境のなかで、一般道で区画割りされたひとつひとつの街区に歴代、建物を建てた結果として、一体的な工場群をなしている。工場界隈の日常と切り離すのではなく、日常に根ざしているからこそ、山崎らしい、山崎ならではのウイスキーが醸造されるのだという、同社が山崎にかける想いの結実した工場の配置構成となっている。

熟成の如く工場建築が地域を伝承する

佐野は、古い建物を上手く利用する環境価値として、「新しい工場の内容からすると、取り壊したほうがいいという場合もあるところを、それをできるだけ使うように考えて、全体としては少しずつ新陳代謝しながら変えていく方法をとった。保存することは最終目的ではないが、古いものを使いながら、新しいものをそれに合わせて使っていく。工場に伝えられている雰囲気は非常に大事であり、事業主にとっては大きな愛着があり、それがとくに製品にとっては商品のイメージにつながっている場合は取り壊すことはいい方法ではない。」と述べている。戦後まもなく、より

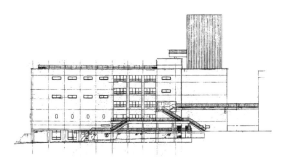

来訪者も使う屋外の動線としての回廊が立面に表現される[3]

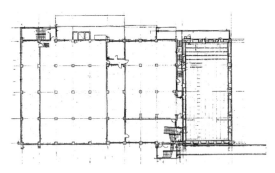

大型機械設備による巨大な建築であるなかで人の動線により程よく空間を分節する[3]

多くの建設がより急がれた国内の状況を目の前にし、佐野は、山崎工場の設計をきっかけに、より一層、地域主義へ関心を深めていった。その地域の即物的な空間だけでなく、ゆっくりとうつろう時間によってより深い味わいが達成されていくウイスキー製造事業の建物だからこそである。今も、山崎の駅に降り立つと、時折、遠くからのウイスキー原酒の香りが感じられる。NHK朝の連続テレビ小説で大きな話題となった「マッサン」もふと今日も歩いていそうな悠久の山崎の歴史を感じつつも、その香りと山崎の風景も常に同じものはないとも感じられる、まさに地域主義が結実した建築である。ウイスキーの本場のスコットランドから学ぼうとした佐野の姿勢が、結果的に、国産工場ならではの山崎の地域主義へ結びつき、その後の安井建築設計事務所による地域に浸透した数々の名作にも継承されていく大きなきっかけとなっている。

それまでの工場建築の概念を一新した取組み

▍巨大機械装置の導入と人の行動の合理性

本格的なウイスキー製造の製麦工程において、日本で初めて導入されたバンデルハウヘン方式の超大型の機械装置のために、ミリ単位での精度を保つ建築施工、工場関係者と来訪者の動線計画、製麦の精度を上げる設備計画について検討が重ねられた。施工精度の向上においては、当時はまだ一般的ではなかったが、佐野が国鉄に勤務していた時代に培ったプレハブ技術を活用した施工計画も採用した。製麦精度の向上においては、内法の長さ37メートル、幅4メートル、深さ1.5メートルのコンクリート槽を4列、機械装置の受け皿として並べつつ、その下層に給気と給水と併せて作業通路のスペース、原動機と給気用の幹線スペースが入り組むように計画されている。ウイスキー製造ならではの高温のなかで安定した作業員の環境を確保する断面計画の工夫である。

▍山崎らしさを追求した乾燥塔と外装のデザイン

屋上に印象的な表情をみせる二基の乾燥塔の下にはキルン部が配置されている。まず、厚い壁で四方を囲われた炉体があり、その上に二層の乾燥棚が設けられ、更にその上に排気のための乾燥塔がそびえる。炉体は柱のない、単純だが大きく重い構造物で基礎版を堅くして全面で支える構造であり、その上部に位置する乾燥塔は、鉄骨造、デザイン的に基部正方形を二基連接し、二面は頂部まで連続急傾斜の屋根としている。残る正面と背面側は金属板、内壁は耐火板で仕上げている。縦横比のプロポーションと正面のデザインは、本場スコットランドのキルンのもっている蒸溜所らしい象徴性を表しながら、スコットランドのキルンが屋根にスレートをかけた簡便なつくりである一方、あくまで山崎の風景に馴染むオリジナルなデザインを追求している。そして、下部がコンクリート構造であるのに対し乾燥塔が簡素な煙突であるべきではないと、佐野が種々考案を重ねた結果でもある。また、地上から六層にわたるプラント部本体は、総じて、長さ60メートル、幅30メートル、高さ約20メートルと、窓の少ない外壁面が屹立する。いわば、人間のスケールを大きく超える量塊的なボリュームに対して、壁面はできる限り小割りにした赤褐色のタイルを全面張りとしながら、壁面角には丸みを帯びたタイルを用いて環境に融和する印象を与えている。あわせてタイル目地の一部の色を浮き立たせるなど、適材適所に極めて丁寧かつ繊細な施しを加えている。工場の色調構成、タイルの質感、コーナーの曲面などに共通項を与えつつも、古い工場の名残から生じた微妙なずれや奥行きが、風景に溶け込む独特の佇まいを後世に伝える。タイルの割付に込められた小さなスケールから、建物群の巨大なスケールまでが統一したデザイン志向となるよう留意したことで、人の手に近いきめ細やかな印象から、工場としての圧倒的な印象までが統一性をもって同居している。

一般の来訪を迎えるPR工場としての動線計画

寿屋山崎工場は、戦後の工場のあり方のひとつとして話題となったPR工場という試みの、黎明期の実例である。今日では全国のほとんどの工場で行われているいわゆる工場の一般開放の最初期の代表作である。来訪者を工場に案内し、生産プロセスを公開していくことで、製品への信頼を高めて購買意欲を誘引していった。とくに、製麦工程の最初にある非常に高価な大型機械設備は、来訪者にとってのひとつの見せ場となり、ピートで乾燥する工程を見せたり、その後の蒸溜や、最終的に原酒が透明な液になって出てくるところまで来訪者を連続的に誘導した。もともと佐野が設計中に、たびたび工場関係者を訪問してきたなかで、本物のものづくりをできるかぎり体感してもらう、という想いが強くなっていった結果である。そのため、今日の一般的な工場見学での動線とは異なり、工場の工程と見学者のルートを並べていくのではなく、あくまで工場の工程を第一優先にウイスキーの生産の合理性をもたせつつ、来訪者向けのルートは可能な限り工場のスペースのなかに入ったり、もしくは、工場本体に寄生的に動線を配置させたりすることで、あくまでここにしかない本物を体感できる建築としている。

企業ブランディングの先導としての建築

特筆すべきこととして、佐野はこうした"見せる工場"の実践から、建築の設計とあわせ、来訪者の視覚を助けるパンフレット等の印刷物のデザイン、来訪者のための空間にスライドや映像を併用するなどの雰囲気づくりを行い、企業のブランドや商品イメージを消費者へ深く日常に浸透させることを組織として積極的に関わっていた。日本建築学会賞（作品）の講評においても、「酒造りという仕事は古い歴史をもつ科学的技術であり、同時に人間味豊かな芸術であり、リアリズムとロマンチシズムが共在する性格をもつ。この建物は、例えば頂上にそびえる二本の乾燥塔のごときは、こういう仕事の性格の表現として機能を果しつつ人間の郷愁を描き出したというべく、工場建築のひとつの型を提示したものとして示唆するところが大きい。現代の好ましからぬ商業主義の表現一端的にいえば俗悪な看板の取扱いについても、よくこれを調整し、建築的構成として美化することに成功した」と高く評価している。

同社の工場建築に継承されるデザインポリシー

企業のブランドや商品のイメージを工場施設の設計そのものに活かしていく手法は、その後に建設されたサントリー一連の工場の基本的なデザインポリシーとしてサントリーから直々に承認を得たのである。窓の少ない壁の表

名称＝寿屋山崎工場（現 サントリー山崎蒸溜所）／所在地＝大阪府三島郡島本町山崎／竣工年月＝1958年（醸造場と貯蔵庫）、1959年3月（製麦工場）／主用途＝生産工場／構造＝RC造／規模＝地上5階／延床面積＝5,500㎡／建築主＝株式会社寿屋（現 サントリー）／設計・監理＝株式会社安井建築設計事務所／施工＝三和建設／仕上げ＝外装：壁面（褐色部分）二丁掛けスクラッチ磁器タイル張り（白色部分）白セメント塗り 刷毛引きリシン仕上げ、見学者通路床面：磁器タイル張り、乾燥炉排気塔：屋根エンドレス鉄板瓦棒葺き、排気ガラリ：ステンレススチール製、内装：耐水性の要求される室内はすべて108角磁器タイル張り、その他客室も工程により適当な材料が選択された／受賞＝昭和34年日本建築学会賞・昭和34年大阪建築コンクール大阪府知事賞

情、土地の事情でそれぞれ違う屋根の姿、濃褐色と白い壁のカラースキームは、昭和42年完成の千歳工場、昭和43年完成の木曽川工場、昭和47年完成の宮島工場、昭和48年完成の白州工場、昭和52年完成の梓の森工場へと、一貫して共通している。昭和38年完成の武蔵野、昭和44年完成の京都、昭和57年完成の利根川の各ビール工場では、商品のカラースキームに濃い緑色が選ばれたため、工場施設と迎賓ホールは基本原理を少し修正した青緑色と褐色をカラースキームに加え、建具なども濃褐色から変更すると共に、窓も部分的に大きくしている。更に、白州工場では、その地域性を活かし、森の自然環境へ工場を巧みに融合させた建物の配置計画を施していくことで、自然環境そのものを工場とし、樹々の緑、清冽な水、鳥の声、そうした環境のなかで醸造されるウイスキーに、ウイスキーのもつ神秘性や魅力的な香りを来訪者へ強く印象づけている。

参考文献
佐野正一 著『建築家三代』日刊建設工業新聞社、2003年
『安井建築設計事務所40年小史』安井建築設計事務所
『建築画報』vol.10 第83号、建築画報社、1974年
『建築画報』vol.20 第177号、建築画報社、1984年
『建築画報』vol.25 第215号、建築画報社、1989年
『建築画報』vol.36 第282号、建築画報社、2000年
『新建築』1959年9月号、新建築社
『建築と社会』日本建築協会、2000年
『建築雑誌』1960年7月号、日本建築学会
「サントリー山崎蒸溜所パンフレット」

図版出典
1　サントリーホールディングス株式会社
2　北川啓介撮影
3　株式会社安井建築設計事務所提供

出雲大社庁の舎

出雲大社氏子総代による要求条件の定まらない建築発注のなかで、社務所という機能を特定できない施主与条件が与えられた。機能与件が定まらない設計条件を逆手に取り、機能に関わらず空間をつくるという根源的プログラムを洗練することに専念。時間経過のなかで要求条件が変化しても、対応できる空間を原理的に形成した。原型となる柱梁構造で40m超の最大スパンを覆い、その天井を支える架構に依存した取替え可能な部品で壁を構成して空間を囲い、大地で床を支えるという建築の原型を提示し、メタボリズム建築論につながる基本プログラムを示した（なお、本建築は2016年に解体されている）。この建築の基本的なプログラムは、空間を覆い囲い支えることで空間をつくりだすことである。さらにその根源的な建築思潮は、後年にメタボリズム建築論へとつながっていった。

機能と空間の関係性

菊竹は『SD』誌における言説を「出雲の設計の過程で最も重要な問題となったことは、〈機能と空間〉との対応についてであった」と切り出す。さらに「綜合化された機能をつかむのは甚だ厄介で、かなり難しいというのが一般的見解であろう。と考えれば仮りに機能から空間が導きだされるとしても、空間の造型はまた、別の次元の問題になる」「まして機能と空間とのルーズな関係を認めるとしても、空間を機能で決めこもうとすることは、できるものではない。「構想や意味の重要さは、これらの疑問のなかで次第に強まっていった」としている。まず空間をつくらねば、その中に機能を収めることはできない。機能主義の考え方や、空間内の人間行動を基盤に空間の規模や形状を考えるとした建築計画研究に多くを認めながら、それだけでは空間は決められないことを、豊富な設計経験を通じて菊竹はよく知っていた。「機能とは、ここでは建築の使われ方であり、建築のなかでの生活行動であり、建築そのものの社会的役割や意味を指している」。しかし「こういう機能を余すところなく捉えることが果して可能であろうか。また基本的な機能と付随的機能の総合的全体像をつかむことが

できるであろうか」と考え、「仮りに機能から空間が導きだされるとしても、空間の造型はまた、別の次元の問題になる」と基本理念を確立する。

社務所という機能の内容

背景には、この庁の舎の機能がなかなか明確に呈示されなかったことがある。

この庁の舎の機能は一言でいえば「社務所」であるが、社務所とはその時々の必要に応じて、何でもする場所であり、そのいわゆる機能は多様で、かつ時に応じて変化する。このような機能空間の例を、菊竹は久留米でのブリヂストンとの一連の仕事で、よく知っていた（菊竹談）。菊竹が事務所を始めた当初の仕事は、出身地の企業ブリジストンの仕事が多く、またその多くは木造の建物を改修して、公共的な建築に変えていくものであったという。改修とは元の建築材を使用しながら、別の建築物に変えて行くことであり、当然その機能は転換されることとなる。しかし建築として空間をもつことは、変わることがない。菊竹は建築を機能の面から精密にみて行くことの大切さも知っていたが、それが変わりやすく、また変わらねばならないことも知っていた。最も小さい建築カテゴリーの住宅でさえ、家族の形態が変わると全く機能が変わってしまうことも知っていたため、自邸「スカイハウス」の設計も、変わりうることがひとつのプログラムになっていた。とくに機能から空間を考えても、つくった空間は想定を超えた様々な機能を持ちうる。また空間には主体がいて、建築を使い生活し、また建築に社会的役割や意味を当てながら、暮らしている。こういう思考のなかで、菊竹は「空間と機能は一対一対応ではない」ことに気が付き、特にその「造形・造型は、別の次元になる」と考えた訳である。「空間と機能の関係」に潜むプログラムと、「空間を造る」プログラムを考えるなかで、後に発表する『代謝建築論』の理念や、「変わるものと変わらないもの」を本質的に分別する考え、等々が、この庁の舎の設計を機に大きな関心の対象となったといえる。

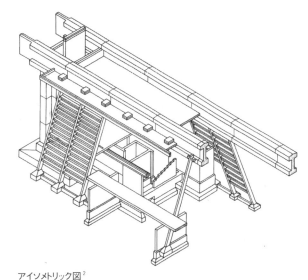

外観　工場で造られた部品・部材で組み立てられた架構や壁で造られる空間[1]

アイソメトリック図[2]

スカイハウス[1]

徳雲寺納骨堂[1]

東光園[1]

都城市民会館[1]

出雲大社庁の舎の基本プログラム

ここからまず、この出雲大社庁の舎の基本プログラムは、合計 約631㎡、投影面積としては375㎡程度の矩形の空間を、どのように本質的に覆い囲い支えるかというものとなった。

菊竹はこの同時期に多くの建築作品を設計、発表している。例えば「スカイハウス」（1958年）、「出雲大社庁の舎」（1963年）、「浅川テラスハウス」（1964年）、東光園（1965年）、徳雲寺納骨堂（1965年）、都城市民会館（1966年）などである。スカイハウスに出発し、RCを大きく使った架構による耐震性や耐久性に優れた建築は、世界的にも大きな反響を呼んだ。L・カーンはスカイハウスを訪れ、「この建築には菊竹の精神が凝縮している」と称えたという。とくに、空間を効率的かつ本来的に覆うには、どのような方策がありえるか」という課題は、この時期の菊竹の設計作品に繰り返し現れるプログラムである。空

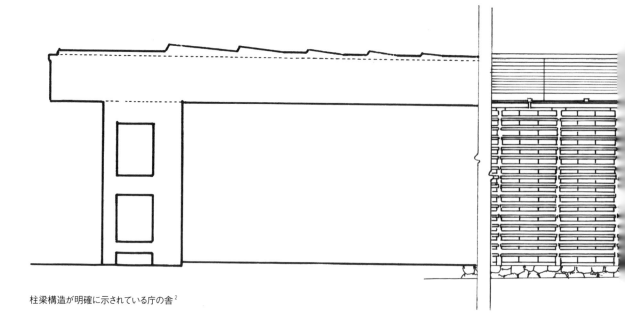

柱梁構造が明確に示されている庁の舎[2]

間を形成する基本構造である「柱梁構造」について、松井源吾らが蓄積していた「スパンが大きくなるほど梁成が相対的に小さくなり、効率的になる」という構造理論を基盤に、長手方向に大きな梁を架けて大きな柱で支えるという基本プログラムが成立する。この架構の方が相対的にコンクリート量も少なくて済み、かつ架構の耐久性耐震性、耐蝕性など様々な点でも有利であることから、菊竹は空間を形成する構造の基本プログラムとして、自らの設計の中心に置いた。「徳雲寺納骨堂」は、同様のプログラムを予算的にも理念的にもギリギリのなかで組み立てた建築であるが、出雲大社庁の舎では、そのプログラムはもっと本質的あるいは原理的なものを目指していると感じられる。

本建築設計の背景

ここで少し結論を急がず、この建築の背景を別の角度から見てみよう。『新建築』誌で菊竹は、「1953年5月の火災によって、讃火殿、庁の舎、拝殿が焼失したため、その復興として拝殿および庁の舎の建設がとりあげられた。拝殿は、さる1959年5月福山敏男博士によって見事に復興をとげ、輝くばかりの木造建築が完成を見ている。引きつづいて、庁の舎が復興されることになった。
庁の舎は、いわば社務所ともいうべき性格のもので、復興されるにあたって、十分な耐火、耐蝕性の建造物でなければならないという条件があたえられた。木造建築でとくに古い伝統と秩序を持った出雲大社の神域の中に現代技術としてのコンクリートをどのように導入するかがわれわれの課題のひとつであった。」と述べている。木造ではな

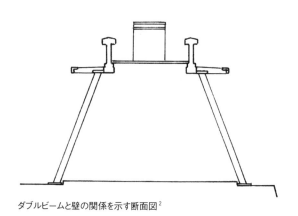

ダブルビームと壁の関係を示す断面図[2]

ダブルビームとそれを支える柱[1]

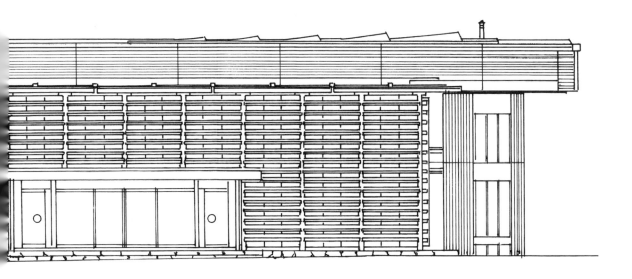

くRCで、耐火性・耐蝕性そして耐震性にも優れた、長い時間存在することのできる建築の構想である。

この大きさのあるほぼ矩形の空間を、積層ではないかたちで覆うというプログラムを、建築設計の一般的な課題として考えると、そこには様々な原理がほの見える。まずは空間を覆い囲い支えるという建築要素を、時間の概念で分別すると違いが現れてくる。建築の空間をつくる部材には、大きさや役割によってもつべきタイムスパンがあり、それを菊竹は「変わるものと変わらないもの」というように表現した。大きな架構は寿命も長く耐久性耐火性も備えて、変わらないことで空間を支え続けなければならないが、例えばその上にある床の表面材のようなものは時間と共に擦り減り、場合によっては数年で取り換えねばならない。「部材は大きさや役割によって、変わらないものと変わるものに分けられ」、そして「寿命の短いものは当然ながら取り換え可能でなければならない」ということになる。この

庁の舎の設計では、"メタボリズム"というような言葉は全く登場しないが、機能と空間の関係から発し、空間を覆い囲い支えることを設計の一般課題ととらえたときに、既に、"メタボリズム"建築という思潮は、かなり明確な形を示しているように思う。

基本プログラムの強化

この庁の舎の設計後に菊竹はその形状を、出雲の地によく見られる「稲掛け」になぞらえているが、それはどう考えても説明のための方便であり、「長手方向に大きな柱梁架構を置く」という彼の空間形成の基本プログラムを適用したものに過ぎない。またもうひとつ大事なプログラムは、大きな架構を受けて空間を形成するその他の建築要素、すなわち壁（空間を囲うもの）と床（空間を支えるも

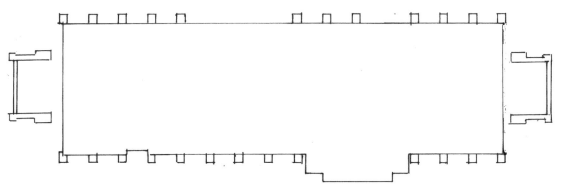

ダブルビームで空間を確保される出雲大社庁の舎　平面図[2]

の)の本質的形成である。もっとも基本的な空間形成要素は、空間の三方を限定する「床壁天井・屋根」だからである。この庁舎は、「最大スパン方向に架けられた大きな柱梁構造」を持ち、壁はPC部品で形成された壁として持つべき幾つかの機能を備えた組立て形式の成り立ちを持ち、モノや人の荷重を支えるのはRCの床である。そして全長47.44mの棟梁は、工場で生産されたある種の部品であるプレキャストコンクリート(PC)であり、プレストレストコンクリート(PS)である。先述の柱梁構造のスパンが大きくなるほど相対的に有利という性質を、プレストレスがさらに強めた。前述の大きな棟梁の成は1.3mほどで、通常用いられるRCの梁に比べ格段にスレンダーなプロポーションである。プレストレスが加えられることで、圧縮側で働くコンクリートの断面積も増え、無駄のない構造になったともいえる。さらにいえばPSとしたことは、PCを採用したことと相俟って、この柱梁の基本構造に高い精度を与え、耐蝕性耐久性等々の高まりを通じて、当初この神域に相応しい建築として変わらない恒久性を得たいと考えたことが、こうした技術を通じて実現したといってよい。

基本プログラムの一般化

そして同時に、空間を覆い囲い支えるという一般的設計課題に、本質的な要因だけで答え得たことは、建築設計の世界を大きく広げたものといえる。この庁の舎の設計で確信を得たであろう菊竹は、次第に『代謝建築論』の確立へと向かうことになる。

しかし惜しむらくは菊竹は、飽くまで常に創造的な思考作業を示しつづけることを望む建築家であり、この後に工業部品と定型的な空間の生成に向かうことはなく、空間のつくり方の理論『代謝建築論』に止まるのである。この後に、極限的な資源の使用しか許されていないケース(徳雲寺納骨堂の設計)で、最大スパンを覆う柱梁構造を用いるが、その後は明確な型として用いることはあまりなかった。機能と空間の関係という根源的な設計問題に立ち入った以上は、もう少し踏み込んだ対応も、あって然るべきだったと思うのである。

空間をつくるという根源的プログラムの展開

残念ながら、菊竹自身によるプログラムの根源化は図られなかったといえるが、メタボリズム建築理論も含めて、建築の設計に本質的な思考のみで掘り下げることがあることを示したことは、間違いなく偉大な成果である。そして空間をつくるために建築要素を工夫して配置すると言

構造=RC造(PCコンクリート、PSコンクリート組立て架構)／工期=1961年10月〜63年5月／規模=地上1階一部2階／最高高さ=8.04m／延床面積=631.02㎡／設計=建築:菊竹清訓建築設計事務所、構造:早稲田大学松井源吾構造研究室(協力 星川明雄)、設備:指導 川合健二、菊竹清訓建築設計事務所／協力=造園:流政之、グリル:粟津潔、棟札:磐田藤七、家具:大和勝太郎／監理=菊竹清訓建築設計事務所／施工=大成建設株式会社／PC工事=漆建材工業株式会社／PS工事=オリエンタル工業株式会社

う構法計画の原点ともなったことは、現代建築に対して大きな貢献があった。今後の方向性として、現代でも「工業化部品による空間の覆い方囲い方支え方」という方向性は残っているし、事実、ヨーロッパの公共集合住宅の事例では、工業化部品を用いても十分な多様性をもって、生活環境を形成できることが示されている。

もうひとつは、例えば歴代のオリンピックスタジアムの設計などにも見られるように、空間を覆う手段の飽くなき追及が考えられよう。そうしたメニューが増えれば増えるほど、我々の環境も豊かになる可能性を持つのである。

＊本建築は2016年に解体されたが、建築史上の重要性により、当初予定通り掲載する。

参考文献
『建築雑誌』1963年9月号、日本建築学会
『SD』1963年9月号、鹿島出版会

図版提供
1 湯本長伯
2 遠藤勝勧

大分県立大分図書館

磯崎 新

建築の成長プロセスを「切断」することによって生みだされた図書館建築。その計画概念となる「プロセス・プランニング」では、建築のプログラムを静態ではなく動態とみなし、規模系列（タテ）とスケルトン系列（ヨコ）の組合せで建築を構成する方法を示した。大きさと構造による機能群の把握は、特定の建築類型を超えて異なるプログラムを導入する横断的なデザインの可能性に結びつく。この図書館も完成後30年余を経てアート施設に転生した。建築の新しい思考を切り開いてきた建築家の、理論と実践の痕跡をとどめる記念碑的作品。

成長する建築

▌プロセス・プランニング

図書館は成長する建築である。博物館や美術館と同様に、図書館においては収蔵資料が徐々に増え、施設規模が増大する可能性がある。建築の成長変化とどう向き合うかは、近代以降の建築に潜在する本質的な課題のひとつである。それは、建築における時間と空間のとらえ方にもかかわる。建築家の磯崎新は、大分県立大分図書館の建設に先立って、この問題に関する論考「プロセス・プランニング論」（1963年）を発表した。このなかで磯崎は、建築の全体像をはじめから固定する旧来の方法と、変化に対応するために空間を均質化する方法をともに批判し、成長する建築の動的な移行プロセスに介入して切断するという方法を提起した。建築の規模に応じて機能が類型化されていくつかのエレメントになり、これらのエレメントを相互に関係付けるスケルトンが導入される。成長する建築とは、施設規模とスケルトンのさまざまな組合せの可能性をもった建築であり、その移行プロセスのなかで一定の方向性を定める行為が「切断」である。すなわち、成長するプロセスを切断することが設計の中心的な作業になる。

▌図書館の設計理念

図書館は書物と人間の関係を築く施設である。歴史的にみれば、両者はもともと同一空間に存在し、濃密な知のミクロコスモスを形成してきた。小さな読書室を機能的な原型とし、施設規模の増大とともに、開架閲覧室から空間を分けた閉架書庫が発生する。さらに機能分化や複合化が促進され、やがて施設は分裂して地域間でネットワーク化していく。磯崎はこのような規模に応じた展開を見据えつつ、図書館の成長のそれまでの考え方を、1）完全な再建、2）新棟の増築、3）欠損部の充填、4）任意方向の増築、という4つの形式に整理した。最初の3つは古典的なクローズド・プランニングであり、4つ目は均質空間に基づくモデュラー・プランニングである。均質空間による成長は自由度があるように見えるが、閲覧・収蔵・管理などの諸機能を等価に扱うために必ずしも合理的とはいえない。各機能に応じたエレメントの独立性と、エレメント相互の関係を保持したまま成長するのがプロセス・プランニングである。大分県立大分図書館は、発注側の与件が不確定なまま設計がスタートしており、非完結的な成長システムをつくることが図書館の設計理念の中核となった。

プログラムの展開

▌樹状のシステム

　生物の成長には「大きさの増大」と「構造の発達」というふたつの側面があり、通常これらは同時並行で行われている。では、建築における成長可能なシステムとはどのようなものか。ル・コルビュジエは、無限成長美術館計画（1931年）において、四角い螺旋状の展示室が徐々に外に拡がる仕組みを構想した。螺旋の端部に同じ空間をつないでいく付加成長の戦略である。図書館のように、より複合的な機能をもつ建築においては、各機能の有機的な結合状態を保ったまま、規模の拡大に対応することが求められる。そのためには、単なる末端の延長ではなく、大きさの自由度がありながら内部の系統を保持できる成長システムが合理的である。

磯崎はこの問題に対してふたつの視点からアプローチした。第一に、規模の系列（タテ）に応じて建築の機能を類型化すること。第二に、スケルトンの系列（ヨコ）によってこれらの機能群を相互に結び付けることである。ふたつ

の視点は、大きさと構造という生物の成長因子にも通じており、それまでの古典的な増床の考え方を革新するものであった。このような成長方法の試行検討の結果、大分県立大分図書館に見られるような樹状のシステムが生み出されたのである。

機能の類型化

第一の視点である機能の類型化とは、図書館の空間体系を規模に応じて整理することである。図書館には、書庫、閲覧室、管理部門、付属諸室、ラウンジなどの諸機能がある。これらの機能を規模の系列（タテ）に沿って見直してみると、まず原点として机と書架からなる書斎のような空間が想定できる。机や書架の量が増えてくるとカウンターが介在し、出納や貸出の管理作業が始まる。さらに大きくなると各機能が独立して空間が分離し、閲覧室や閉架書庫が生まれる。教育用や管理用の諸室が付加され、閲覧室や書庫では目的に応じた機能分化が発生する。利用者と資料を結ぶリファレンス機能の重要性が増し、情報ネットワークを介して他館との連携が始まる。

このように、さまざまな機能が類型化され、それに対応する空間が設定される。機能と空間の関係は一定の調子で変化するのではなく、規模の拡大に伴ってまったく新しい機能が生まれ、特定の機能の重要性が高まることがある。すなわち、建築の成長は、単なる部分の蓄積に留まらない創発的な性質をもっており、段階に応じた方向付けが必要になってくる。その役割を果たすのがスケルトンである。

スケルトンの設定

第二の視点であるスケルトンの設定とは、類型化された機能群に構造やパターンを与えることである。前項で示した図書館の規模の系列（タテ）に対応して、スケルトンの系列（ヨコ）が無数に存在している。必要となるのは、この図書館の施設規模において、書庫、閲覧室、管理部門、付属諸室、ラウンジを結び付ける適切なスケルトンを発見することである。各機能の独立性と相互関係を維持しながら成長するためには、スケルトンのパターンは開かれていると同時に方向性をもっている必要がある。本図書館の第一次案の設計段階では、卍型、並行型、T型、井桁型、L型などのスケルトンが検討された。主として書庫と閲覧室とラウンジの相互関係から配置のバリエーションを模索したようである。最終的な設計案では、ラウンジを中心として、幹から枝分かれする樹状のスケルトンが編み出された。書庫と閲覧室の結び付きは上下階の関係として簡潔に整理された。

このように、大分県立大分図書館の設計では、建築の成長変化という流動的な状況を前にして、プログラムを一意に確定する前に、プログラムの成立根拠と展開可能性

第一次案の模型写真[1]

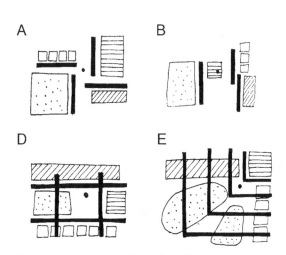

第一次案におけるスケルトンの検討。B案が採択された[1]

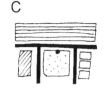

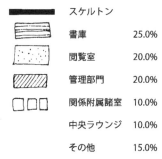

	スケルトン	
	書庫	25.0%
	閲覧室	20.0%
	管理部門	20.0%
	関係附属諸室	10.0%
	中央ラウンジ	10.0%
	その他	15.0%

南東からの外観[2]

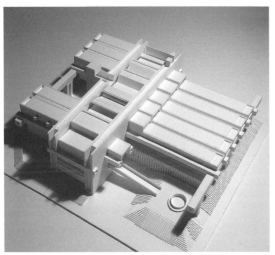

模型写真[3]

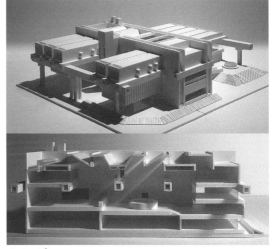

模型写真[3]

を原点から検討する作業が行われたのである。

建築の具現化

ペアウォールとボックスビーム

大分城址公園に面した旧大分県議会跡地が図書館の敷地に指定され、そこに地下1階・地上3階の鉄筋コンクリート造の建築が立ち上がった。上空から見ると、全体に樹状に広がるスケルトンの構成がよくわかる。具体的には、ペアウォールと呼ばれる廊下を挟み込んだ自立壁を2組立て、ここが樹状システムの「幹」になる。ペアウォールから左右にボックスビームの「枝」を突き出し、これが図書館の諸空間を規定している。正方形断面のボックスビームは、それ自体が建築の構造部材であるとともに、内部に空調と照明を仕込んだ設備システムの一部になっている。建物外観においては、樹状システムの端部で切断されたビームの断面をそのまま見せている。成長変化に伴う部材交換を想定して、当初はプレキャスト・コンクリートによる施工が想定されたが、コスト等の問題から現場打ちコンクリートに変更された。ペアウォールに囲まれた部分はラウンジを形成し、ボックスビームが展開する部分には書庫、閲覧室、管理部門ほかの諸室が配置される。ペアウォールもボックスビームも、原理的には延伸可能であり、スケルトンの樹状システムを外側に向けて拡張することができる。

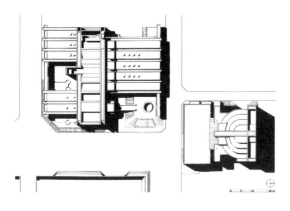

実施案の配置図。左が大分県立大分図書館、右は大分県医師会館
（現存せず）[1]

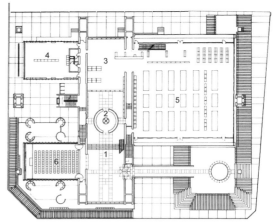

実施案の2階平面図[1]

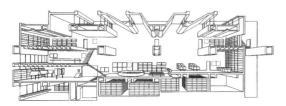

同 閲覧室の断面図[1]

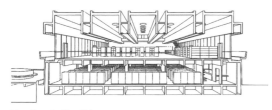

同 ラウンジの断面図[1]

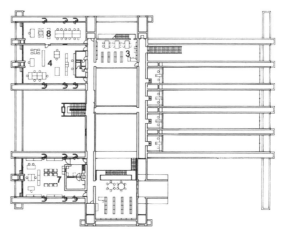

同 3階平面図[1]

平面図の室記号：1.エントランスホール／2.ブラウジング（自由閲覧室）
／3.リファレンス／4.事務室／5.閲覧室／6.映写室／7.レコード・ライブ
ラリー／8.館長室

空間の実在と光の導入

この建築を実際に訪問すると、スケルトンのシステムだけ
ではなく、むしろ空間的な広がりと豊かさを感じるのでは
ないか。図書館内部への動線のシークエンスは変化に
富んでいる。階段と斜路による外部アプローチを進み、
ペアウォールで囲まれた大空間（ラウンジ）に入る。そこに
は、手前からエントランス、ブラウジング（自由閲覧）、リ
ファレンスの機能が配されている。奥に進むにつれて床
は徐々に上昇し、上部に目をむけると天空からの光が深く
射し込んでいる。ラウンジから右手に折れて閲覧室に入る
と空間は水平に展開し、大分城址を臨む景観が目に入っ
てくる。以上は樹状の成長をなぞる行程であるが、空間は
スケルトンを横断して広がり、切断面に対して開かれる。

プロセスの切断は、内観においては豊かな内部空間に
帰結している。
図書館の基本計画が終わった1963年春に、磯崎は世界
の市庁舎を実地調査する機会を得た。この旅行でヨー
ロッパの建築を体験し、日本建築とは異なる空間の実在
と架構の力を強く実感したという。この時の体験は図書
館の最終設計案に生かされた。それまでの成長システム
を保持しつつ、スケルトンによる分節を超えた、身体に働
きかける空間と光の特質を獲得したのである。

新たなプロセスへ

動態とスケール

この図書館で試行された「プロセス・プランニング」は、建築のプログラムにふたつの新しい視点をもたらしたと考えられる。第一に、建築のプログラムを静態ではなく動態としてとらえる視点である。プログラムをはじめからスタティックに考えるのではなく、ダイナミックな成長変化のプロセスとして考える。プロセスには時間と空間の変化が包含されており、それを切断によって具体的な建築として定着させる。変化は単調で予定調和的なものではなく、予測不能で突発的なことが起こるため、建築家がプロセスに主体的に介入する必要がある。第二に、建築のプログラムをスケールと構造（規模系列とスケルトン系列）の組合せから捉える視点である。とくにスケールを出発点にしている点に注目したい。建築はビルディング・タイプによって用途別に分類され、その内部機能と形態の関係から語られることが多い。磯崎はここで、たとえば「読む」という行為がスケールを増した時に次々に発生する変化に注目し、全体をまとめるスケルトンを与えることで事後的にプログラムを見出している。このように内容だけでなく大きさを先行させる見方は、後のレム・コールハースによる『S,M,L,XL』（1995年）にも通じるものであり、異なるプログラムを導入・混交させる横断的なデザインの可能性にも結び付いている。後年、この図書館がアート施設に生まれ変わることもこの流れから捉えることができる。

プロジェクトの比較

磯崎は複数の図書館の設計を行っている。大分県立大分図書館（1966年）のほかに、「北九州市立中央図書館」（1974年）、「豊の国情報ライブラリー」（1995年）、「国立国会図書館関西館」（コンペ案、1996年）などがある。空間的な「次元」から整理してみると、最初の大分では空間に依存しない樹状システムから出発し、次の「北九州」ではU字型に延びる1次元的な構成を、「豊の国」では方形空間を中心とする2次元的な構成を、「関西館」では諸室が空中で交錯する3次元的な構成を生み出している。これらのなかでも、大分県立大分図書館と、29年後につくられた豊の国情報ライブラリーとの間には大きな転換が仕掛けられている。大分県立大分図書館では、樹状構造のシステムをつくり、プロセスという普遍的な解を探求し、内容（機能）と形式（表現）の一致を作為している。一方、豊の国情報ライブラリーでは、立方体フレームのフォルムをつくり、「百柱の間」という固有の形式を提起し、その形式が内容を生成させている。すなわち、大分から豊

名称＝大分県立大分図書館（現 アートプラザ）／用途＝図書館／所在地：大分県大分市／構造＝RC造／規模＝地下1階・地上3階／敷地面積＝3,031㎡／建築面積＝1,608㎡／延床面積＝4,342㎡／竣工年月＝1966年6月／設計＝建築：磯崎新アトリエ、構造：東京大学大沢研究室、設備：早稲田大学尾島俊雄／施工＝建築：後藤組、空調：三信工業、衛生電気：九州管機工業、書架：金剛商会

の国への流れにおいて、システムからフォルムへ、時間から空間へ、作為から生成へという力点の移動が起きているように見受けられる。磯崎によれば、「それは広義の決定不能性（インデサイダビリティ）にかかわる問題に対応する、多様な解のひとつの様体であるとも要約できる」のである。

保存と転生

現実には大分県立大分図書館が増築されることはなかった。都心の敷地にはもはや拡張の余地はなく、施設が狭小となったために、新しい図書館である「豊の国情報ライブラリー」が同じ建築家の設計により完成した（1995年）。旧図書館は取壊しの運命にあると思われたが、地元を中心とする保存運動がおき、結果的には敷地ごと大分市に無償貸与され「アートプラザ」という文化施設として生き残ることになった（1998年開館）。ここにプロセスに関する新しい状況をみることができる。すなわち、建築

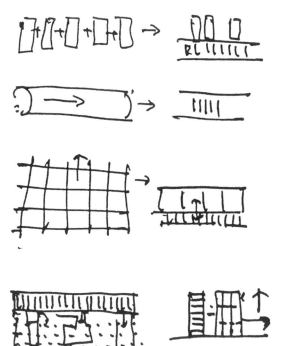

磯崎新のスケッチによる4つの図書館の概念図（1996年）。上から、大分県立大分図書館、北九州市立中央図書館、豊の国情報ライブラリー、国立国会図書館関西館（コンペ案）[1]

アートプラザ内観。60'sホール（旧ラウンジ）を見る[2]

に当初設定された役割が満了し、その後、新たな目的を得て継続する「保存と転生」の流れである。単調な進化ではなく、創発的な事態によって建築のプロセスが大きく変動する。プロセスの切断によってその建築の終末を意識することになるが、同時に、切断は別の何かの出発点にもなる。図書館から美術館に転生するにあたり、新たな要素を付加するのではなく、むしろ不要な要素を剥ぎ取って「裸形」の状態に還元された。建築の空間は継続するが、プログラムは常に変容する。プロセス・プランニングは、建築の次なる可能性を紡ぎ出す方向に展開したのである。

参考文献

磯崎新 著「プロセス・プランニング論」（『建築文化』1963年3月号、彰国社、1963年に掲載）

『新建築』1966年10月号、新建築社

磯崎新 著『空間へ』美術出版社、1971年

『GAアーキテクト6〈磯崎新1959-1978〉』A. D. A. エディタ・トーキョー、1991年

『新建築』1998年7月号、新建築社

磯崎新 編著『建物が残った 近代建築の保存と転生』岩波書店、1998年

磯崎新 土居義岳 著『対論 建築と時間』岩波書店、2001年

磯崎新 日埜直彦 著『磯崎新Interviews』LIXIL出版、2014年

図版出典

1　磯崎新アトリエ提供
2　松本文夫撮影
3　東京大学総合研究博物館蔵

桜台コートビレジ

内井昭蔵

時代の変化と共に都市に固有の問題が顕在化するなかで、桜台コートビレジは新しい「低層高密」の集合住宅のあり方を具体的に提示したひとつの模範的な回答例であった。人口過密地域における有効な土地利用という課題を前に、内井は集合した個々の住戸に独立した戸建て住宅のような自由を実現させることを目指した。集合住宅がひとつの都市であると捉え、電気・ガス・水道などのインフラ敷設行為を建築デザイン行為そのもののように捉え直すことで、空間価値の高い集合住宅を実現させている。そのような設計手法あるいは新建築を、「環境装置」と定義することで独自のプログラムを提案している。

時代背景

戦後の高度経済成長を経て、都心部では人口増加による住環境の悪化が問題となり、新たな居住地として郊外に目が向けられていた。とくに、東京都南西部に広がる多摩丘陵は良好な宅地を大量に供給できる地域として調査が行われ、1960年代の終わり頃から具体的に開発が始まり、いわゆる田園都市として「多摩ニュータウン」が建設される。

豊かな緑地の確保や歩行者専用道路の設置などを特徴とするニュータウンは、次代を拓く理想的な都市計画の実践の場として捉えられていた。建築家は、そのような都市にふさわしい集合住宅を設計することを課題とし、内井昭蔵も「低層高密の住居群の新しいあり方[*1]」を模索していたという。多くの建築作品があるなかでも、「私の集合住宅の原点[*2]」として設計したのが、〈桜台コートビレジ〉である。

この計画は、当時の住環境を取り巻く社会的な問題に対して内井が真正面から取り組んだ作品であった。集合住宅という形式により高度な土地利用を実現しつつ、高層に頼らず低層の住戸群を巧みに配列し、明確な設計姿勢のもとに計画や構造や設備などの要素を有機的にまとめあげている。学会賞の推薦理由にあるとおり、低層高密の集合住宅において「新しいあり方」を追求した点で、桜台コートビレジは時代を代表する作品となった。

次代を担う都市や集合住宅の姿が試行錯誤されるなかで、「低層集合住宅」という形式が注目されていた。我が国の都市は、伝統的に狭小な土地に過密する木造住宅で埋め尽くされるという状況にあり、それに替わる健康で快適な住居パターンを開発することが求められていた。低層高密でありながら豊かな生活を実現させるための集合住宅が、当時の建築家に課せられたひとつの共通した課題であった。

作品の概要

〈桜台コートビレジ〉は、東急（東京急行電鉄株式会社）による地域総合開発の一環として位置付けられる。私企業による最大規模の事業として多摩田園都市の計画は推進され、田園都市線を敷設し、沿線が宅地化され、まちづくりが行われた。

敷地は田園都市線の青葉台駅から住宅地に入った一画にある丘陵地に位置し、斜面という地形を利用して広々としたテラスを設ける。矩形の平面を基本パターンとする各住戸が2、3層に重なりつつ連続し、その隙間に階段や通路を配置して動線を確保している。プライバシーを十分に保つ私的空間と機能を十分に果たす公的空間が、反復という計画手法を用いながらも変化に富んだ場として生み出された。住宅を高密度に集約した上で、なお日々の都市生活を送るために必要な余剰スペースがある。

各住戸は、3.6×3.6mの広さからなる基本単位を組み合わせて計画されており、平面的な操作だけでなく立体的にも重なり合う。それら総数40戸の空調は、一括集中して行う地域冷暖房の方法が採用されている。住戸の間を縫うように通された通路・スロープ・階段はコミュニティスペースとしての役割を果たすだけでなく、空調設備である配管を下に通すためにも用いられている。通路というひとつの建築的な要素が、住人同士のつながりをもたせる機能と各戸の空調を快適に維持するという機能の、ふたつを同時に満たしている。このように、さまざまな建築的要素がまとまって成立する集合住宅は、全体として多様

パース

な都市的役割を総合的に担わなければならないという考えのもとに計画されている。

プログラムの概要

内井は、集合住宅に対して「箱の連続体、あるいは集合体ではなく、独自な空間をもつ建築でなければならない[*2]」という捉え方を重視している。無味乾燥とした住戸が集まるのではなく、ひとつひとつの住戸があたかも個別に設計されたように高い質をもつ必要がある、という発想であろう（そのような質が建築を「建築」たらしめる）。『建築文化』第469号（1985年11月号）で組まれた特集記事「住宅の都市化をめざして 限りなく戸建住宅に近づける試み」というタイトルに、内井の思いが端的に現れている。例えば、戦後の復興と都市の再生における公営集合住宅が果たした役割は大きく、そのなかから誕生したいわゆる「五一C」型は新しい生活スタイルを実現させるための建築として重要であった。一方で、その後の多くの集合住宅は高層な住棟の片側に廊下を設け、いわゆる「nLDK」型プランの住戸が連続する無味乾燥とした建築が量産さ

れることとなる。そのような状況を背景に、内井はあたかも独立住宅のようなより自由で空間価値の高い集合住宅を設計することを目指したのである。

しかし、集合住宅は独立住宅と比較してさまざまな観点から設計条件は不利である。集合住宅は当然ながら複数の住戸を一体として建築するが、それ故にさまざまな制約を受けることともなり、独立住宅より設計の条件が厳しくなる。集合住宅を設計するということはそのような課題に向き合うことであり、さらには「独立住宅のもつ空間構造と同じ空間構造を集合住宅にもたせる[*2]」ことを内井は目指していた。

以上のような問題意識をもって取り組んだのが、桜台コートビレジである。そこで、内井は「環境装置」というイメージを集合住宅に投影する。独立住宅では、個別の条件に対して最善の解決策で臨むことができるだろう。しかし、集合住宅ではそのような自由な振る舞いは行いえない。そこで、むしろ建築が周辺の在り方を規定するようなイメージをつくり上げる。言ってみれば、条件に対して受動的に対応するのではなく、能動的に条件を支配しようとする姿勢である。内井は、「住宅を、環境を調整する装置という概念で捉える[*1]」と述べている。

そのような発想を具体的な手法として建築の設計に導入するために、集合住宅の根本的な前提をなす集約化に注目する。住宅は周辺とさまざまな接点を有し、それにより住宅としての機能を果たすことができる。例えば、電気・ガス・水道は施設から伸びてくる配線や配管が住宅に接続することで、初めて使用することができる。つまり、各々の住戸は都市のなかにあり、都市の機能を享受することで、住宅としての役割が果たされるのである。そのような各戸全体で共有する機能を束ね、ある種の象徴として意図的に顕在化させることで、環境としての都市を積極的にコントロールしようとする。従って、集合住宅の設計は勢い都市計画であり、「都市計画の手法として、建築物の配置によりさまざまの機能的ネットワークをつくりだすという方法[*3]」として理解している。

以上のように、集合住宅の設計において「環境装置」というイメージをつくり上げ、本作品において「住宅の装置化とは、集合化による共通の生活機能と空間の抽出のこと[*4]」というプログラムを提案している。

模型写真

集合住宅の可能性

内井の集合住宅における設計論は、「住宅は、いわばこれらの多くの生活環境を構成するシステム群を調整制御する装置である[*4]」というイメージから出発し、具体的な方法論へと展開していった。その最初の実験が桜台コートビレジであったが、その後の一連の集合住宅の設計を経るなかで、「環境装置」というシステムは「現実には起こりがたい[*2]」という認識に至る。それは、建築が装置として環境を規定する以上に、他の要素がより強大な影響力をもって場を支配するためであり、例えば経済原理などが決定的に作用することを実感したためである。

しかしながら、都市や集合住宅の在り方に対する探求は止まず、「人が集まって住むことの最大のメリットは……特化された共有空間と、個化しうる空間の存在にあるのではかろうか[*2]」と模索する。

改めて集合住宅の定義であり根本である集住という住まい方を問うことで原点に回帰し、「環境装置」とは異なる新たな方向性を見出そうとする。不特定多数の人が同じ場所で生活するのであれば、公共という観点は最も重要な要素のひとつであるだろう。都市にある公的な空間の捉え方を見直すことにより、内井が次に行き着いたプログラムは建築の「オープン化」であった。

比較的に多くの部分を機能という観点からつくり上げてきた集合住宅のイメージを、生活という観点に置き換えて再構築する作業が「オープン化」であるという。桜台コートビレジと同じ時期に取り組んでいた〈桜台ビレジ〉(神奈川県横浜市、設計1967年)や〈宮崎台ビレジ〉(神奈川県川崎市、設計1969〜70年)では、建物に囲まれた中庭が設けられている。これら作品から、内井は中庭を設ける建築の形式に可能性を見出していく。公共空間を考えるうえで中庭を用いることは適当な方法ではあるに違いないが、中庭との位置関係によって各々の住戸は条件が異なるという問題も生じる(例えば日照など)。そこで、〈宮崎台ビレジ〉では階段室を雁行させて中庭に面する部分が調整できるようにし、かつ雁行する階段室が住戸をつなぐという手法を用いている。

〈宮崎台ビレジ〉で試みた形式を、発展的に継承させたのが茨城県営桜ヶ丘アパート(茨城県水戸市、設計1982年)である。中庭を囲う住棟は通り抜けることができるように計画され、かつ雁行という反復する形態の隙間に現れるずれが多様な建築的景観を生み出すという。また、階段室という空間のボリュームを拡大させ、積極的に集合住宅のなかに組み込み、各住戸へと至らしめる結節点として位置付ける。このようにして、中庭という要素を中核に公共空間を操作する方法の確立を目指す。その後も内井は集合住宅の設計に取り組み、〈桜台コートビレジ〉を出発点とする数々の探求は、〈小野崎アパート〉(茨城県つくば市、設計1983〜84年)まで続けられる。

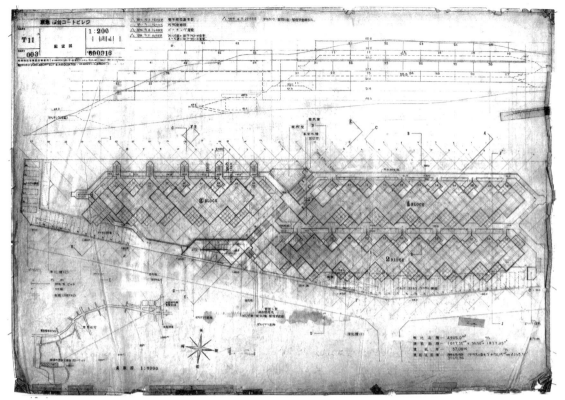

平面図

内井の設計に対する姿勢は、突き詰めると「建築」に大きく比重が置かれている。つまり、都市＝集合住宅ではない。それは、「オープン化は、画一化された建物を建築にするポイント」と述べることからも窺える。建物を建築にする、とは、単なる箱ではなくある程度の質を獲得している空間のことである。そのために、建築を機能から解放し、生活のための空間を実現させる必要があるという理解に至った。

内井は桜台コートビレジの設計を通して、「環境装置」というプログラムを提案したが、満足する結果を得ることはできなかった。しかし、そのアイデアをさらに進化させ「オープン化」というプログラムを改めて設定し、集合住宅の設計に再び取り組む。その根幹にあるのが、空間を最も重要な主題とする内井の建築家然とした態度なのだろう。

名称＝桜台コートビレジ／所在地＝神奈川県横浜市緑区／設計期間＝1967年9月〜69年8月／工事期間＝1969年10月〜1970年9月／主体構造＝RC造／規模＝地上2〜6階／敷地面積＝4,905.00㎡／建築面積＝1,817.50㎡／延床面積＝3,969.4㎡／施工＝東急建設

参考文献
＊3　内井昭蔵 著「コミュニティとヒューマンスペースを求めて 桜台ビレジ」、『建築文化』1969年5月号、彰国社
内井昭蔵 著「桜台ビレジ 開発拠点としてのマスハウジング」、『新建築』1969年5月号、新建築社
＊4　内井昭蔵 著「桜台コートビレジ」、『建築文化』1970年11月号、彰国社
＊1　内井昭蔵 著「桜台コートビレジ」、『建築雑誌』1971年7月号、日本建築学会
菊竹清訓建築設計事務所 編「建築家のいない国 高密度低層住宅群について」、『SD』1972年12月号、鹿島研究所出版会
『内井昭蔵 別冊新建築 日本現代建築家シリーズ②』、新建築社、1981年
日本建築家協会 編『DA建築図集 低層集合住宅I 街のコアとしての集合住宅』、彰国社、1983年
＊2　内井昭蔵 著「集合住宅設計の軌跡」、『建築文化』1985年11月号、彰国社
『建築家 内井昭蔵 1933-2002』編集委員会＋内井乃生 編『建築家 内井昭蔵 architect shozo uchii 1933-2002』、新建築社、2008年

図版出典
図版すべて内井昭蔵建築設計事務所（内井乃生）提供

ポーラ五反田ビル

林 昌二　矢野克己

化粧品会社の本社ビルという使命を担い、経年でも色あせない建ち方が追求されたオフィスビルディングである。単に効率をあげる土地利用ということではなく、地域に立脚し、開放的であることを目論みつつ、線路際という立地や変化の激しい周辺との関係をとらえて、建築的操作による独自の風景をつくりだしている。また、事務空間の両端に動線、設備の垂直循環系を配するダブルコアオフィスのプロトタイプとして、フレキシビリティーをもつ、明るい執務環境を実現している。

地に開かれた企業の顔として

山手線の五反田、目黒間の車窓から、〈ポーラ五反田ビル〉は竣工当時から現在まで変わらない姿を見せ続けている。一見変哲のない板状のオフィスビル然としていながら、足下に目を移すと、ガラススクリーン越しに背景の緑が透け、不思議な清涼さ、軽やかさを感じるのである。このオフィスビルの独自性は、白く堅固な構造不フレームにはめられたフラットなカーテンウォールのファサード面と開放された地上面におかれたガラス張りの空間が対比的に共存していることである。

1971年竣工。日本の高度成長期の直中、ますます過密都市東京へと向かう時代に計画されたものである。一企業の理念と建築家の構想による巧みな建築プログラムは、その後も不変の存在感を持続している。

ポーラ五反田ビルの物語は1965年の東京オリンピック開催の翌年に、〈パレスサイドビル〉の竣工を伝える新聞記事がポーラ化粧品の鈴木常司社長の目に留まるところから始まる。それまで銀座にあった本社ビルを五反田へと移転させるにあたり、鈴木社長が探していた建築家が見つかった。

敷地背景のデメリットの転換

敷地は建設当時五反田三業地（料理屋と芸者家と待合との営業を許可された土地）であり、そもそも化粧品の

本社ビルとしてはあまりイメージがよくない状況だったのだが、「それまでの環境を活かし、乗り越えたところに新しい環境をつくりだす。そうしてつくられた建築に、地域のポテンシャルを持たせたい[*1]」と建築家は考えた。山手線の線路際という立地、電車からの眺めを意識したのである。いいかえれば、企業の存在が毎日何十万という人の視線の先にある。これほどの宣伝の場所はないということである。当然、正面は敷地北側の山手線側に向けられることとなる。一方で敷地南側は住宅密集地であったことから、建物のボリュームをすこし山の手線側に寄せて、隣地境界との間をつくり、その部分に地下の駐車場の屋根を2階の高さまで斜めに立ち上げ、屋上をサツキを植えた昇り庭とした。こうすることで、周辺住宅のプライバシーを保障すると同時に、周辺が視界に入らないようにコントロールすることができる。昇庭はエントランスロビー前面に広がる緑の面となり、山手線からみるとガラススクリーンに投影される透明な緑色の反射光の源となり、さらに地下1階へと降りての食堂への陽光を提供するという仕組みである。山手線側からの抜けの視線をつくるという建築家の発想は、「企業利益の社会への還元、企業の社会への奉仕[*1]」と結び付いて、このビルの独自性となる構成となった。

ツインコアのはじまり

1950〜60年代の日本で中高層のオフィスビルのほとんどが中央（設備）コアであったのは、小部屋単位が主流のアメリカのオフィスビルに倣って、壁のある諸室を中央に集めることで外周が開放されるというメリットが重視されたためであった。しかし一方でコア内にある出入り口や点検口やダクトスペースからの取り回しを考えると必要な耐震壁量が取れなくなるという難しさを抱えていた。また、本社ビルのように部署の編成や組織の変化によってオフィス環境も変化しなければならないという空間のフレキシビリティーが求められる場合、コアによってフロアが分断されるということも望ましくなかった。そこで考案実践されたのがツインコアという形式であった。コアを執務空間と分離

外観[1]

クリスタルロビー[1]

クリスタルロビー[1]

させて、ビルの両妻に置くことでダクトルートや2方向避難ルートを確保できるというわけである。ポーラビルでは17×38mの柱のない空間が実現されており、南北面のすべてをカーテンウォールの窓とした執務空間は明るく開放的である。

間柱の間隔や天井の割付けには3.2mモジュール[注1]が用いられ、基準階の階高は3,600である。当時のオフィスビルとしては余裕のある階高設定であったが、天井内に設備配管ダクト諸々をすべて納め、梁の出ないフラットな状態としてフレキシブルなオフィスレイアウトを可能とするためには必至のことであった。パレスサイドビルでの緻密な検討や見解の蓄積がここでも活かされているが、その後、日建設計林グループは〈日本IBMビル〉（1972年）でさらに大きなワンフロアをもつツインコアのオフィスビルを実現させ、それ以降もコアを中央から切り離して無柱の大きな執務スペースを確保するというスタイルをさらに発展させていったのである[注2]。

建築プログラムを実現する構造計画

ツインコアを積極的に耐震壁や柱とするという構造の発想からなのか、その間を無柱空間にして地上面を開放したいという建築家の構想が構造家を動かしたのか。いずれにせよ構造家とのコラボレーションなしにはこの作品の構成は実現されなかっただろう。また敷地地盤が堅い良質な場所であったこと、戦後25年経って多量な鋼材の使用ができるようになった時代となったこともあり実現された。

構造図式には、主要構造の鉄骨鉄筋コンクリート造の鉄骨部分が示されている。2つのコアは人や設備の幹線ルートであると同時に、建物の耐震要素として剛性の高いものとし、垂直荷重全体を集中させて東京礫層の支持地盤伝える柱となる。そして、各階の梁間方向に架けられた床梁からの荷重は、外壁面の間柱を通じて2、3階の大梁からコアへと伝えることで、直下の地上面が上からの荷重を受けることなく開放できることとなり、地上面（ロビー部分）にはコア以外の構造物が消失している。つまり両端のコアに、相当な応力が掛かって支えているということになる。この建物の芯として、その強度をもつために応力の集中箇所には大量に鋼材が使用され、それを取り巻くように表面を固めるコンクリートの打設には仕上げ下地としてだけではなく、構造強度という意味で、質の高い打設精度によるものである[*1]。

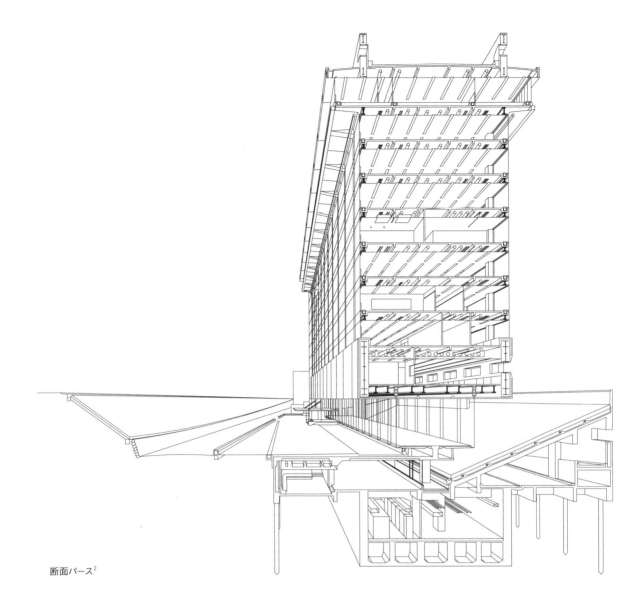

断面パース²

ガラスの箱：永遠のマテリアル

土木的スケールのフレームに平滑さを苦心したステンレスのカーテンウォールがはめ込まれ、強さと軽さの対比的表現となっている。その足元にさらにガラススクリーンが挿入されているが、背後の緑を透かすことに専念したディテールをもったガラス面は上階のボリュームとの関係でことさらに透明な存在である。このビルの脚もとに行くと、周辺が映り込んだ黒い鏡の世界に潜り込んだ印象を受ける。

地上面から80cm浮いたクリスタルロビーと名付けられたこの空間は、〈ファンズワース邸〉や〈バルセロナパビリオン〉とイメージがリンクするのは否めないだろうが、ミースが追求していた柱の存在を消去するというひとつの方法が示されたというべきか、ロビーのなかには垂直荷重を負担する要素がまったくない。持ち出されたガラスを支える部材すら最小限に抑えられたガラススクリーンは正に透明な存在である。床は黒御影石の焼成ワックス仕上げ、天井は黒いガラスに昇り庭のサツキが映り込み、「光沢があり、歳をとらない材料」を基調としたインテリアデザインとなっている。白い外観と対照的な黒さ、その意外さに驚くのである。石とガラスという鉱質の材料が選択され、とくに天井はダウンライトのみで、設備等の吹き出し等がまったくない抽象的な光沢面である。代わりに床をボイドスラブにしてその間からガラススクリーン（ペリメーター）に向かって空調が吹き出され制御されている。このミニマルな仕上げの裏に、どれほどの検討が重ねられていたかは想像を超えたところにあるが、そうしてできたストイックな空間に黒い革張りのソファーと彫刻が置かれ、半世紀近く変わ

らずにあるわけで、もはやオフィスではなく永久保存のアートギャラリーのようである。

名称＝ポーラ五反田ビル／所在地＝東京都品川区西五反田2-2-3／主要用途＝事務所／竣工年＝1971年4月／設計者＝日建設計（林昌二）／施工者＝竹中工務店／規模＝地上10階、地下2階、塔屋3階／主体構造＝鉄骨転勤コンクリート造（一部鉄骨造）／敷地面積＝2,514㎡／建築面積＝1,047㎡／延床面積＝11,720㎡

山手線の土手にも植栽をする

このビルの独自の建築プログラムは断面パースに表されている。山手線の土手と、南側の昇り庭の間に透明なクリスタルロビーが浮かぶように挿入されている。山手線からの抜けの視線の反転に、クリスタルロビーから山手線の土手が見えるが、このビルの建築プログラムを完全とするためには、この土手が荒れ地であってはならず、建築家は国鉄（当時）に交渉して、安全を保証することを条件に植栽の許可を得る。そして施主には「ここまで敷地と思って下さい。そう考えていただければ安いものです[*]」と説得し、法面補強ともに、敷地間口分の土手緑化が施された。建物が敷地内で完結するのではなく、都市の部分としての共生、共存関係の可能性が示された。

色あせない化粧品会社のイメージをつくる建築技術
サステイナビリティーの理念

マッシブな鉄骨鉄筋コンクリートの架構は、コンクリート打放し＋エポキシ樹脂塗装（白）とし、軽い鉄骨（間柱）の部分は、表面をステンレススチールのカーテンウォールで覆われる。ここでも平滑さを求めるディテールが展開されていて、それはビルの外装が企業のイメージをつくる看板になると考えられたためであり、化粧品会社らしく明るく清潔な印象のものとして計画された。ステンレスカーテンウォールは内部には鋼材を用い、表面の柱面、梁面をカバーするステンレスパネルが格子をつくりその間にほぼ正方形のガラス面がステンレスの押さえ金物でフラットに納められている。ステンレスは「現在考え得る中で最も安定した材料[*1]」であり、線路際ということで、鉄道レールから飛散される錆の付着による腐触の対抗性を考えた選択でもあった。さらに張り出した10階の軒下に、このカーテンウォールを清掃するためのゴンドラを格納した設計となっているのも日本初であった。建物が竣工後も美しくありつづけるための材料の選定やメンテナンスの仕組みに至るまで、化粧品会社のイメージを形成するという大義があってこそだが、高度成長期の時代にありながら、すでにサステイナビリティーの理念を備えたものであった。ポーラ五反田ビルのしなやかで強靭な建築プログラムは、今後も技術の更新や、企業経営の
変化に伴うオフィス空間に追随し、永続的な存在を可能としている。

参考文献・注

＊1 『新建築』1971年5月号、新建築社、1971年
注1 3.2mモジュールはスプリンクラーの分無範囲や蛍光灯の照明の照度確保のために無駄のないスパンであること、オフィスレイアウトとしても、背中合わせに机を配置していくときに、困難なくレイアウトできるモジュールとして以前はオフィスビルの多くが採用したモジュールである。
注2 1973年全国勤労青少年会館（中野サンプラザ）、1974年住友スリーエム本社ビル、1980年伊藤忠東京本社ビル、1990年NEC本社ビル、各時代を代表するツインコア形式の発展がみられる。

図版出典

1 山本想太郎撮影
2 「林昌二の仕事」編集委員会 編『林昌二の仕事』新建築社、2008年をもとに松本文夫が作図

最高裁判所

近代的な感覚を基調とした、利用者を問わない機能的な施設。正義の殿堂としての記念性を有し、都市の文脈にしっかりと位置付けられた、静かな空間。それが日本人の建築家が初めて取り組む、あくまで公共建築のひとつとして望まれた最高裁判所の姿であった。

設計者は敷地への都市軸の導入と共に、中心に据えた「空間の原型」に、教会や広場、あるいは森を伐り拓いてつくられたかつての裁きの場といった、さまざまな象徴や公のイメージを重ね合わせながら、静穏な大ホールと大法廷を創出した。そしてゾーニングや動線計画等の基本的な考え方を丁寧に組み合わせ、諸室、機能を満たした。

最高裁判所としての要件

最高裁判所庁舎は、設計競技（コンペティション）を経て実現した建築である。

明治29（1896）年竣工の大審院を利用していた前身の最高裁判所庁舎は、政府の招きによりドイツから来日したヘルマン・エンデとウィルヘルム・ベックマンの事務所の設計で、いわゆる様式建築であった。つまりこの最高裁コンペは、「日本人の建築家がはじめて自力で取り組んだ最初の建築テーマ[*1]」であった。

設計競技の開催告知によれば、求められた最高裁判所庁舎は「（前略）国会および内閣とならんで三権の一翼を担うものである。その庁舎は、法と秩序を象徴する正義の殿堂として、その地位にふさわしい品位と重厚さを兼ねそなえるとともに、その機能を果たす必要[*2]」があるとされた。

最高裁判所職員が当時の雑誌特集[*3]に寄せた論考等によれば、裁判所庁舎とは、まず公共建築の一つとして、親しみやすく、部内、部外者共に「能率的な効果のある物的便益が備えられ[*4]」た施設とされた。ここで親しみやすさとは、「デザインにおける近代的感覚」「アプローチに心理的な抵抗感を持たせない空間」[*4]とされ、また利便性から、各施設の配置に対する考慮の必要が導かれた。

来庁者の心の平静、冷静な審理もまた、建物用途上の配慮すべきことであった。加えて裁判所ならではの特殊性として、法への信頼や尊敬の基本となる、審理に関する高い公開性と機密性という、相補的な二面性が求められた。こうした要件の達成の一つの可能性が「静かな空間」[*4]であり、それが"裁判所らしさ"とされた一方、その実現は必ずしも古典建築的なアプローチによらないことを付言している。そして、この静かな空間と、先の公共性とに支えられた「正義の殿堂」としての記念性という認識を、庁舎新築の起点とした。

さらに特集では諸室配置の一案や、想定される利用者像に応じた、8種の動線が例示[*5]された他、諸外国の司法

最高裁判所庁舎。大法廷を切り取るスペース・ウォールが際立つ[1]

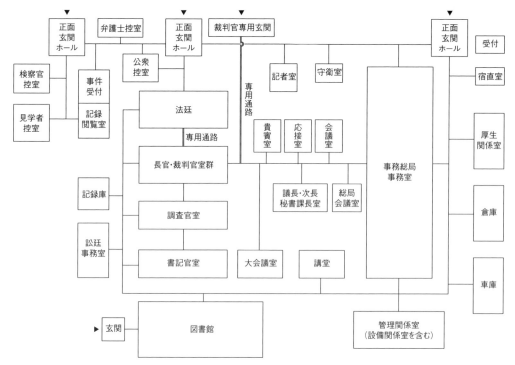

最高裁判所の室組織図（試案）[2]

機関を紹介した記事の冒頭では、その多くが首都の中心的な位置にあって、周辺環境と共に国の顔作りに寄与していることや、広大なホール、廊下、高い天井などの、機能上の必要を超えた空間に、裁判所の建築的表現が見られることに触れている[3]。

1968年4月から同年12月にわたる競技期間の後、最優秀を獲得したのは、鹿島建設（当時）設計部所属の岡田新一をリーダーとする、同社設計スタッフによるチームであった。

「三権の丘」と複数の軸線[3]

原型への指向

岡田は「最高裁判所の空間デザインの発想は空間の原型を求める指向の中にある[6]」とした。「空間の原型は空間の定型や様式に対比される概念である。定型や様式は空間をつくる手段、あるいは技術にしかすぎず、原型に空間の実体があらわれるということのために原型を中心に[7]」据えた。

これは、抽象的な空間のありように立ち戻り、そこから改めて、そこに生じる内容や意味を象徴する、モデルを求めることと言えるだろう。

最高裁判所庁舎で岡田は、後述の都市軸に沿わせた相対する「2枚の壁を建てる。人々は向かい合った壁の間に集ろう。ホールである[6]」とした。

この〈壁〉に切り取られた空間を中心に、敷地に浮かび上がった十字形平面に彼は「西欧建築の原型ともいうべき教会[8]」や広場を、またドイツの黒い森を伐り拓いた20メートル四方の開かれた裁きの場、「コート（court）[9]」を重ね合わせながら、大ホールや大法廷を具体化していった。

都市の文脈

用意された敷地が、国道を挟んで相対する国立国会図

天空光の下の大法廷[4]

書館の先には、国会議事堂や内閣府が控えている。この
ように、この建築は司法機関として、立地においても行
政、立法に連なり、三権の一翼を担うことが約束されてい
た。後に設計者が当該エリアを「三権の丘」と呼称する
所以である。

裁判所建築は大きく裁判部、図書館部、司法行政部から
なっている。ここで裁判部門を構成するのは大、小の法
廷と、裁判官、調査官や書記官の居室である。最高裁判
所庁舎では、これが玄関と大法廷、小法廷、図書館、裁
判官等居室群、および司法行政部に再編、大別されてい
る。皇居に向かう主軸A上に玄関と大法廷のブロックが
据えられ、それに直交する国会議事堂と国会図書館を結
ぶ主軸B上に、大小法廷と図書館がそれぞれ置かれた。
そして両軸交点が大ホールとなる。岡田は、裁判官等居
室群と司法行政部を、先の直交軸からやや振れた、隣接
する国立劇場との敷地境界線に平行に設けた副軸に沿
わせた。俯瞰すると公開性と機密性が軸ごとに振り分け
られたかのようである。軸の振れを吸収する不整形な中
庭は、相互の緩衝空間として、コンペ主催者の求めにあ
る、静穏な環境を創り出している。

スペース・ウォールと天空光

大ホールや大法廷を、都市の文脈に位置づける、そして
それらを、大空間として構造的に成立させる要素として岡
田は「スペース・ウォール」を提案した。これはフレームから
成る、幅4〜6メートルの"壁のような"構造部位である。そ
の内部には廊下、階段やエレベーター、設備のシャフトや
ダクトなどが収められている。

複雑に分棟配置された各部門、諸室群の間での多様な
コミュニケーションは、このスペース・ウォールを介してな
される。基本設計の際に生じた大規模な平面の再構成
が、これを残したまま進められ、コンペ時の外観をほぼ変え
ることなく収束したことが、それが庁舎各部をひとつのシ
ステムとしてまとめ上げていることを物語っている。

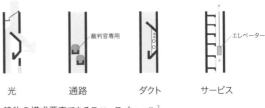

光　　　通路　　　ダクト　　　サービス

建物の構成要素であるスペース・ウォール[3]

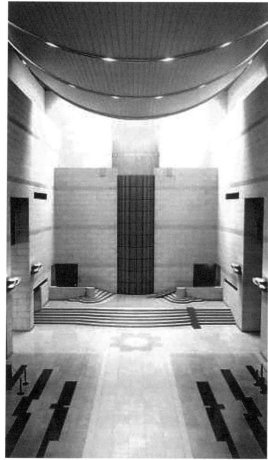

"間"としての大ホール。上部にブライト・シーリングが見える。突き当たった壁の先に大法廷が位置する[4]

名称＝最高裁判所庁舎／所在地＝東京都千代田区隼町／構造＝RC造、一部S造およびSRC造（基礎：ベント杭・オートクレーブ杭）／規模＝地上5階、地下2階／敷地面積＝37,427㎡／建築面積＝9,690.72㎡／延床面積＝53,994.28㎡／設計監理＝岡田新一設計事務所／工事総括＝建設大臣官房官庁営繕部／施工＝鹿島建設 他

竣工から40年余。司法は随分と、日々の暮らしに接近した観がある。「司法サービス」の言葉の下で、従前の「法廷中心主義」によった厳粛な裁判の場にも、堅苦しくない話し合いのための場の整備といった変化も見られる[*13.14]。

翻って最高裁判所庁舎はあくまで、法廷を中心とする考え方こそが生み出した建築物である。その大法廷での審理は年間5回程度と聞く。コンペで審査委員長を務めた東京大学教授（当時）の伊藤滋が"品位と重厚さ[*15]"とする、法の尊厳、重みが、よく理解される頻度である。司法が身近になっていく一方で、原型は変わることなくこのような〈非日常性〉を、その先は無い〈最高〉という位置づけと共に、今なお体現しているといえるだろう。

引用文献・参考文献 等

*1　村松貞次郎「権威否定時代の権威」、『新建築』1974年7月号、新建築社、p220
*2　「最高裁判所庁舎設計競技について」、『公共建築』1968年3月号、公共建築協会、p48
*3　「特集　最高裁コンペにそなえて」、『建築文化』1968年4月号、彰国社、pp123-140
*4　北村正五「裁判所建築──その空間の創造」、『建築文化』1968年4月号、彰国社、pp126-127
*5　西山茂「最高裁判所庁舎の建築機能」、『建築文化』1968年4月号、彰国社、pp131-132
*6　岡田新一「空間と象徴」、『SD別冊No.5 空間と象徴 最高裁判所庁舎における建築構想の展開』鹿島出版会、1974年、p13
*7　岡田新一［1974年］、p11
*8　岡田新一「原型を求めて 最高裁判所」、『建築文化』1970年3月号、彰国社、p74
*9　岡田新一氏へのヒアリング、2015年12月25日、岡田新一設計事務所にて湯本長伯氏他により実施
*10　「最高裁判所庁舎設計競技」、『新建築』1969年4月号、新建築社
*11　岡田新一・岡田弘子『天空光：最高裁判所の記録　岡田新一が設計した裁きの空間』、凸版印刷制作（映像資料）、2008年
*12　岡田新一［1974年］、p15
*13　安岡正人「裁判所庁舎の設計計画における心理作戦をお伺いして」、『建築雑誌』2006年1月号、日本建築学会、p71
*14　最高裁判所事務総局経理局長「裁判所庁舎の設計思想の変遷について」、『建築雑誌』2006年1月号、日本建築学会、pp71-73
*15　「最高裁判所庁舎設計競技 最高裁判所庁舎設計競技を終わって」、『新建築』1969年4月号、新建築社、p154
*16　吉田研介+『建築設計競技選集』編集グループ『建築設計競技選集2 1961-1985』メイセイ出版、1995年

図版出典

1　河崎昌之撮影（2017年）
2　文献*5 をもとに作図
3　文献*10 をもとに作図
4　最高裁判所提供

先述のように大ホールは、並置された2枚の堅固なスペース・ウォールによって切り取られた、部位と部位の"間"である。このような場のあり方を岡田は、都市の広場という公開の場に準える。この外部に見立てられた大ホール上部には、天空光を反射する「ブライト・シーリング」が浮かぶ。このアルミの円筒を岡田は、青天井に浮かんだ雲と説明している[*11]。それは「リアルな空間構成の要素ではなく、空や光に近い存在[*12]」なのである。

空間をあらわす根元である光として、大法廷にもまた、天空光が導入された。フロアから約40メートルの高さにスカイライトを頂く直径14メートルの光のシリンダーが、大法廷を屋外のように立ち上がらせる。

司法の今と最高裁判所庁舎

岡田新一の最高裁判所庁舎は、他案の可能性を認めつつも、求められた要件ひとつひとつによく応えた建築であるといえる。

新宿三井ビル

モダニズムの潮流のなかで生み出された超高層オフィス建築のモデルである。中庭広場のある低層部と高層部を対比的に組み合わせ、超高層ビルの合理性に、ヒューマンスケールの中庭型の店舗を調和させている。
センターコアは自由な平面構成を可能とし、両サイドのブレースは高さ約210mの超高層建築を実現した。組織の垣根を超えた議論の積み重ねにより、当時の最先端技術であるカーテンウォール等の研究開発が進められた。多様な組織での創作活動は「組織づくりというデザイン活動」と評され、組織設計事務所で初の作品賞受賞となった。

組織設計事務所としての初受賞作品

この建築は、超高層建築のあり方に有効な示唆を与えたとして、個人の建築家名ではなく、「株式会社 日本設計事務所（現・株式会社 日本設計）」という名で、組織設計事務所が初めて日本建築学会賞を受賞した。
この作品で開発された超高層建築技術は、霞が関ビルの技術を発展させて、オフィスビルのみならず、集合住宅・病院・ホテル等へと波及していく。
新宿三井ビル（現・新宿三井ビルディング）は、西新宿の中心に位置し、地上55階、高さ約210m、延床面積約18万㎡に及び、西新宿超高層街の風景に溶け込みながら、緑が豊富な建築という特徴がある。事務所ゾーンを高層化することにより、敷地面積の約4分の3をサンクンガーデンと店舗で構成される「広場」として活用している。これにより、都市に緑豊かな空間の挿入が可能となった。竣工は、東京オリンピック（1964年）から10年後の1974年である。

新宿三井ビル誕生前後の時代背景と転換点

高度経済成長期は地方から人々が流入し、都市が過密化する一方で、郊外では住環境の理想を求めてニュータウン開発が盛んに行われていた時期である。

ニューヨークでは、1930年代に入り200m超の摩天楼が数多く建設され始めたが、1960年代に入り、日本では、1963年に31mの絶対高さ制限が撤廃され容積率制へと移行し、超高層建築が可能となった時期である。次々と超高層建築が出現する中で、1974年に建築業界では都市景観を危惧する明治大学 神代雄一郎教授と、組織設計事務所（当時：日建設計工務）の林昌二による「巨大建築論争」が巻き起こり、高層建築に対する新旧の考え方の違いが顕となった。
現在では副都心として超高層建築が乱立する西新宿であるが、かつては淀橋浄水場が大半を占めていた。長年もの間、東京の人々に衛生的な水道を提供していた淀橋浄水場は1965年に東村山へ移転し、その跡地及び周辺区域で新宿副都心計画がスタートした。京王プラザホテルなどを皮切りに、超高層建築の建設が進んだ。その後1991年には都庁が移転、駅周辺は継続的な開発が進み、現在の姿となっている。地震大国である日本において、超高層建築が立ち並び、目新しい風景を生み出すことになった。
新宿三井ビルの第一与条件は、全館をテナントビルにすることであった。本社ビルと比較して、収益性を重視した、機能的かつ合理的な計画が求められた。
この1974年を「都市景観の質的な転換点[*1]」と松隈洋は考察している。同じく1974年に本社ビルとして竣工した前川國男の東京海上ビルディング本館や、村野藤吾の日本興業銀行本店と比較すると対照的である。これらの本社ビルは、企業イメージと共に建築家色を意匠に強く表現しているのに対し、不動産経営を重視したテナントビルとして、新宿三井ビルの事務所ゾーンは、合理性・均質性を重視している。また一方では、採算上は不利でも、緑豊かな広場を造り、その周りに低層の店舗を誘致して客を呼び込んでいる。両者共に、建築を高層化することで、足元を広場として都市に開放し、ル・コルビュジエの「300万人のための現代都市」、「輝く都市」などの概念を具現化したといえるが、後述するように両者の広場の考え方は全く異なっている。
新宿三井ビルは、旧来の東京のまちなみが、経済サイクルの中で新しいまちなみへと変貌していく時期の作品として、

南側外観全景。超高層ビル低層部の緑豊かな広場

際立っている。それは霞が関ビルのドライな仕上げの広場が閑散となりがちな反省点を生かし、新宿三井ビルは、超高層ビルの足元に人々が交流する中庭広場や店舗を設置して、「賑わいを生み出す」プログラムにより設計された。

超高層ビルの足元に、身体的スケールの広場と店舗を設けて活性化させるプログラム

「生き生きとしたヒューマンスペースの創造」という基本理念は、低層部で具現化されている。大群衆を集めるためのモニュメンタルな場ではなく、身体的スケールのショッピングプラザが、街周辺の人々とオフィスで働く人々を結びつけている。設計時には、朝から晩まで起こりうる多様なアクティビティを想定して計画が進められた。

そして中庭広場はサンクンガーデンとして段状に構成され、全体として視覚的な統一感を保ちつつ、多様で変化に富んだ空間を生み出している。求心的な立体構成により、集まってくる人々の動きや店内の様子が広場全体に伝わるような雰囲気を作り出している。

にぎわいの創出だけでなく、店舗は全て広場に対してコ字型に配置され、防災避難にも有効である。

店舗は緑に対してオープンになるように配置され、樹木の移ろい・焼物の質感・水の流れも、自然を感じさせるディテールとして綿密に計画されている。「武蔵野の森」をイメージしたケヤキを主木として、全体で3000㎡以上の広場に、敷き詰める灌木は四季の花木を主体にしている。それは京王プラザホテルから延びる緑が、新宿三井ビルへ連続するという概念である。また、道路と広場との落差を活用してデザインされた滝と広場の床材には、赤褐色の炻器質タイルが使用され、その素焼のような質感から「武蔵野の森」の土の香りや感触を彷彿とさせる。

超高層建築技術を開発し、展開するプログラム

新宿三井ビルは、日本初の超高層である「霞が関ビル

サンクンガーデンの中庭広場[1]

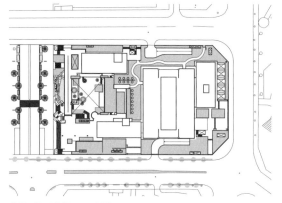
広場と緑が連続する配置計画

ディング」（1968年）の技術を超え、発展させたものである。新宿三井ビルの施主・設計者・施工者は、霞が関ビルディングと同メンバーであった。さらなる高みを目指し、技術開発を進めたといえる。

全体計画　（低層部と高層部の対比）

「京王プラザホテル」建設時、新宿新都心地主懇談会ができ、新宿三井ビル建設時には、新宿新都心開発協議会という形で、新宿副都心の全体計画が議論された。民間地主の自発的協力が成立した稀なケースである。「生き生きとしたヒューマンスペースの創造」を基本理念とし、①歩行者と車両の完全分離、②地域冷暖房システムの

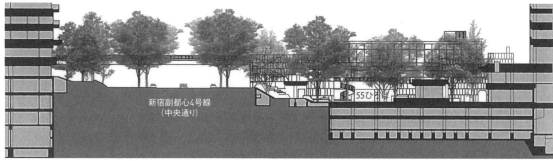
植栽・外構断面図。京王ホテルプラザと新宿三井ビルをつなぐ豊かな緑

採用、③公共駐車場の共同建設に関する協定が結ばれた。

超高層建築は、単体の建築として巨大スケールとなるが（霞が関ビルディングは3万人を想定）、その影響圏は建築内にとどまらない。いわば、「ひとつのまちをつくるという考えに近く[*2]」、それゆえ新たな都市の公共性を同時に計画することになった。

上記の協定では、建築の高層化については次のように述べられている。「超高層というのは、都心に緑や土、水、太陽を確保するために、やむをえず超高層にしているのです。実際は低層部の庭園がメインです。都心の真ん中にどのくらい緑を確保できるか、というそれが基本なので

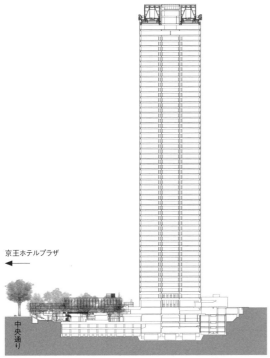

京王ホテルプラザ ←

中央通り

南北断面図。京王ホテルプラザと新宿三井ビルをつなぐ豊かな緑

す[*3]」。「建築の高層化はいわばその基盤における空間の社会的還元に重要な意味がある。この余白的空間は一企業の財産権としての所有であっても、それがどのくらい公共に寄与し得るかという点に計画の価値が置かれるべき性質のものである[*4]」。

これに応えて、新宿三井ビルは、30m四方の適正規模の広場とカーテンウォールのメタリックなタワーを組み合わせ、明快な建築表現となっている。

高層部（オフィス建築の基盤を具現化）

新宿三井ビルの設計および施工の段階で、今日の建築技術の礎となる技術が多数開発された。

・無柱空間が可能する自由度の高い平面計画

貸ビルとしての経済効率とフレキシビリティーを高めるため、センターコアの妻側に機械室を縦に重ねた構成となっている。コアを挟んで南北にある事務室は、建築基準法による防火区画・防煙区画の単位に準拠した大きさであり、事務室内部は3.2×3.2mを基本モジュールとして設定している。現在では一般的であるコアの考え方が誕生し、新宿三井ビルは霞が関ビルを発展させて、「オフィス建築」というビルディングタイプの先駆けとなった。

・6層吹抜けを可能とした大ブレース構造

外観からも印象深いコア部妻面の大ブレース構造により、6層の吹抜けを結び、構造的には安定した形状を可能とした。また、当時は設備機器を6層吹抜け部に1台設置し、容積の有効利用を図っているが、現在では各階空調に改修されている。

そこには、将来の機能変化を見据えて交換可能な部分を計画するという思想があり、その後の複数回の改修により、最新の情報・通信技術に対応した建築となっている。

・風景を映し込む端正なカーテンウォール

都市における建築として、自己主張しすぎない外観が求められた。そのカーテンウォールは、軽金属自然発色（ダー

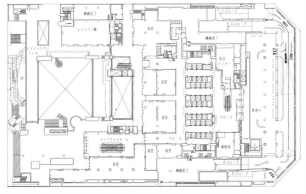

1階平面図

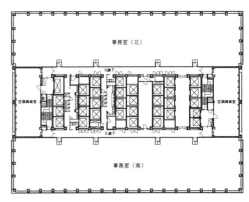

基準階平面図

クブロンズ色)のスパンドレルと熱線反射ガラスの組合せにより構成されている。その熱線反射ガラスのゆがみを調整して、周囲の超高層群や街・緑・雲・空を映し込み、豊かな表情を見せている。

また、端正なカーテンウォールの表現は、古い日本の城郭や寺院等の黒と白の組み合わせが持っている造形的な格調の高さを継承している。

・当時の最新技術をオープンにして取り組んだ技術開発
霞が関ビルで開発した技術を発展させて、ユニット化工法、デッキプレート、特殊H型鋼、タワークレーンなどが誕生した。技術開発は、各専門家が一丸となって問題に取り組み、「開発した技術は企業の利益にせずオープンにする」という方針で進め以降の技術波及に大きく貢献した。

チームで設計するプログラム

霞が関ビルでの経験とチームワークを土台に、立場を超えた率直な意見交換や相互理解を促し、すべての頭脳を集結しようと目指したことは、重要なプログラムのひとつといえよう。

一連の設計活動の立役者は、当時の日本設計事務所のリーダーであった池田武邦とチーム責任者の村尾成文に代表される。

池田は自らの太平洋戦争の体験から、多様な人材による対等で自由なディスカッションを基に作戦計画がなされることが重要だと感じ、霞が関ビルディングの設計において「グループダイナミクス」の考えを導入し、実践した。すなわち、施主会社、設計会社、施工会社、設備会社の各担当者が参加する設計チームを組織し、各担当者が対等にクリエイティブなディスカッションを行い、内包する能力を最大限に発揮・結集できる環境を実現したのである。

池田の言葉によると「私達は日本設計事務所創設以来、組織またはチームとして創造活動ができる体制を指向してきた。すなわち、チームを構成する各個人の内包する

能力発揮を促進し、結集して、創造活動をなし得る組織体を目指した。……」。

池田は、日本設計においても、「ひとりのリーダーシップのもとにピラミッド型に構成された集団」ではなく、「創造する設計組織」をつくり上げることに注力しており、それを「組織づくりというデザイン活動」と表現している。

当時、技術革新等の近代化が建築生産のなかで盛んになり、その影響は建築設計にも及んだ。また、建築生産の時間的短縮が経済的に要望されるなか、内容が複雑かつ高度化している建築の設計をまとめ、クリエイティブな創作をすることは、個人の能力を超えており、合理的な設計システムが求められていた。

その設計行為はシステム化させる必要があるが、同時に創造能力の開発も必要とされる。これらの二律背反の課題を克服するための設計手法として、「グループダイナミクス」は非常に有用であった。

日本建築学会賞では、霞が関ビルを超え、「超高層建築技術の発展に有効な示唆を与えた建築」として推薦されたが、受賞者の言葉として、池田は約半分の紙面を使い、チームの目指すべき姿についてコメントを残していることから、いかに「組織」を重要視していたかが分かる。

設計組織における「グループダイナミクス」を発揮して、都市との関わり、建築計画、構造計画、機械設備技術、施工技術、すべての点において技術革新を目指し、トータルエンジニアリングとしての建築設計のあり方を追求して、新宿三井ビルが誕生したといえよう。

参考文献
*4,6,7 『建築雑誌』Vol.89 No.1076、日本建築学会
『建築雑誌』Vol.91 No.1111、日本建築学会
『建築雑誌』Vol.91 No.1114、日本建築学会
『近代建築』Vol.29 No.3 1975年3月号、近代建築社
『建築文化』No.341 1975年3月号、彰国社
『建築界』Vol.24 No.3 1975年3月号、理工図書
『新建築』1974年10月号、新建築社
『新建築』1975年3月号、新建築社
『新建築』2000年6月号、新建築社
『新建築』2003年11月号臨時増刊、新建築社
*2 『新建築』2012年7月号、新建築社
『新建築』2016年3月号、新建築社
ノーマ・エヴァンソン 著、酒井孝博 訳『ル・コルビュジエの構想 都市デザインと機械の表徴』井上書院
株式会社日本設計 編『日本設計 1967-1992』彰国社
*3 池田武邦+池田武邦の本をつくる会 著『建築家の畏敬 池田武邦 近代技術文明を問う』建築ジャーナル
*5 日本建築学会 編『日本建築学会賞受賞建築作品集1950-2013 日本の名建築167』技報堂出版
宮内嘉久 編『前川國男作品集 建築の方法』美術出版社
*1 『東京駅100年の記憶』(展覧会図録)、東京ステーションギャラリー

図版出典
1 INAX提供
ほか図版すべて日本設計提供

名称＝新宿三井ビル／主用途＝事務所／所在地＝東京都新宿区西新宿2-1-1／竣工年月＝1974年1月／工期＝1972年4月〜74年9月／構造＝S造、SRC造、規模＝地下3階、地上55階／敷地面積＝14,449.38㎡／建築面積＝9,590.67 ㎡／延床面積＝179,671.43㎡／基準階床面積＝2,689.20 ㎡／最高高さ＝223.6m／設計＝三井不動産・日本設計事務所・武藤構造力学研究所、監理＝日本設計事務所、施工＝鹿島建設・三井建設共同企業体／受賞＝商業空間デザイン賞(複合空間部門)、軽金属協会建築賞、空気調和・衛生工学会賞、建築業協会賞、吉田五十八賞(建築関連美術の部)、BELCA賞(ロングライフ部門)、SMOKERS' STYLE COMPETITION 2006(佳作)、JIA25年賞

フロム・ファーストビル

山下和正

現代建築のテーマがプランニング主義からプロセス主義に転換する前夜、都市型建築の新たなタイプとしてフロム・ファーストビルは提案された。商業コンサルタントから建築家に提示されたプログラムと建築家の確かなプランニング力が生み出した1970年代の都市型商業建築の名作である。ここではプログラムは建築家に自由を与え、より大きな能力を引き出すことに成功している。ファッションの最先端地、南青山にあって、40年を経た今もなお、声高ではない建築家の無意識的プログラムによって実現した都市洞窟と名付けられた空間構成の魅力はいささかも失われていない。

作品の背景

大阪万博が1970年に開催された後、1973年にはオイルショックが発生、1974年には戦後初のマイナス成長と

周辺道からも見える内部空間の流動感[2]

なり、エネルギー危機がさけばれる中、省エネ・節約時代といわれる一方で、1976年には20代男性を対象としたファッション雑誌『POPEYE』が創刊される。1978年には原宿にたけのこ族が登場。そんな時代にフロム・ファーストビルは竣工（1975年）し、翌年日本建築学会賞作品賞を受賞する。同年に同じく作品賞に輝いたのは、〈善光寺別院願王寺〉（山崎泰孝）、〈田野畑村立田野畑中学校及び寄宿舎〉（穂積信夫）の2作品。同時代の建築には他に〈中銀カプセルタワービル〉（黒川紀章、1972年）、〈倉敷アイビースクエア〉（浦辺鎮太郎、1974年）、〈群馬県立近代美術館〉（磯崎新、1974年）、〈幻庵〉（石山修武、1975年）、〈住吉の長屋〉（安藤忠雄、1979年）等がある。

磯崎新氏の『なぜ手法なのか』が出版されたのが1976年であり、彼は建築の主題が消えてしまったことを理由に手法に回帰していく。マニエリズム、いわゆるポストモダンの始まりである。「フォルマリズムは、建築を形式として把握し、形式を自立させ、それを操作していくことによって新しい意味を開発することが可能になるはずだという視点を持っている。形式が意味を生む。それゆえに、修辞的操作が決定的な重要性を持ってくるのである」（『建築の解体』より）という磯崎氏の言葉に表れているように、これ以降建築家は都市から撤退し、都市計画はまちづくりへと変容していくことになる。

フロム・ファーストビルのプログラムを提示した浜野安弘氏は、1973年に竹下通りに最初のブティック「COUNTDOWN」をオープンし、1974年表参道「FROM-1st」を5年間かけ研究開発、企画・プロデュースし、このプロジェクトを実現したのである。その後1975〜78年大型クリエイティブストア「東急ハンズ」の企画・開発コンサルティングを手掛けている。こうしてみると、都市や建築が何か今までの計画主義的（プランニング）論理ではコントロールできない複雑で得体の知れない消費社会の渦に飲み込まれていく時代の直前にこの建築が現われたと位置づけることができる。

ちなみに新しい視点で都市のような複雑さに挑んでいく動きが生み出されるのは、もう少し後のことになる。『パタン・ランゲージ』が日本で出版されたのが1984年であり、

外観と街路の関係。街にとけ込み、街と共に
存在価値を上げている[2]

内部空間[2]

模型写真[1]

複雑系の議論が日本で取り上げられるのは2000年に
なってからである。

建物のプログラム

このプロジェクトは、マンションディベロッパーであった
太平洋興発株式会社に対して浜野商品研究所がプロ
デュースという立場でプログラムを提示し、実現したもの
である。プロデュースを担当した野口徹氏はこう語って
いる。「これまで様々なかたちで都市空間やハウジングの
提案がなされてきたが、建築家やその関係者の側からで
あった。われわれはむしろ、生活や活動のスタイルに従来
とは異なる欲求を抱く人びとの存在と傾向の側からアプ
ローチする方向を選んだが、ニーズの開拓と組織化をプ
ロデュースする立場からは当然の帰結であった[*1]」これに
対して、設計者である山下和正氏は、「我々が設計を着
手した時点ではすでに貸事務所と貸店舗からなるこのビ
ルのユニークな方向づけがほぼでき上がっていました。
我々はこのむつかしい条件を理論的に補強整理した上
で、フィジカルな解決にほぼ専心できる状態であったので
す[*2]」と学会賞受賞のあいさつの中で述べている。ここで
は建築プロジェクトに意識的にプログラムを持ち込んだ
のはプロデューサーであり、建築はそれに答えて完璧にプ
ランニングで応えたという関係が浮かび上がってくる。

フロム・ファーストビルの特徴

あくまでも空間の問題として、都市と建築を捉えようとす
る山下氏のプランニング的解決は、ある意味明快であり
完璧であるといってもよい。フロム・ファーストビルの空間
に対する評価は、当時の『新建築』の月評をみるとよく分
かる。山下氏の確かなプランニングに対する高い評価は
すべての評者に共通しており、空間構成上の魅力もさる
ことながら材料の選択や確かなディテールの解決に現れ

ている建築家としての専門性の高さが、40年を経た現在
でもこの建築の存在感を維持し続けているといってもい
いだろう。月評担当者の一人、宮脇檀氏は、「ないものね
だりという訳ではないのだが、他の商業建築に見られない
キッチリとした堅さが、逆に商業建築の持つ、くずれては
いるが親しめる要素を失わせてしまっている[*1]」と評し、長
谷川堯氏は、「設計者山下和正はその建物のなかへ客
としてやってくる者に対して、もうすこしナイーブな意匠的
応待をすべきではなかったろうか。少し外来者の受け入れ
方がゴツイ気がする。別ないい方をすればイロケが足りな
い[*1]」と似たような一言を加えているほどである。逆に言え
ば、消費社会と建築のまだ幸せな関係を感じさせる評価
であろう。

山下氏は、日建設計に在籍しながらドイツとイギリスで建
築を学び1969年に32歳で独立している。ハード技術優
先の近代建築が都市を埋め尽くしていく東京の風景に
飽き足らず、単体建築のコントロールをデザインにより実
現できることを信じていることは次の言葉を見れば明らか
である。「スマートで、ディテールまでシャープに練られた
近代的なビルの美しさの裏に、このハードな感触を感ずる
とき、この建築美は寒ざむしく、むなしいものに思われてく
る。われわれは街中いたるところにビル（多層建築）のた
ち並ぶような状況をむかえてから、まだそんなに長い歴史
を経てはいない。われわれはモノとしてのビルをたてるハー

周辺道からも感じられる内部空間の不揃い感[2]

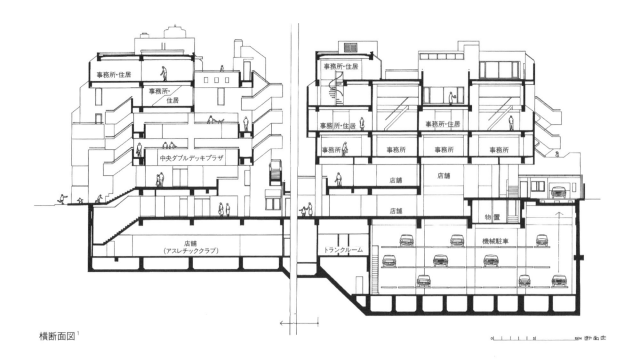

横断面図[1]

ド な技術は、ある程度マスターしたのかもしれないが、それ を高密な人間社会になじませるソフトな思考や、そのための 技術はまだマスターしたとはいえない。都市建築とは、 従来の単なる建築という概念からは、もうはっきりと独立 したひとつの概念である。都市建築には、現代のハード な原理やハードな技術をソフトに飼いならす強力な理論 が組みこまれなければならない[*1]無秩序ではない複雑性 の実現がフロム・ファーストビルでは目指されていたのであ る。この言葉の裏に山下氏の中にある無意識的なプログ ラムを読み取ることも可能かもしれない。

山下氏は、この建築の空間的なコンセプトを述べるにあ たって、当時「混成の手法」という言葉で自身の方法をま とめている。「フロム・ファーストビルにおける混成の手法 は、分解してしまえばひとつひとつ単純な要素手法ばかり である。当然ながらアウトラインや方向づけは、この敷地 の立地や建築法規の枠組から決められてくるが、その要 素手法の選択のくせにある程度、われわれの建築に対す るクライテリアが表れているようだ。分解された要素手法 には次のようなものをあげることができる[*1]として、5つの 項目を挙げている。ここで取り上げられているのは、きわめ て分かりやすい方法論である。

1. 形態的な複雑性と非完結性

単体建築の連続する退屈な美学を逃れるために山下氏 は「複雑性の獲得」という目標を提示している。この場合 の複雑性はあくまでも形態的なコンポジションの複雑性 である。さらに、周囲の風景と断絶感を持たないルーズな 構成を目指すとしている。ひとつの建物としての完結性を 避け、空間単位の分節化によって複雑なリズムを生み出 そうというわけである。

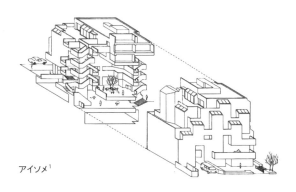

アイソメ[1]

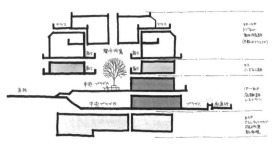

断面[1]

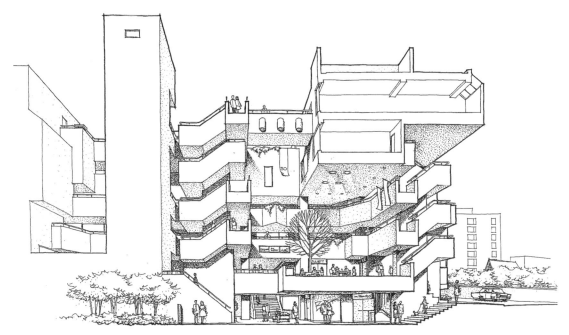

断面パース[1]

2. アクセサビリティ

ここでは、建物を街に開くためにパブリックスペースを建物内部にどれだけ引き込むことができるかを都市建築の指標として提案している。確かにフロム・ファーストビルは外部空間をそのまま引き込んでいて、建築空間を思わず探検してみたくなるような建物として実現することに成功している。セキュリティーがクローズアップされている昨今の傾向からすると、考えられないほどのおおらかさである。

3. 都市洞窟

建物内部に抱え込んだ2層の広場（中央ダブルデッキプラザ）とその上階に広がる回廊に囲まれた吹き抜け空間をここでは「都市洞窟」と呼んでいる。都市洞窟というアイデアは明らかに山下氏が持つ建築空間に対する無意識的なプログラムから提案された空間的なアイデアだったのではないだろうか？　結果としてこの都市洞窟というアイデアこそが、この建築を現在でもなお、魅力的な建築空間として輝かせている最大の要素であるように思う。プロデューサーと建築家の交錯する領域から生まれた都市洞窟というアイデアの源泉こそ、「建築の予言」としてのプログラムの可能性として検証されるべきものかもしれない。
広場で行われることが想定されていたイベントが実際にはそれほど行われていたという記憶はないが、ダブルデッキの下の階に花屋さんが入っていて、いつも季節の緑が豊かに感じられていたことと、その花屋さんに芸能人などがよく出入りしていて、小広場は実際適度な活気に満ちた

空間となっていたことをよく覚えている。

4. 住宅的オフィス空間

モダニズム建築の退屈さを乗り越え、複雑性を獲得するための手法として、オフィス空間を住宅的な空間として取り扱うことが提案されている。曰く、「まっすぐより凸凹な壁や天井、大空間より小空間、柱なしより柱あり空間、透明な連窓よりも壁やバルコニー、人工材料よりも天然材料[*2]」などというデザイン作法は、山下氏の建築に人間味を与える要因になっている。それともうひとつ、各室のスカイライトの多用は、小さな屋根が重なり合うような独特の魅力をファサードに与えているが、同時に窓が少ない外壁を作り出している。結果として外壁の複雑なコンポジションが強調されることになっているのと、炻器質タイルの徹底的使用によってどこかヨーロッパ的な印象を醸し出す結果となり、街角に楽しさと懐かしさのある落ち着きを与えることに成功している。

5. 耐久設計と可変設計

商業建築でありながら、手堅い専門家的判断から材料の選択と安心感のあるディテールが実現していることは繰り返し述べているところだが、各室のインテリアについてはあえて関与しないとし、あくまでもプランニングと空間構成における複雑性の獲得を目指すという姿勢を貫いている。とはいえ、共用空間に対するデザインコードは厳しくコントロールされ、秩序ある空間が現在でも維持されて

いる。

じつは、筆者はこの建築の竣工前後に大学3年生の設計課題で山下氏の指導を受けた経験がある。誠実で緻密な設計指導をする先生だという印象を持ったことを覚えている。その後、縁あって隣に事務所を構えることになり、毎日のようにこの建物の空間を10年以上に渡って身近に体験することができたが、山下氏の人柄がそのまま建物のデザインやスケール感に現れていると思ったものである。比較的シンプルな素材表現にもかかわらず、空間構成のわくわくするような複雑さと流れるような空間のつながりにプランニングの面白さがあると教えていただいたことは今でも忘れることのできない大切な記憶である。

フロム・ファーストビルを改めて見てみると、機能的なアプローチこそ、山下氏の真骨頂なのだと思う。都市と建築の問題を複雑性の獲得というキーワードで解決しようとするわけだが、あくまでもプランニング主義によって複雑性を構築することを目標として、プロデューサーの設定するプログラムに創造的に応えることでこの建築空間を実現したのである。フロム・ファーストビルは、この時代における建築のひとつの到達点であろう。複雑性が、主体の自己組織化のプロセスから創発されるというアイデアは1980年代以降のものである。

当時の評価と現在の評価

黒川紀章氏の〈Bell Commons〉が同時期に竣工している。新建築の月評で宮脇檀氏が両者の比較をし、デイヴィッド・スチュワート氏は、槇文彦氏の「代官山ヒルサイドテラス」とフロム・ファーストビルの同質性を指摘している。新しい都市型建築による複雑性のある街並みの形成を夢見たフロム・ファーストビルは、結果として建築家の持つ無意識的なプログラムにより実現した都市洞窟によって現在にまで届く空間的魅力を放つことに成功している。建築にとって真のプログラムとはなんであったかを改めて考えてみるのも意味あることであろう。もうひとつ気になっている話題を提供するならば、同様の地域にありながら、時代の変化に建築がどのように翻弄されるかを考えさせられる出来事として、高崎正治氏の〈結晶のいろ〉（1987年）を挙げることができる。この建築の建設現場を毎日のように目にしていたが、結局一度も使用されることなく解体されてしまうという悲劇的な結末を迎えた幻の建築である。巨大化する経済世界の中で、建築作品が消費されていく時代が始まったことを実感したことを覚えている。果たしてフロム・ファーストビルを取り巻く現在の町並みは山下氏のイメージしたものとなったのだろうか。都市と建築をあくまでも空間の問題としてのみ語ることができたある意味で健全な時代は既にない。

とはいえこの建築は、吹抜け等の空間構成技術を駆使して、都市と建築というプログラムを模索しながら魅力的な空間を実現することで、新しい商業施設の在り方を示すことに成功している。特に驚くようなものはないとしても、40年間も商業施設として高い評価（賃料）を維持し続けているのである。山下和正氏の確かなプランニング力こそが、今なお、この建築の魅力を支えていることに間違いはない。

名称＝フロム・ファーストビル／所在地＝東京都港区南青山五丁目3番10号／工期＝1974年5月〜75年10月／構造＝RC造一部S造／規模＝地下2階、地上5階、塔屋1階／敷地面積＝1,497.31㎡／建築面積＝1,034.7㎡／延床面積＝4,905.7㎡／最高高さ＝17.570m／設計＝建築：山下和正建築研究所（担当 山下和正・神谷武夫・敷田伝三郎）、プロデュース：浜野商品研究所、構造：サン構造建築事務所、空調衛生：内山技術士事務所、電気：松本建築設備設計事務所、照明：石井幹子デザイン事務所

参考文献
*1 『新建築』1976年6月号、新建築社
*2 『建築雑誌』Vol.92 1977年8月号、日本建築学会

図版出典
1 山下和正提供
2 湯本長伯撮影

資生堂アートハウス

谷口吉生　高宮眞介

設計スタート時は、蓄積された施主所有美術品等の収蔵庫という施主のプログラムであったが、これを収蔵と展示というミュージアムのプログラムに転換したものである。施設名称も「アートハウス」という名前にすることで、親しみのある展示施設が目論まれている。

建設時期はポストモダン建築が隆盛を極めた時期であったが、設計者の意図は、単なるモダン建築から環境に配慮したランドスケープ一体型建築を試行するとともに、資料館および美術館というふたつの機能を円形と正方形の組合せによるS字型とすることで、単なる収蔵庫ではない「アートハウス」へと変貌させている。

資生堂がとりもつ建築家
ふたりの建築家、谷口吉生・谷口吉郎

石川県金沢市、生家が九谷焼の窯元であった建築家・谷口吉郎と、その建築家を父として、東京洗足地区で生まれ育った建築家・谷口吉生のふたりが、日本の近代・現代建築史のなかで、時代の流れに迎合せず、「求道者としての建築家像」を創造してきたことの意義を考えてみたい。

1904年生まれの谷口吉郎は、東京工業大学で教鞭を執り、「建築物の風圧に関する研究」等工学的な研究を行うとともに、雑誌『文藝』に「雪あかり日記」を連載するなど文学的資質を持ち合わせた建築家である。一方、1937年生まれの谷口吉生は慶応義塾大学工学部機械工学科を卒業し、ハーヴァード大学建築学科を卒業している。そして丹下健三のもとで修行をした後独立したという経歴から、工学的資質を踏まえて建築都市に立ち向かっていったことが推察される。

そのふたりが、資生堂に関連する建築を誕生させている。谷口吉郎は1962年に中央区銀座に〈資生堂会館〉を、谷口吉生は父・谷口吉郎が亡くなった年1978年に静岡県掛川市に〈資生堂アートハウス〉をつくり上げている。前者は最上階に貴賓室をもつ9階建ての建築であり、ステンレスの方立とボーダータイル、ガラスの絶妙な組合せにより、垂直性が強調された洗練したファサードをもつ。後者は新幹線沿いにある1階建ての建築で、銀色のラスタータイル、ミラーガラスにより構成されたファサードをも

つ、上品で洗練された施設である。この作品に対して、これから分析を行っていくことにする。

〈資生堂アートハウス〉の時代的背景
1979年の3つの作品賞

1979年という年に、じつは日本建築学会作品賞は3作品が同時受賞をしている。谷口吉生が高宮眞介とともに設計した〈資生堂アートハウス〉と、安藤忠雄による〈住吉の長屋〉と宮脇檀の〈松川ボックス〉の2つの専用住宅である。

受賞者4名は第3世代（1920～40年生まれ）にほぼ属しており、谷口吉生はこのなかでも海外での経験を踏まえ、ランドスケープに対して繊細な気配りを行う建築家である。

時代は1970年大阪万博を終え、70年後半にはポストモダン建築が隆盛を極めた時期でもある。78年には『ポストモダンの建築言語』（チャールズ・ジェンクス著、竹山実訳、『a+u』10月号）が出版され、82年には〈筑波学園センター〉（磯崎新設計）が完成している。

先にも述べた通り、谷口吉生はハーヴァード大学デザイン学部建築学科で建築を修めた後、1972年まで日本で丹下健三のもとで実務経験を積んで、その後独立し設計事務所を設立している。〈資生堂アートハウス〉は、この独立後の初期の作品である。一般的に、建築家にとっての初期作品は、その人の思想・好みがはっきり現れることがある。この受賞作品でも、谷口吉生の「建築を構築するスタイル」がはっきり表れている。

〈資生堂アートハウス〉の建築言語

一世を風靡した「ポストモダンの建築言語」と「アートハウスの建築言語」はどのように違うのであろうか。時代の流行りに流されることなく、この作品において作者は「なるべくモダン」にしようと述べている。ただし、この作品においてはどうしても、建築の形態操作に目を引くものがある。「矩形と円形、45度の線」であろう。その操作方法は、施

全景[1]

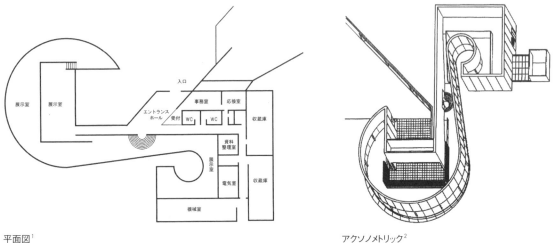

平面図[1]　　　　　　　　　　　　　　　　　　アクソノメトリック[2]

主の要望事項を取りまとめる機能操作と裏表の関係にあり、好き勝手に取りまとめたものではなく、抑制が効いた品格を併せもっている。「建築はハイアートである」と高らかに宣言しているといえるのではないだろうか。

また「アートハウスの建築言語」のルーツとして、父・谷口吉郎からの影響も見逃すことができない要素であろう。谷口吉郎は初期モダニズム建築からスタートし、ドイツのシンケル建築からも影響を受けたモダニストである。とくに1947年に島崎藤村を記念した作品〈藤村記念堂〉は建築とランドスケープが一体となった秀作である。この建物の外部空間に向けてのファサードづくりは、日本的感性に裏打ちされたものであろう。内外空間が渾然と一体となった質感の遺伝子は、遥か遠くのこの作品までさかのぼることができるのかもしれない。この特性は谷口吉生の多くの作品に常に現れるものである。

建築プログラムとデザインプロセス

建築設計を進めるうえで、設計構想（設計コンセプト）を踏まえた建築プログラムの整理は、極めて重要なものである。ここでは、設計条件、設計構想、設計手法を確

認するとともに、設計全体を貫くデザインプロセスを俯瞰することにする。

はじめに設計条件については設計者が施主要望として挙げているものを、初期条件・最終条件として整理しまとめて列記すると次のようになる。

設計条件について

1）初期条件（施主要望）

① 資生堂のいろいろなものを入れる収蔵庫のようなものが欲しい。

② ポスター、パッケージ等のグラフィックデザインを展示する資料展示室を設置したい。

2）最終条件

③ 明治はじめから製作してきた化粧品パッケージ・ポスターを展示する部分（資料館部分）

④ ギャラリー活動を通して収集してきた絵画や彫刻を展示する部分（美術館部分）

⑤ 資料館、美術館により成立する「アートハウス」を建設する。

⑥ 施設のネーミング「アートハウス」は、当時資生堂顧問の今泉篤男（美術評論家）氏によって付けられた。

以上の内容から、初期段階では漠然としていた要望が、

ヒアリングを通してより具体的な言葉に置き換えられていることがわかる。

その要望事項を取りまとめる過程で、設計者は敷地を訪れ周辺環境を理解することで、設計構想を膨らましていくことになる。とくに、設計者は文章で記述するより、スケッチ・スタディ模型を数多くつくることで設計構想を確固たるものにしている気配がある。

谷口吉生の設計構想時における考え方などは、いくつかの言説から読み取ることが可能であろう。

▍設計構想

⑦「敷地北側の新幹線をなるべく意識して、建築的な形態ではなく彫刻的な形態にしようと意識した。」

⑧「建築的な細いエレメントはどうせ新幹線から見えません。スピード感に対応するイメージと、一瞬でも残像が残るような形がいいと思いました。」

⑨「当時はポストモダンが流行でしたが、なるべく皆がやらないことをやりたかった」「ポストモダンの時代だから、なるべくモダンにしようと思いました。」

⑩「私の建築は直線と直角だけで、それほど透明でもないから、流行遅れに見えるんです」

⑪「エッシャーの絵は、黒い地と白い像があって，同じ絵ですがちょうど真ん中で反転しているわけです。白と黒がちょうど真ん中でポジとネガに逆転するあの絵です。アートハウスはこの空間の反転をイメージして考えたわけです」(ここで語られている絵とは、M.C.エッシャー「昼と夜」である)

これらのさまざまなコメントは、設計構想を進めるなかで「自身のスタイル確立をめざす」ための自己規制的な

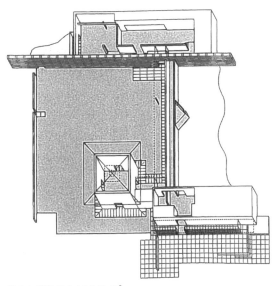

鈴木大拙館 アクソノメトリック²

	発散	変換	収斂
機能	①②	③④	⑤⑥
形態	設計構想 ⑨	設計構想 ⑩⑪	設計構想 ⑦⑧
平面手法			

三段階プロセス表

ニュアンスを伺うことができるであろう。

建築設計はより具体的な実体に昇華する創造行為であるが、そこには機能操作と形態操作のせめぎあいが存在しているであろう。ここで、設計条件・設計構想を「クリストファー・ジョーンズ：デザイン手法」のデザイン行為「発散・変換・収斂」の三段階プロセスの流れに沿って、まとめてみることにする。

発散：設計条件の境界を広げ検索する領域を十分に大きくすること。

変換：高度な創造力・瞬間の洞察力により確かな判断力が必要とされる。

収斂：一つの選び出したデザインに向かって選択範囲を狭めていくこと。

以上、見てきたように設計条件・設計構想における「機能操作」「形態操作」の執拗に繰り返される行為は、新たな建築を生み出す原動力になっているとくに顕在化した設計手法としては下記のものを挙げることができる。

▍設計手法

・平面計画においては円形と正方形の単純な幾何学形態の組み合わせによること。(平面計画)
　平面は上から眺めると資生堂の「S」に見えるが、それは施主が気づかせてくれたものである。

・「明・暗」「空・充」「開・閉」など全て二極的な要素の組合せによるものである。(空間計画)

・また、単純な外形でありながら、その中にあたかもメビュウスの輪のような錯綜した空間を演出し、来館者に刺激的な視覚体験を与える。(内装計画)

・銀色のタイル、ミラーガラス、金属板などモノクローム色で統一し、デイテールはこれからの材料が同一面で収まる平滑な表現としている。(外装空間)

・ランドスケープにおいては、周辺環境に配慮した緑地を全面的に採用し、建物と大地の自然が融合される計画としている。(外構計画)

これら多様な設計手法を眺めていると、設計者のデザイ

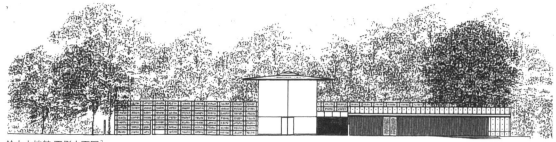

鈴木大拙館 西側立面図[2]

ン意図は、新幹線から見られるその形態にウエイトがある
といえる。つまり建物が、ランドスケープを取り込むことで
真の建築「アートハウス」に変貌していっているのである。

資生堂アートハウスと鈴木大拙館

ここで設計者の最近のもうひとつの作品に目を向けるこ
とで、アートハウスの設計手法の有効性を確認すること
が可能であろう。
博物館〈鈴木大拙館〉は資生堂アートハウスから約30年
後の2012年に、故郷・石川県金沢市内に完成している。
この設計のほかにも、〈土門拳記念館〉(1983年)、〈東
京都葛西臨海水族館〉(1989年)、〈丸亀市猪熊弦源
一郎現代美術館〉(1991年)、〈つくば市民交流センター〉
(1996年)、〈東京国立博物館法隆寺宝物館〉(2001
年、建築学会賞)等を設計し完成させているが、ここでは
建築スケールが同規模の〈鈴木大拙館〉を取り上げてみ
ることにする。
この博物館の特徴は、禅文化を世界上に広めた仏教学
者の著作(書籍、原稿、書、写真)を収納展示するもので
ある。いかに、鈴木大拙の言葉にふさわしい「静か、自然、
自由」な環境をつくりあげるかがメインテーマとなっている。
鈴木大拙の人柄にふさわしいモニュメンタルでない表現
と、控えめな佇まいを実現するために、建築的には「玄関
棟」「展示棟」「思索空間棟」を回廊でつなぐ構成となっ
ている。
設計者のデザイン意図は、建築の形態から空間をつなげ
ることで内外空間環境の雰囲気を高めることにその主
眼がある。アートハウスの場合は、新幹線から眺められる
モニュメンタル性、形態にウエイトがあったが、この建築で
は、逆に形態から内外空間環境づくりにデザインの主眼

が置かれている。
例えば建物は先にも述べたように、3棟に分節化し回廊
で一体化しつつ、外部空間としての「玄関の庭」「露地の
庭」「水盤の庭」を適宜配置することで、内外空間が一体
化したヒューマンスケールな空間をつくりあげている。全
体的には、幾何学形態を尊重しつつ、直線や斜めの線を
適宜抑制を効かせながら巧みに計画することで、建築とし
てまとめ上げることに成功している。

空間のシークエンスデザインを重視する建築家
都市との関連から学んだ「建築設計スタイル又は設計作法」

まず、設計者が常に意識しているであろう「空間を動線
に沿って展開するシークエンスとして捉える作法」につい
て。設計者の作品に共通することは、「動線にそって移
動する時に、見え隠れする空間のシークエンスによって
建築全体を諒解することができる。」ことであろう。言い換
えると、「来訪者が留まることなく移動し続け、その豊饒な
空間の中で体験した時間の集積こそが、建築の全てであ
る。」といえなくもない。
次に指摘できることは、「建築都市空間創りに必要なラン
ドスケープを、良質な感性によるフィルターを通して選別
する作法」である。
建築とランドスケープは一心同体であり、一方が破綻した
ら全体が成立しないという緊張感のなかでバランスのと
れた建築内外空間の透明性をつくりあげている。数少な
いランドスケープデザインに造詣の深い、上質な感性を
持ち合わせた作家であるといえる。

参考文献
『現代日本建築家全集 6 谷口吉郎』、三一書房、1970年
『建築文化』(特集「谷口吉郎の世界」)、彰国社、1997年
『JA』(特集「谷口吉生」)新建築社、1996年
『INAX REPORT 183』INAX、2010年
『新建築』2012年9月号、新建築社
『新建築』2014年12月号、新建築社

図版出典
1 資生堂アートハウス提供
2 谷口建築設計事務所提供

名称=資生堂アートハウス／所在地=静岡県掛川市下保751-1／工
期=1977年11月～78年11月／構造=S造、一部RC造／規模=地上
2階／敷地面積=186,957.75㎡／建築面積=1,261.63㎡／延床面
積=1,416.89㎡／設計=計画・設計工房／施工=フジタ

全国的な公開2段階コンペという画期的試みで生まれた建築、「沖縄での建築とは何か」「市庁舎はどうあるべきか」を問うた特筆すべきコンペ条件と、それに応えた象設計集団の巧みなプログラムはポストモダニズムの歴史を刻んだ。インターナショナルスタイルが席巻する時代背景において、それをブレイクスルーする地域性・土着性がもっている特質を建築のコンセプトとデザインに見事に反映させた。このヴァナキュラー性の意味を、コンペと協議調整のプロセスを通して具現化した歴史的位置付けは、その後の建築の規範に大きな影響を与えた。

建築プログラム

この作品の特徴は、近代建築というインターナショナル思想が世の中を席巻していた時代において、地域性・土着性というヴァナキュラー性の意味合いを捉えたコンペ要綱であったこと、また市庁舎と市民との関係、地域との関係を捉えた開かれた市庁舎のあり方を問うコンペ要綱であったことが特筆できる。それに応えた設計案と、実施に向かって発注者である市、コンペ審査員、設計者である象設計集団の3者の間で協議調整が行われたプロセスと設計者の巧みなデザインから生まれたのがこの作品の建築プログラムといえる。

コンペ要綱

第一次案におけるコンペの設計条件は、(1)沖縄における建築とは何か。(2)市庁舎はどうあるべきか。(3)市庁舎と周辺との関連、及び市役所前広場の機能。(4)市民と市役所、市長、市議会を含めての市の組織との交流。(5)台風その他不測の災害に対する避難や対策の本部としての機能などの要求であった。ポストモダニズムという時代性を捉えた深みのあるコンペ要綱であり、審査委員に清家清、槇文彦という一流の建築家が入っていること、全国の公開コンペであったということもあり、応募登録795名、提出308名という関心の高いコンペとなった。

第一次審査で選ばれた5作品に対して、第二次審査における要望と個別評が与えられた。第二次審査の要望は、とくに名護市の気候風土を踏まえたうえで、空調設備を設けないことを主要件にして省エネの方向にも応じることとしていた。

設計案の特徴

この建物の特徴は沖縄のヴァナキュラー性を捉えた圧倒的な意匠性である。日差しの強い沖縄において、それを和らげるパーゴラやルーバーの機能を含む開放的な空間構成であり、全体が沖縄の民家の集合のような雰囲気をつくっている。南側正面を3階建とし、北側に広場を配し、それを取り囲むような全体ブロックプランとし、広場側を階段状に配した「アサギテラス」と名付けられた開放的なルーフテラスが設けられている。正面ファサードのいたる所に沖縄の民家に用いられている守神・シーサーが飾られている。近代建築における機能主義からは決して生まれなかった意匠である。この作品のすばらしさは、これに加えコンペ要綱に対して、大きく3つの攻めの提案がなされていたことである。その提案とは以下である。

1　新しい市庁舎のあり方
市民と職員、双方が生き生きとして触発させる空間は、一般的な市民ホールやロビーといった閉じた空間ではなく、内部空間と外部空間と連続した構成がふさわしいとして、外部空間として「アサギテラス」という、沖縄の祭事空間としての開かれた場と内部のロビー空間を対面させて設けた。このことにより、中と外をつなげて利用できるような開放的、連続的な関係性を用意し、市民のための市庁舎であり、地域に貢献する市庁舎ということを明確に提案している。そして、3層でありながら、スロープや階段などで圧迫感をなくすとともに、それらが空間として動線として、縦にもつながっている空間構成である点が巧みである。

2　沖縄の風土・気候を捉える
前述の「アサギテラス」のパーゴラなどとともに、「風の

北側外観。アサギテラスが階段状にセットバックした開放的で威圧感のないデザイン

南側外観。穴あきブロックや柱のシーサー等で構成される特徴的なデザイン

アサギテラスの屋根の植栽が日差しを和らげる

外壁にある風の道

天井近くに配された風の道

道」という建築的空調装置を提案している。これはこの建築を南北に貫いている空洞で、南側から自然風を取り入れ、内部空間に流し、再び空洞を通して北側から抜けるという仕掛けである。この装置によって夜間も自然換気が行われるため、建物躯体からの放熱が促進されるという効果も備えている。コンペの要望である機械空調に頼らない方法に応えるとともに、執務空間において窓から入る風が書類を飛ばしてしまうという問題を、地窓と風の道で解決している点でも優れた提案である。

▌3 沖縄の質感を表現する

沖縄の組積造の文化を活かした構造としてコンクリートブロックを提案している。柱において、特殊コンクリートブロックを型枠としてコンクリートを打つ構法や、コンクリート花ブロックをベランダの外周部に用い、意匠性を高めるとともに日差しを和らげることや通風を確保する装置としていること、「アサギテラス」のパーゴラ屋根において、太陽の高度を考慮して、適した角度に取り付けたコンクリート平板などである。これらが沖縄の質感を表現するデザインとなっている点が特筆できる。

これらの3つの要素を建築全体として形づくる構造としてダブルグリッドを採用し、4本柱を設け、そこに合わせて風の道を設けている。4本柱は内外共に一貫して用いられ、それを手がかりとした平面計画がなされていた。

第一次案審査講評

この案に対する審査講評は、「全体のたたずまいが良い。バイパスから見ると3層で、バイパスに対応したスケールと風格を持つと同時に、既成市街地、即ち歩行者のアプローチが考えられている北側に階段状にスケールダウンして親しみのあるものにしている」「全体の表現の中に充分沖縄の風土・文化を反映したデザイン材料の工夫がみられる。特にパーゴラによって構成された道路側からの表情は勝っている」というポジティブなものであった。一

方、課題としては、「内部の4本柱によって事務空間の使い方が阻害されないような工夫が必要である」「アサギテラスが夏むし暑く、冬寒いことによって使用が阻害されないよう検討が必要」であった。

実施設計における協議調整

第一次審査における指摘事項について、象設計集団は、市庁舎のあり方としての分舎方式を大空間方式に変更し面積の絞り込みを行った。機械冷房への将来対応についての検討、PCのルーバーの指摘事項への検討や工夫を行った。しかし4本柱と議場におけるフラットな床については、それぞれの意味合いが分かるように表現することで実質的には変更なしとして第2次案を提出した。結果、1席として象設計集団が選ばれたが、これらの課題は実施設計に持ち越すことになった。

実施設計にあたっての発注者である市と設計者として選出された象設計集団と、選出した審査員との3者間の主な協議調整は次の4点であった。(1)4本柱について、市は原案を尊重し、外観に現れる部分は4本でよいが、室内は1本柱にしてほしいとの強い要望が出された。これに対し、設計者は4本柱とダブルグリッドは机や収納などを配列するのに適度の秩序を与えると主張した。(2)「アサギテラス」について、市は数が19もあるのは多すぎるのではないか、半分ぐらいにする方向で考えてほしい、また事務室面積の増加部分はここで見てほしいとの要望である。これに対し設計者は、この建物の原型はヒナ段型であり、結果としてできたテラスの上に屋根型の日除けルーバーを取り付けたものだから、数を減らすことは建物の原型を変えることになると主張した。(3)事務スペースを増加する。(4)全館冷房の要望が職員や議員から出ており、その検討とともに風の道が本当に機能するかの研究を進めてほしい。「アサギテラス」と冷房については、コンペ原案に戻すこと、面積増加については原案を大幅に変えず増やすことは可能であり、総工費はその分の追加

アサギテラス

は認めるということになった。

このなかで、一番の対立点は4本柱であった。この点について審査員からは、実物大の模型をつくって、皆で検討したらどうかとのアドバイスを受け、4本の柱、2本の柱、1本の柱、をつくって、3者で協議調整を実施した。結果、事務スペースの中央部の1列の柱群を抜き、大スパン構造となった。ダブルグリッドによる内部の空間秩序の方法は消えたが、外部は4本で内部は1本という構造的矛盾に陥ることは避けられることとなった。この結果に対し、設計者の1人、大竹康一は「ここまで4ケ月かかった。しかし発注者、設計者共にコンペに原案をできるだけ生かそうという基本的姿勢の上でのフェアな論争であり無駄な時間を費やしたとは思わなかった」と述べている。コンペのあり方をしっかり捉えたうえでの協議調整が成就した結果といえよう。

プログラムの意味合い

この作品のプログラムは、近代建築の性格から大きくハンドルを切ったものであることに大きな意味を持っている。すなわち、インターナショナルスタイルという、どこに行っても成り立つ普遍性をベースにした建築ではなく、「沖縄における建築とは何か」というヴァナキュラー性、すなわち固有性の意味を問う設計条件になっていた点である。これは結果として近代建築の問題点を表出し、その後の建築のあり方を提示した条件として受け取ることができる。つまり、近代建築の思想を是としている時代において、明確にコンペ条件にその問題点が示され、それに巧みに応じた象設計集団の力によって、具現化したというところに大きなプログラムの意味がある。

このヴァナキュラー性における視点の軸について、地域の意匠性を活かす、地域の独自の気候へ配慮する、地域の文化を踏まえた使われ方に配慮する、地域の材料や工法を活かす、地域文化の精神性を考慮するといったヴァナキュラーのさまざまな軸についても、象設計集団は丁寧に応えている。

外観としての「アサギテラス」は沖縄の民家の屋根の集合体のようであり、有機的なまちなみを連想させる。つまり近代建築にありがちな豆腐を切ったような長方形の建物ではないのである。沖縄の強い日差しを和らげるルーバーの役目は、「アサギテラス」のパーゴラやベランダ外周部に用いられている花ブロックによって果たされている。この敷地の特徴である南北に抜ける風を利用した「風の道」は、機械空調に頼らないパッシブな装置として具現化している。

また使われ方という機能面において、従来の市民ホールやロビーといった閉じた部屋ではなく、「アサギテラス」という沖縄の祭礼に用いられる場として内部と外部を連続してとらえた空間としている点がある。そして、それが市民に開かれた庁舎という精神を象徴する装置として機能している点が注目できる。

材料や工法としてのヴァナキュラー性について、コンクリートブロック製品は、沖縄古来の石造の伝統を思い起こさせると共に、米軍等の技術が確立した建築材料として用いられている。柱において、ブロックを型枠として扱い、その中にコンクリートを打設する工法は意匠としてのコンクリートブロックの表現と施工の合理性は説得力をもつ。つまりブロックという工業化製品ではあるが、沖縄の特徴を活かしたインダストリアルヴァナキュラーリズムとして捉えることもできる。石材（トラバーチン）としては、原石を用いたカウンター、トラバーチンの砕石をコンクリートの骨材として用いたベンチやテラゾータイルなどがある。陶器としては地元の陶芸家によるレンガタイルがアサギテラスや廊下の床に用いられている。また琉球ガラスが花ブロックなどに埋め込まれるなど、沖縄のヴァナキュラー性をこまなく材料に活かしている。

沖縄の精神性への配慮については、何といってもファサードに取り付けられたシーサーである。シーサーとは沖縄の民家の瓦屋根に載せる唐獅子のことである。屋根葺きの最後の仕上がりとして、棟梁が現場でつくり上げる。沖縄に56ある部落にちなんでファサードに持ち送りの台を56ヵ所設け、像はその上に載せた。この像は、シーサーづくりの職人を、沖縄全土を回り依頼したものである。この結果、個性あるシーサーがファサードを飾っている。これは近代建築における考え方では決して生まれなかった建築表現といえる。

コンペの初期段階で提案されていたプログラムが実施設計の途中でなくなったものがある。これもこの建築の特徴として見逃してはならない。「分舎方式」と「多目的な議場」の提案である。「分舎方式」とはそれぞれの部屋が独立していて、部屋の周りは外廊下という形であり、名護市役所の活動に合った形として提案されていたものである。これは象設計集団が〈今帰仁村中央公民館〉で実証済みの方式である。しかし、第二次案に当たり、要望された条件を満たすためには大空間方式を採択することを余儀なくされたのである。この点について、大竹康一は「もしコ

さまざまな表情をもつ56体のシーサー

ンペでなく、発注者と一対一で話し合えば理解してもらえたところもあったのではないか」と述べている。

もうひとつは、「多目的に使用できる議場」も実現しなかった。当選案における議場は、床がフラットであり、議会のないときは映写室や講演会にも市民が利用できるようなタイプであり、「市民本位」の名護市政にはいかにも相応しいもののようにも思えた。しかし、実施設計を進めるなかで、議会からの要求により、通常の階段席のスタイルに変更された。

つまり、この名護市庁舎は、実現しなかったものも含め「市庁舎としての新たなプログラム」をもっており、近代建築以後の建築としてヴァナキュラー性の多様な軸で表現した建築思潮として「歴史的意味合いのあるプログラム」の双方を有している屈指の建築といえよう。

類似事例との比較

同時期の庁舎建築において地域性を表現したという意味では、浦辺鎮太郎設計の〈倉敷市庁舎〉（1980年）がある。紡績業で栄えた倉敷らしい赤レンガ造りの工場や倉庫の意匠が活かされている。コンペではないが、近代建築が主流であった時代において話題になった建築の類似事例として挙げられよう。

名称＝名護市庁舎／所在地＝沖縄県名護市名護905／構造＝RC造／規模＝地上3階／敷地面積＝12,201㎡／建築面積＝4,774㎡／延べ面積＝6,149㎡／発注者＝名護市／設計＝Team ZOO（象設計集団、アトリエ・モビル）／施工者＝仲本工業・屋部土建・阿波根組JV

参考文献
『建築知識』1981年12月号、エクスナレッジ
『建築文化』1979年5月号、彰国社
『建築文化』1982年1月号、彰国社
『日経アーキテクチャー』1981年12月7日号、日経BP
『新建築』1982年1月号、新建築社

図版出典
写真すべて連健夫撮影

海の博物館

内藤 廣

海と漁業の歴史を収蔵・展示する博物館建築。ローコスト化と高耐久性能という厳しい与条件に対し、徹底した合理性の追求から、周辺の自然環境や集落に呼応する配置と形態が導かれ、PC材や木材を採用した切妻形の架構を連続させる空間構成が生まれた。余剰を排し本質を抽出する試みから、後に「素形」と呼ばれる設計の方法に至る。時間性という概念を巧みに操る「素形」の方法から、多様な時間性が重層する豊かで清新な建築空間が現出した。経済と科学技術が隆盛する時代において、一つの新しい創造の可能性を世に示した作品であるといえる。

とした暮らしに関する膨大なコレクションを収蔵・展示している。リアルなジオラマを使った展示を丹念に見学すれば一日かかるような濃密な展示内容である。

1985年から始まった設計では、100年を超える長期の耐久性能と超低予算での実現という難題が持ち上がった。建築家はこの厳しい与条件に対し、高耐久かつローコストの構造、構法、デザインを構想していった。そして、竣工後、建築家は設計から完成に至るまでの7年余に及ぶ作業を振り返り、その設計の方法を「素形」という一言で表現した。

時代背景と設計の課題

▌時代背景と設計の課題

1992年に竣工した海の博物館は、建築家内藤廣の代表作のひとつである。この建築の設計から竣工に至るまでの期間は、株価と地価がピークに達したバブルの絶頂期と、90年初頭に突如始まるバブル崩壊の時期と重なっている。また、建築のポストモダニズムが衰退していった時期でもあった。この時代の変わり目に、坪単価50万円にも満たない「倉庫のよう」に簡素な建築が建設され、建築学会賞をはじめ、数々の賞を受賞した。そして、その後もこの作品をひとつのきっかけに、建築家は更なる活躍を続けている。

この建築の分析に際し、「プログラム」という概念が、建築の機能を制御するだけでなく、建築の価値を生産する設計の基本的原理をも示すならば、大きな賞賛を受け、社会的価値を保ち続けるこの建築の、どのような「プログラム」がその方法となりえたのか？　そして、現在と未来に向けて、それはどのような意味をもつのか？　これらを解明する手がかりをここで示してみたい。

▌博物館の計画──展示概要と設計の課題

海の博物館は、漁業振興と漁村青年教育を目的として設立された財団法人の博物館[*]である。志摩半島の小さな入り江に面して建つこの施設は、水産業など海を舞台

「プログラム」の概要

▌「素形」──設計方法の発見

「素形」とは内藤による造語である。

「自分の意識の底にあるものが次第に姿を現し始める。……最初からのスケッチやメモを整理してみて、場当たり的に判断していると思っていたものが、意外とひとつの方向を向いていることがわかった。……建築を考えるうえで、時間の枠組みを設定すると、さまざまなことが明らかになる。建築を存在させようとする時間が短いほど、形の選択肢は増えていくし、逆に時間を引き延ばしていくと、その幅は狭くなっていく、おそらく「素形」とは、この狭くなる選択肢の中で最後に残るもののことだ。……「素形」とは、誰もが心の奥底にもちえる建築の原形質のようなものだ」と語っている。

▌「環境を味方につける」──周辺環境への応答・配置計画

学会賞の推薦理由文には「伊勢志摩地方に伝統的な屋根と石垣のかたちを生かしたその外観のデザイン……博物館自体があたかもひとつの集落と思えるほど、施設全体は地方色豊かな素材によって巧みに統合され、棟々の形態が単純でその仕上げは質素であるにもかかわらず、外部表現が豊かでしかも個性的である」と記されている。

厳しい与条件に対して、内藤は「周りの環境を味方につけないと、要求されている内容を達成できない。地形を読

収蔵庫内部。プレキャストコンクリート造の架構による収蔵庫。木造船と漁具の収蔵展示[1]

展示棟内部。集成材の架構が主体構造である展示棟。展示室は3層のスキップフロアで構成された展示空間[1]

収蔵庫と収蔵庫エントランス[1]

展示棟（A）とエントランス[1]

展示棟（B）（左）と展示棟（A）（右）[1]

み、気候を読み、植生を読み、風土を読むなかで最善の答えを得ることを模索した」と述べている。

配置計画では、まず、海岸に面する立地に対し、津波を避けるレベルに建設場所が設定された。また、クライアントの要望により展示棟は海岸に近い配置となり、収蔵庫は数メートル高いレベルに配置されることになった。

施設は、先に竣工した収蔵庫と、その後に建設された展示棟と、大きく2つのブロックに分かれる。

収蔵庫と展示棟は、蔵が建ち並ぶように、整然と配置されているが、展示棟の一部は、地形に沿うように斜めに配置され、池に面したエントランスの象徴的景観をつくりだしている。

木造の展示棟は、風害に備えて石垣を周囲に配している。また、経済性を考慮して棟をつなぐ内部通路は省略された。スキップフロアで構成された展示棟は、屋内階段やスロープを利用して、収蔵庫へアクセスできるようになっている。この縦動線は、展示空間における多様な視点と、より豊かな空間性をもたらすこととなった。また、展示棟には、隣棟間の路地に向けて横長の開口が設けられ、昼光利用として室内へ散乱光を導くとともに、展示室と路地空間を空間的につなぐ効果を果たしている。

海の博物館は、切妻屋根、民家、倉庫、蔵、石垣、敷き砂利、池、など、周辺の漁村に見られる一般的な景観要素を、現代的な構法とデザインに変換し配置するなど、周辺環境との高い親和性をもつ建築群を形成している。

▌収蔵庫──プレキャストコンクリート造との格闘

収蔵庫の建築計画では、厳しい経済条件から、まず、収蔵品のレイアウトが計画され、収蔵スペースを圧縮する作業が行なわれた。

収蔵庫は、耐火性と塩害を避ける必要性などから、プレストレストプレキャストコンクリート造（以下PCa造）を主体とする構造が採用された。構法としてPCa造が採用された理由は、均一な部材で構成されるため、建設が短期で済みかつローコストであり、現場打ちコンクリートにおけるプラントの距離の問題の解決や、躯体から発散される湿気等の化学物質の発散を避ける必要性があったからである。

運搬可能な容量からサイズが規定され5つに分割されたPCa部材は、組積造のように積み上げられ一組の門型架構を構成する。そして、両妻側の方向へ並列配置される。この門型架構には、屋根板を組む際にスラストが発生するため、張力を掛けるストランド（張材）を内包したアーチ状のタイアーチPCa部材が設置された。また、タイアーチPCa部材は、ジョイントの重なりを防ぐために縦リブ位置をずらして配置されている。

また、天井高を確保するため、この引張材は上方に持ち上げられアーチ形状となった。PCa材は縦横にストランドやPC鋼棒が貫通し、版と版が接合補強されフレームなどにかかる応力が補正されている。硬質で光沢感のあるスリムなPCa材は、合理的な構造形式のもとで組み合わされ、力の流れを美しく演出している。

設備的観点からとらえると、切妻屋根の形態は、内外を分ける境界部の表面積が減少し、熱損失が低減するため、ランニングコストとイニシャルコストを抑制しているといえる。

架構以外の屋根や外壁版は、断熱と吸音効果のある木

海の博物館と周辺環境[1]

片セメント板が打ち込まれ、ローコストかつ合理的に設計されている。また、瓦屋根はPCa材の架構を覆い、日射対策にも有効な軒の出が確保されている。

建築家の著書を参考に収蔵庫を鑑賞すると、コストと構造、設備、屋内環境、機能と意匠に関する徹底したデザインコントロールが行われていること、すなわち、「素形」の方法とそのプロセスをたどることができる。

展示棟──木質構造の多様な構造特性

展示棟はローコスト性と耐久性の観点から木造で建設された。

PCa造の架構原理は、そのまま集成材を用いた展示棟の木造架構に引き継がれている。

蛇の骨格からイメージしたという木造の架構は、蛇の脊椎部を上に、肋骨をアーチ状の列柱のように地面に伏せた構造の構成である。トップライトが設けられた頂部は立体トラスで構成され、3次元方向に広がる剛域を形成している。

架構の接合部は、塩害やめり込みなど材料の局部的な荷重の負荷の軽減を考慮して、金物の使用と表面への露出が抑えられている。結果として、多様な応力が混在するハイブリッドな架構となった。軸力主体のボールジョイントで接合された立体トラス構造の〈小国ドーム〉（1989年日本建築学会賞）とは対照的な接合方法である。

プログラムの分析

「思考のリズム」──秩序づけられた形体と記憶の反復

収蔵庫と展示棟はともに、「素形」のプロセスを経て生まれた架構を反復し、全体の建築空間を構成している。じつは、この反復による構成の手法は、架構にとどまらず、建築を構成する屋根、瓦、扉、敷石、などなどこの建築を構成するあらゆる要素に及び、建築全体の秩序を形成している。

そもそも、この建築の根本的なテーマであり、周辺環境でもある「海」。それは波や潮の満ち引きなど、永遠の反復を象徴しているといえる。反復という方法はこの建築をデザインするうえで自然な選択であったのだ。

作品賞推薦文では、建築の構成について、「豪快な架構と繊細なディテールの組み合わせには、建物全体に爽やかな思考のリズムと豊かで清新な空間の表現を生む」と講評されている。文中の「思考」の主体は人間であるから、単に実体としての建築の評価だけでなく、現象として、建築の前に立つ人間の認識についても言及していることになる。ゆえに、秩序付けられた種々の形体の反復が、現象として、思考のリズムになり、私たちの心に響くのだと分析できる。

さらに、この反復は、集落や民家、自然環境などとの親和

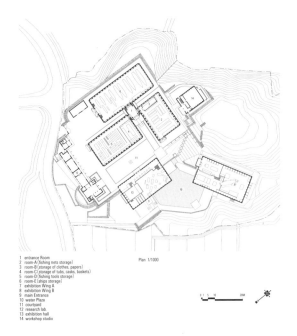

1 entrance Room
2 room-A (fishing nets storage)
3 room-B (storage of clothes, papers)
4 room-D (storage of tubs, casks, baskets)
5 room-D (fishing tools storage)
6 room-E (ships storage)
7 exhibition Wing A
8 exhibition Wing B
9 main Entrance
10 water Plaza
11 courtyard
12 research lab.
13 exhibition hall
14 workshop studio

Plan 1/1000

配置図[2]

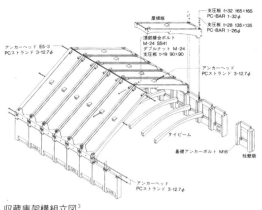

収蔵庫架構組立図[3]

立面図[3]

断面図[3]

性、連続性などのように、私たちの記憶を呼び覚ましている。この想起のことを、内藤はたびたび「時間を設計する」と表現しているように、時間に関する記憶の反復のことであるといえる。

この建築において、あらためて「素形」の方法を俯瞰してみると、原形質的形態が導かれる過程において、形態の反復という現象に至り、見る者の内でさまざまな想起（記憶の反復）が呼び覚まされる。そして、それらが重層することで、建築空間の豊かさが醸成されてゆく「プログラム」の様相が浮かび上がってくるのである。

▌「時間を収蔵する」──物理的時間と持続的時間

内藤は（木造船が）「海の上をただよっていた時間を凍結し……ゆっくりと流れる時間を収蔵する」と述べている。建築家による数々の著書には、上例のように、論理的主張を詩的表現のなかにまとめた言説が多い。

記憶に関係する時間性は、この建築の「プログラム」を読み解く鍵であるから、ここでは、ベルクソンに代表される時間の考え方を加え、「素形」の方法について分析を進めてみたい。

厳しい与条件を提示するクライアントに経済性と耐久性を説明する際、相互に了解される指標としての時間は、「均質空間」と称される概念のように、時間を均等に分割した物理的時間と呼べるものである。

一方、（木造船が）「漂っていた時間を凍結した」（展示収蔵庫）という表現から思い浮かぶのは、木造船の使用されていた頃の過去のイメージを想起させる展示・収蔵物

のことであろう。

この現象は今経験している瞬間の時間と、過去から現在まで連続（持続）している時間を意識している状態における事柄を表しており、時間の質的側面を表しているといえる。この過去への継起を含む時間を持続的時間としよう。

次に、設計において、主に物理的時間を指標として、当事者間において与条件の設計への反映などを調整していく行為を外的プログラムと呼んでみる。

一方、建築デザインにおいて重要な持続的時間を、形態と記憶の反復という素形の方法によって呼び覚まし、豊かな空間性を獲得するために建築家が独自に建築に埋め込むデザインプログラムは内的プログラムであるといえるだろう。

内藤の時間に関する言説には、物理的時間に関する外的プログラムと、持続的時間に関する内的プログラムが含まれており、私たちはそれらのプログラムについて、自然にひとつの言説のなかで了解しているのだといえる。

▌「つくりすぎないこと」──素材と設計方法

建築家は著書のなかで建築を設計するうえで「つくりすぎないこと」ことを主張している。それは「価値をねつ造せず」、また、ゆっくり変容してゆく素材の表現により、時間を表現することを重視しているからである。

近年当館を訪れてみると、展示棟の木架構が飴色に光り輝いており、竣工時より、一層空間性が増している印象を受ける。

収蔵庫。プレストレストプレキャストコンクリート造架構[1]

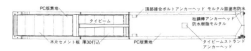

収蔵庫架構伏図[3]

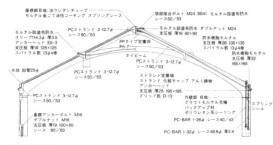

同 断面図[3]

名称＝海の博物館／所在地＝三重県鳥羽市浦村町大吉
［収蔵庫］設計期間＝1985年11月～88年2月／施工期間＝1988年3月～89年6月／構造＝プレストレストプレキャストコンクリート造、ポストテンション組立構法、（杭基礎：RC造）／敷地面積＝18,058㎡／建築面積＝2,173.33㎡／延床面積＝2,026.30㎡
［展示棟］設計期間＝1988年10月～91年2月／施工期間＝1991年3月～92年6月／構造＝架構部：木造、壁床：RC造（杭基礎：深礎およびラップルコンクリート）／敷地面積＝18,058㎡／建築面積＝1,487.30㎡／延床面積＝1,898.83㎡

この現象には、明らかに反復されたふたつの経験のうちに潜む差異が含まれている。同質性、あるいは、連続性を保ちながらも差異を現す素材の時間的表現は、反復する架構や部材間にも存在する可能性がある。現れている素材間に起こる微細な差異は、時間性を表現することと関係しており、「素形」の重要な方法になるのである。

「素形」──現代における設計の可能性

内藤は「現代的技術を使う手法から今を生きる私たちは逃れられない」と述べている。

情報化が進み、また、取り巻くさまざまな環境要素が変容していくなかで、経済や技術的観点から規定されることが多くなった現代の建築設計環境において、現代的技術に立脚しつつ時間性の表現を設計の軸に据えた「素形」の方法は、未来に向けて、展開と発展のひとつの方向性を指し示しているといえるだろう。

参考文献
『新建築』1992年11月号、新建築社
『月刊建築技術』1993年6月号、建築技術
『建築雑誌』1993年8月号、日本建築学会
『SD』1993年4月号、鹿島出版会
内藤竜為 著『建築のはじまりに向かって』王国社、1999年
中村好文 監修『住宅という場所で』TOTO出版、2000年
岩岡竜夫、奥山信一、曽我部昌史 監修『建築を思考するディメンション　坂本一成との対話』TOTO出版、2002年
岸和郎、内藤廣、北山恒 著『建築の終わり 70年代に建築を始めた3人の建築談義』、TOTO出版、2003年
内藤廣ほか 著『「建築学」の教科書』、彰国社、2003年
中村良夫、内藤廣、田路貴浩 ほか著『環境の解釈学──建築から風景へ』、学芸出版社、2003年
内藤廣 著『建築的思考のゆくえ』、王国社、2004年
内藤廣 監修『グラウンドスケープ宣言』丸善、2004年
渡辺邦夫監修『知られざるPC建築 Perfect Collection』、建築技術、2004年
内藤廣 著・写真『建土築木1 構築物の風景』、鹿島出版会、2006年
内藤廣 著・写真『建土築木2 川のある風景』、鹿島出版会、2006年
シンポジウム「建築に生きる木の魅力」
内藤廣、原研哉 監修『311ゼロ地点から考える』、TOTO出版、2012年
内藤廣 著『INAX ALBUM 30素形の建築』、INAX、1995年
内藤廣 著『内藤対談集 複眼思考の建築論』、INAX、2007年
内藤廣 著『内藤対談集2 著書解題』、INAX、2010年
小巻哲 ほか監修、ギャラリー間 編『この先の建築 ARCHITECTURE OF TOMORROW』、TOTO出版、2003年
内藤廣 著『構造デザイン講義』、王国社、2008年
内藤廣 著『建築のちから』王国社、2009年
篠原修、内藤廣、二井昭佳 編『GS群団連帯編 まちづくりへのブレイクスルー 水辺を市民の手に』、彰国社、2010年
内藤廣 著『環境デザイン講義』王国社、2011年
日経アーキテクチュア 編『NA建築家シリーズ'03 内藤廣』、日経BP社、2011年
内藤廣 著『内藤廣の頭と手』、彰国社、2012年
内藤廣 著『内藤廣の建築1992-2004 素形から素景へ1』、TOTO出版、2013年
内藤廣 著『内藤廣の建築2005-2013 素形から素景へ2』、TOTO出版、2014年
＊　2017年から「鳥羽市立海の博物館」となっている。

図版出典
1　米田正彦撮影
2　内藤廣建築設計事務所提供
3　『SD』1993年8月号、鹿島出版会

15

関西国際空港旅客ターミナルビル レンゾ・ピアノ 岡部憲明

国際コンペで選ばれた新時代を予感させる移動空間の提案。海上の人工島に建ち、厳しい自然との共存を図る。ひと連なりの長大なルーフを単一の部材で覆い、その自由曲面によって構成される内外の空間にこの建築のプログラムが凝縮されている。

眠らない24時間空港

東京に次ぎ、日本で2番目に人口の多い大阪には従来、伊丹空港が機能していた。しかし、すでにキャパシティが限界に達し、一方、人口密集地域にあるため拡張もできず、解決案は大阪湾泉州沖に建設する「21世紀を予感する、眠らない24時間稼働可能な、夢の海上空港」であった。街区内でなく海上につくることで、安全性の確保と騒音など公害問題のない空港として、1994年、構想から20年を経て開港が実現した。

そして今や、米国土木学会が世界中の建造物から最も優れた事業を選んだ「20世紀の10大プロジェクト」に名を連ねている。

国際コンペに当選──壮大なるロマンへの船出

1988年に開催された国際コンペには15社が応募し、設計与件を巡って個々の案の思惑が激突、与件違反案が大健闘するなど大波乱の審査会の末、「レンゾ・ピアノ＋岡部憲明案」が選出された。

そもそもレンゾ・ピアノは、地中海沿岸の古代からの港町イタリア・ジェノバで生まれ、今も自身のアトリエと住まいをその地中海を見下ろすジェノヴァ郊外のアレンザーノに置く。彼は自身ヨットを操る「海の男」であり、その寄って立つ故郷ジェノヴァに面影を重ね合わせている。

当選直後に急遽来日したレンゾ・ピアノは、自身が提案した人工島での新空港のイメージを熱く語った。

「島のイメージは、地中海の風景の中ではとても大事なもの。神秘的ですらある。大阪湾に空港島を建設するという構想自体が私にとって興味深いものだった。」この人

工島に浮かぶ空港は、海と空を結びつける壮大で、ロマン溢れるプロジェクトであり、ヨットマンであるピアノに宿る少年のような冒険心と挑戦する魂を沸き立たせるものであったに違いないのである。

空港島の建設

3つの山を切り崩して得られる1億8,000万㎥という莫大な土砂によって、5年の歳月を経て大阪湾上に生まれた約510haの人工島は、万里の長城と並ぶ宇宙からも見えるもうひとつの人工構築物となった。

滑走路は1本で、年間6万回の離発着と2,500万人の旅客を扱うことが可能となり、関空は主に東南アジアと日本をつなぐ主要な玄関口となっている。

その後2期目の約545haの人工島が増設され、4,000m級の2本の長距離平行滑走路を有する「アジアそして世界のゲートウェイ」「国際貨物ハブ空港」を目指している。

そして、2017年1月28日には、国際線第2ターミナルもオープン、日本の空港で初めてウォークスルー型の免税店舗を導入した。

発見的手法としての「ジオメトリー／GEOMETRY」

いわば、固有の「座標」を模索する実験的手法である。これは、自由な三次元的曲線造形に必要な方程式やその焦点、原点を地理的に探す作業である。具体的にいえば、構造システム、環境制御の設備、被覆および仕上げとしての内外装材を統一化し、いかに初期の造形的意図を崩さずに建築の形態化、工業化を実現できるか、という目標に向けて繰り返すスタディである。

この関空では1.6kmの長大な屋根架構を、繰り返し行なったスタディによって得られた半径16.4kmの傾斜した座標の発見によって最適解としている。それは自由曲面の造形では考えられないたった1種類の金属パネル8万2,400枚に結実し、工業製品化し、ローコストを図ることによって実現されている。

空港島のジオグラフィー（地形学）に、形態を決定づけるジオメトリー（幾何学）の論理を「交配させる」というプログラム

固有の「座標」を模索し、発見する実験的手法として

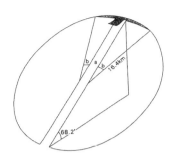

関西国際空港旅客ターミナルビルのジオメトリー1:「地球規模の座標」[1]／ターミナルビルは、空港島にわずかだけ顔を出した巨大な回転体の一部となっている。1.7kmのウイング・ルーフは一般アクセス側の地中に68.2°の仰角の仮想中心点をもつ半径16.4kmのゆるやかな曲線を描く

関西国際空港旅客ターミナルビルのジオメトリー2:「自由曲面」[1]／建物全体は連続する長大空間の創出として、ジオメトリーによって規定される1枚の自由曲面の大きな被覆によっておおわれるジオメトリーとトロイド曲線から導き出された形態は、曲線屋根全体を8万2,400枚の同一サイズのステンレスパネルで覆うことが可能となった

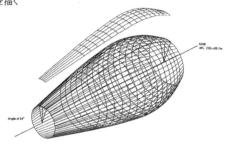

関西国際空港旅客ターミナルビルのジオメトリー3:「オープンエアダクト」[1]／回転体はいくつかの円と直線からなる基準曲線を、長辺方向の軸を中心として回転させたもので、ダクトレスダクトの形状は回転体の一部を切り取って得られたもの

関西国際空港旅客ターミナルビルのジオメトリー4:「オープンエアダクト」[1]／ジェット・ノズルの形状は、オープンエアダクトとともに、「空気の流れ」を意識させるデザインが追求された（P122写真参照）

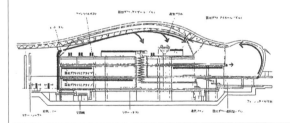

関西国際空港旅客ターミナルビル:「大空間の空調システム」[1]／ターミナルビルは、外部は海上での変化に富む自然環境の場と、内部は完全に制御された人間の活動の場というふたつの異なった空間を一枚の被覆が分け隔て、その内部に約11万㎡に及ぶひとつの連続する大空間をもつ巨大なシェルターを形成している。しかも、室内としては、効率よく空調するために「マクロ空間（マクロ・クリマ）」と「ミクロ空間（ミクロ・クリマ）」の組合せによるシステムが計画された

関西国際空港旅客ターミナルビル

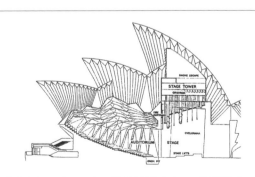

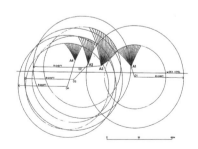

参考：シドニー・オペラハウス:「外皮と機能」[2]／コンペ時の設計者、ヨーン・ウツッォンによるシェル内部スペースと大ホール縦断面の関係。シェルの形は内部機能を表現している。ステージタワーの最上部は排煙のためのスペース。ウツッォン辞任後、コンサートホールとなり、ジオメトリーによるシェルの形とは関係のないシューボックス型の内部空間となった

参考：シドニー・オペラハウスのジオメトリー1:「同一円弧」[2]／球面幾何学を建築形態に応用したジオメトリーで、同一半径の4個の円弧を合成して得られる屋根全体の立面図。球の半径は246ft、約75m

シドニー・オペラハウス（参考）

グライダーのダイナミックな動的なイメージや、ブランクーシの「空間の鳥」の飛翔し流れるイメージを、プログラムとして「流れ」をテーマとした新たな形態への暗示として探求していく試みの中から、ターミナルビルの形態が生まれた[3]

恐竜の背骨のような形をしたメインターミナルビル（以下、MTB）の屋根の構造模型は、ポンピドゥーセンターのガブレットや新宮晋のモビールとともに、今もピアノのアトリエ上部に吊り下げられている。MTB中心の吹抜けでは、新宮晋のモビールは、ゆるやかに動き、後述するオープンエアダクトの「風の流れ」を可視化している。

外部は海上の過酷な自然環境に呼応するかのように抵抗を減らし、内部は人工環境としての空調性能を効果的に発揮するための空気抵抗と流れのデザインである。床からサメの口のように立ち上がった扁平で大きな吹き出し口からのエアは、この天井に当たり、弓なりになったクロソイド曲線の反射板に沿って流れ、奥行きの深いロビーの全面にまんべんなく落ちる仕組みである。これが「マクロ・クリマ（大空間の空調）」の制御として作用し、空間の乱流現象を排除している。この反射板は「オープンエアダクト（OpenAirDuct）」と呼ばれる回転体の一部を切り取った上面しかない「ダクトレスダクト（Ductless-duct）」である。

ジェットノズルから吹き付けられる風速7m／秒のエアが自然な流れに沿うように、その幅とライズ（垂直高）が決定されている。

二重構造の屋根

1.7kmにおよぶ屋根は、二重構造によって美観と性能を両立させている。すなわち、本来の屋根の機能を果たすデッキプレート（フッ素樹脂塗装のダブル折版）の上を金属パネルで覆い、それをオープンジョイントとすることによって、雨水排水とインシュレーションの対応をその下の折版のデッキプレートに担わせる一方、外観は曲線による自由な造形を可能にし、過酷な太陽光を受ける金属（ステンレス製SUS447.t-1.0 ダル仕上げ）の熱伸びにも対応している。その二重構造の間の空気層が、その下の内部空間への強い熱の負荷を軽減させている。

被覆のインテグレーション

ターミナルビルでは、外部は海上での変化に富む自然環境の場と、内部は完全に制御された人間の活動の場というふたつの異なった空間を一枚の被覆が分け隔て、その内部に約11万㎡に及ぶひとつの連続する大空間をも

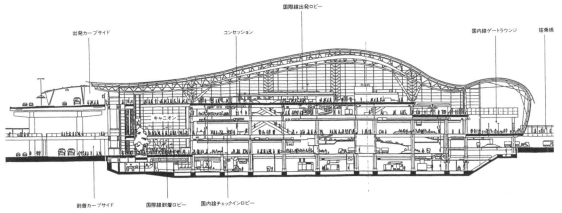

出発カーブサイド　　　　　　　　　　　コンセッション　　　　　　　　　　　国際線出発ロビー　　　　　　　　　　　　国内線ゲートラウンジ　　　搭乗橋

キャニオン

到着カーブサイド　　国際線到着ロビー　　国内線チェックインロビー

「関西国際空港旅客ターミナルビル」断面図[2]

つ巨大なシェルターを形成している。このシェルターをつくる被覆は、ルーフ・クラッディングとそれを支持するストラクチャーによって構成される。

ルーフ・クラッディングは、仕上げ材として表層を覆うステンレス・タイル、雨水を受け止め、断熱と防音をはかる二重折版、内部において吸音材となる天井パネルによる多層構造をとっている。

ルーフ・クラッディング

屋根は断熱材を挟んだ二重折版の上にステンレス・タイルを張った構成。前述のジオメトリーの検討の末、工業化、量産化の観点から8万2,400枚に及ぶステンレス・タイルは、サイズが1,800×600×1mmの1種類と単一化に成功した。海上という立地条件から、SUS316の5倍の耐候性をもつという新開発のステンレス「SUS447」が採用された。管制塔からの視認の阻害にならないようにダル仕上げとされている。

架構美の追究

大空間の屋根架構は、レンゾ・ピアノとピーター・ライスとの長い協働のなかから生まれた多くの傑出した作品同様、このプロジェクトでも協働し、成果を収めた。

オヴ・アラップ＆パートナーズの構造エンジニアであるピーター・ライスは、計画途中の1992年に惜しまれつつ他界したが、この架構に関しても、全体の形状からディテールの表現に至るまで、彼のアイデアによる構造の美しさが最大限に引き出されている。

大屋根を支持するのは、逆三角形の断面をもつ20本の

鉄骨トラスである。スパン82.8m、中心間隔14.4mで、床からの高さは約20m。トラス全長は約140mに及び、弦材、斜材ともに鋼管を用いた偏心アーチ構造で、4本1組の傾斜した支柱によって支持されている。

建物全長が約1.7kmと最大であるため、温度収縮、地震時の変形、不同沈下等による変形を考慮して、約150mごとの11ヵ所にエキスパンションジョイントを設けている。

大空間の環境制御と照度制御

MTBの4階国際線出発ロビーの大空間は平面82.8×273.6m、最高高さ約20mで、効率よく空調するために、「マクロ空調（マクロ・クリマ）」と「ミクロ空調（ミクロ・クリマ）」の組合せによるシステムが計画された。

トラス間に反射板のように迫り上がった白い帆のような膜は、「オープンエアダクト」と呼ばれるマクロ空調のための装置である。キャニオンから立ち上がるジェットノズルが大量の空気を吹き出し、オープンエアダクトの下面に沿って気流を遠方まで送る。ジェットノズルからの吹出し速度は秒速7m、大空間全体を循環するように設計されている。オープンエアダクトは軽量化のために、テフロンコーティングガラス繊維膜を使用。膜1枚当たり約1,000㎡、800kgでアルミフレームで支持されている。

この空間システムのアイデアは、オヴ・アラップ＆パートナーズの空調エンジニアであるトム・バーカーの提案により、コンペの時から温められてきたものという。このオープンエアダクトは、内部空間の「タスク・アンビエント・ライティングシステム」としても機能している。アッパーライトによって、ジェットノズルからの空気とともに柔らかい光を遠くまで送り、大空間を直接照明では得られない落ち着いた雰囲気で満たしている。

ラチスシェル構造の大屋根とオープンエアダクトとジェットノズルによる空調方式[3]

名称＝関西国際空港旅客ターミナルビル／所在地＝大阪府泉佐野市泉州空港北および大阪府泉南郡田尻町泉州空港中／工期＝1991年4月～1994年6月／構造＝S造、一部RC造／規模＝地上4階、地下1階／敷地面積＝453,993.96㎡／建築面積＝113,878.94㎡／延床面積＝291,269.58㎡／設計＝国際設計競技優勝案レンゾ・ピアノ・ビルディング・ワークショップ・パリ（レンゾ・ピアノ＋岡部憲明）構造・設備協力：オーヴ・アラップ＆パートナーズ・インターナショナル・リミテッド（ピーター・ライス、トム・パーカー）基本設計／実施設計レンゾ・ピアノ・ビルディング・ワークショップ・ジャパン（レンゾ・ピアノ＋岡部憲明）オーヴ・アラップ＆パートナーズ・インターナショナル・リミテッド（ピーター・ライス）日建設計（薬袋公明）パリ空港公団（ポール・アンドリュー）日本空港コンサルタンツ（松本操）

チェックインカウンターやエレベータコア周りなどには露出ダクトによって局所的な空調を行なうほか、エンドウォール沿いには「ファンコイルポスト」と呼ばれる小型の自立型の空調機が並べられている。これらは「マクロ（全体）空調」に対して「ミクロ空調」との位置付けである。

吹抜大空間を介したゾーニング、動線計画

ターミナルビルのフロア構成は、4階が国際線出発階で、1階が国際線到着階で、2階に国内線の出発・到着階を挟んだサンドイッチ構造となっている。飲食・物販施設は3階にコンパクトにまとめ、4階からも2階からも往来できるように考えられた。

これらに4階吹抜けの「キャニオン」と呼ばれる大空間が接し、エレベーターの上下方向の移動媒体によって、国際線と国内線の乗り換えをすることを可能にしている。キャニオンは、各階間の移動のために10台のシースルーエレベーターが配置されている。昇降機の安全評定を得て、エレベーターのカゴは厚さ16mmの合わせガラスを使用し、昇降機の囲いもなくしたオープン型となっている。

設計者レンゾ・ピアノと岡部憲明

レンゾ・ピアノはイタリアのジェノヴァ生まれ。ミラノ工科大学を卒業し、若い頃は実家の建設業にも携わる。ルイス・カーンとの協働設計の経験を経て、リチャード・ロジャースと組んで応募した国際コンペ、〈ポンピドゥー・センター〉に当選、鮮烈なデビューを飾る。素材と工法のたゆまざる研究を続ける一方、その土地の地域性を考慮し、近代技術とクラフトマンシップの融合と調和を図り、繊細にして端正、かつ情感溢れる作品の数々を、世界中につくり続けている。現在もなおジェノヴァ（市内と郊

外の2ヵ所）、およびパリに「レンゾ・ピアノ・ビルディング・ワークショップ（RPBW）」を構えて活動中である。

一方、岡部憲明は、早稲田大学を卒業後、山下寿郎設計事務所勤務、フランス政府給費研修生として渡欧、その後レンゾ・ピアノと20年間にわたり協働、ポンピドゥー・センターをはじめ多くのプロジェクトに参加、1988年関西国際空港旅客ターミナルビル国際設計競技にプロジェクトリーダーとして参加、最優秀賞に選ばれた後、「RPBWジャパン」の代表として、関西国際空港旅客ターミナルビルプロジェクトの完成まで仕事を続け、ターミナルビルの完成後に独立。現在「岡部憲明アーキテクチャーネットワーク」という地球環境と人間の諸活動との関わりを思考するグローバル・デザインの為の設計研究組織を主宰し、東京を拠点として、国際的なネットワークを活かした幅広い領域にわたる活動を行なっている。代表作に、関西国際空港旅客ターミナルビル、ベルギー大使館、牛深ハイヤ大橋、小田急新型ロマンスカーVSE・MSE・GSE等がある。

参考資料

レンゾピアノビルディングワークショップ 著『関西国際空港旅客ターミナルビル』講談社、1994年

『JA』15「関西国際空港旅客ターミナルビル」、新建築社、1994年

日経アーキテクチュア 編『日経アーキテクチュアブックス 関西国際空港』、日経BP、1994年

フィリップ・ジョディディオ 著『PIANO BASIC ART』、TASCHEN、2013年

レンゾ・ピアノ 著、石田俊二 監修、田丸公美子、倉西幹雄 訳『レンゾ・ピアノ航海日誌』、TOTO出版、1998年

『renzo piano』HATJE CANTZ Verlag、1997年

Marco Romanelli、Giulio Macchi： 著『Renzo Piano Building Workshop Exhibit Design』、LYBRA、1992年

『GA』No. 44 〈レンゾ・ピアノ＋リチャード・ロジャース〉サントル・ボーブール（ポンピドゥー・センター）、A.D.A.エディタ・トーキョー、1977年

図版出典

1 岡部憲明アーキテクチャネットワーク

2 MIDI綜合設計研究所

3 新建築社

4 G. B. Gardin撮影

黒部市国際文化センター（COLARE）　新居千秋

公立施設のなかでもとくに公立ホールの場合、建築家は完成後の利用者となる市民の声を直接聞くこともなく、設計を進めるのが常であった。本プロジェクトでは、設計者は真に市民が求める施設とするために、設計前に丁寧な実態調査を行い、市民参加を促して、既に策定されていた基本計画のプログラムを書き換えている。また、管理運営計画策定にも参画し、音響設計者や劇場コンサルタントとともに、多くの市民を加えて、建築家がオーケストラの指揮者のように、常に全体の調和を保ちつつ、市民が主役となる施設をつくりあげたことにより、その後の公立ホールづくりのプロトタイプとなった。

公立ホールの大きな流れ

▍法的な整備

自治体が建設する公立ホールには、博物館や美術館、あるいは図書館のような個別法がなく、学芸員や司書といった専門職の資格制度もない。かねてより関係者の間からは法的な整備が求められてきたが、その盛り上がりを受けて、2001年に「文化芸術振興基本法」が議員立法により制定された。さらに、2012年6月には「劇場、音楽堂等の活性化に関する法律」が制定され、少しずつではあるが、文化芸術を取り巻く環境が整えられようとしている。そして、この法律では、公立文化施設という曖昧な位置付けであった公立ホールに対して、初めて定義付けがなされた。すなわち、「劇場、音楽堂等」とは「文化芸術に関する活動を行うための施設及びその施設の運営に係る人的体制により構成されるもののうち、その有する創意と知見をもって実演芸術の公演を企画し、又は行うこと等により、これを一般公衆に鑑賞させることを目的とするものである」と定義されている。

▍公立ホールの第3世代

こうした法の整備により、公立ホールの設置目的や行うべき事業の概要が明らかになったが、歴史を振り返ると公立ホールにはいくつかの転換期があり、3つの世代に分けることができる。

第1世代は「施主の時代」である。ともかくも施設を建設することに主眼が置かれた時代である。当時は公会堂という名称がよく使われていたが、集会や大会が主目的であり、実演芸術の上演に必要な機能については十分な配慮がなされていなかった。当然、ホールの性格は多目的であり、どの演目を上演するにも不都合な点があるため、「多目的は無目的」という批判を浴びてきた。しかし、その時代の状況を考えると多目的ホールという性格付けは致し方のない選択であり、使いにくさのなかでの創意工夫が次の時代に活かされることとなった。

第2世代は「芸術家の時代」である。多目的ホールの使いにくさを解消するために、実演芸術の創造に関わる芸術家や劇場技術者が活躍した時代である。日本が経済的に安定し、心の豊かさを求める時代に移行し、本格的な舞台芸術センターである〈新国立劇場〉の計画が進められた。海外のオペラハウスの施設や舞台技術の詳細を学び、そのノウハウや最新技術を導入することで新国立劇場は建設されたが、この計画を契機にほかの計画においても、劇場機能の充実が図られるようになっていった。

第3世代は「観客の時代」である。機能性に優れた、世界に誇れる劇場やコンサートホールが建設され、海外からも超一流のアーティストが来日し、素晴らしい公演が行われるようになった。ところが、豪華なデザインの劇場の高機能な舞台で世界的なアーティストの魅力的な公演が行われているにもかかわらず、観客の動員に苦しむ状況が生じた。こうした傾向は地方都市ではより顕著であり、テレビやビデオなど、簡単に楽しめる廉価な娯楽が溢れているなかで、わざわざ高いチケットを購入し、実演芸術を鑑賞するという行為は市民生活のなかから失われてしまったことは明らかであった。

そこで、公立ホールは観客を集めることよりも以前に、観客を創ることから始めなければ、将来の日本の文化芸術の振興は期待できないという危機感が生まれた。地方の公立ホールでは年に数回のプロがやってくる公演を主体に考えるのではなく、まずは日常的に市民が集まる施設を目指し、文化芸術を媒介として、地域の活性化や人材の育成と交流を深めていくことに重点を置かなければならないという意識が生まれ、施設づくりにも事業計画にも新た

全景

ホール内観（舞台から三層構成の客席を見る

マルチホール

な方向が模索された。

それが第3世代であり、〈黒部市国際文化センター（COLARE）〉（以下、コラーレ）は、まさに第3世代の旗手となった施設である。コラーレは建築学会賞を受賞するなど建築作品としても高い評価を得たが、それ以上に日本の公立ホールに新しい時代をもたらしたことの意義は大きく、その点においても高く評価されている。このプロジェクトに設計者である新居千秋氏がどのように取り組んできたのか、その過程を検証し、いかにして新たな時代を切り開いたのかを明らかにしたい。

コラーレが切り開いた新しい時代

▌専門家による設計者選定

コラーレが行った数々の試みは、1992年に黒部市が新た

な文化施設の設計者を選定するところから始まる。

当時は入札によらない設計者選定を求めて建築三会を中心に提言などが行われていたが、黒部市では当時の市長の方針として「将来有望な若手建築家に任せたい」ということから、設計者選定を財団法人日本建築センターに委託した。そこで、日本建築センターでは蓑原敬氏を審査委員長とする専門家のみで構成される審査委員会を設置した。

審査委員会では、各審査員が候補者を挙げてロングリストを作成し、そのなかから5者に絞り込み、指名プロポーザルを行った。提案書はA4版で3枚という枚数制限があったが、新居氏は細かい文字で公立ホールに対する考えや思いをびっしりと書き込んだ案を提出し、その熱意を前面に押し出して設計者に選定された。新居氏は今では日本を代表する劇場建築家であるが、コラーレのプロポーザル時点では、公立ホールの設計は未経験であっ

た。それにも関わらず選定されたのは、専門家による審査委員会であったからこそであり、そのおかげで公立ホールの新しい時代が生まれることとなった。

基本計画の見直し

コラーレの基本計画は銀行系のシンクタンクにより作成されており、大小ふたつのホールのほかに、ビデオホールまでも設置する3ホール型の施設構成となっていた。

新居氏は設計者に選定されると、事前に作成されていた基本計画に疑問を抱き、黒部市の状況や周辺都市の先進事例の調査から設計作業をスタートした。これは新居氏の一貫した設計姿勢であり、自身が参加する以前に作成された資料や計画の内容をそのまま受け入れるのではなく、再度自ら確認し、納得したうえで次のステップに進むこととしている。このやり方は、「設計を行うには現状分析や開館後の管理運営が重要であり、設計はそれらとの密接な連携のもとに進めるべきである」という信念に基づいている。

新居氏が行った調査では、富山県下の公立ホールは概ね稼働率が低く、土日しか使われていないような週休五日の施設もあった。そのためにホールには専任の職員を置かず、利用があるときだけ市役所から職員が出向いて鍵を開けるというような状況も見受けられた。また、地元の若者へのインタビューでは、高尚な文化芸術を期待する声は少なく、男子の楽しみはカラオケ、パチンコ、車の運転といったところであり、女性は仕事が終わると真っ直ぐ家に帰ってテレビを見ているという状況で、工場で働く若者が多い割には町なかに賑わいがなく、その要因としては安全に楽しく遊べる場がないからだという回答が返ってきた。

また、基本計画で示されたモデルプランは、劇場、ホールにとっては生命線となる基本的な動線計画やゾーニングが不完全であり、修正するには面積を広げる必要があった。とはいえ、このモデルプランを基に延床面積が算定され、延床面積に応じて予算がはじき出されており、すでに策定された基本計画の大枠を変更せずに計画を進めることには大きな困難があった。

こうした状況を打破するため、新居氏は市長に設置目的の明確化と管理運営計画の重要性を説いた。そこで、黒部市は日本建築センターに管理運営計画策定業務を委託したが、日本建築センターのもとで新居氏を中心に劇場建築の専門家を加えた設計チームは管理運営計画に対しても多くの提案を行うとともに、市民の声を的確に反映させるための組織を立ち上げ、その推進役を務めた。多くの公共事業では既に決定したプログラムを変更することは容易ではないが、コラーレの場合には第三者機関で

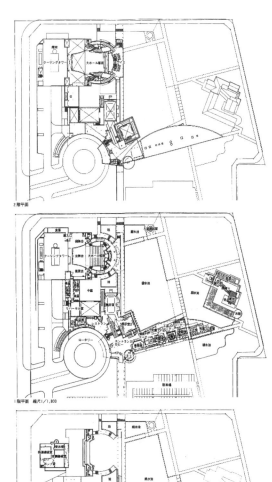

平面図

ある日本建築センターの提言、説得力のある調査資料、さらには市民の声を集めたことにより、大幅な変更が認められることとなった。そして、これらの改善はよりよい建築をつくりたいという設計者の強い思いが成しえたことであり、さらに特筆すべきは建築家が独断で行ったのではなく、行政や市民、そして計画に関与する専門家たち、それらすべての人たちとの合意形成を図りながら進めたという点である。

基本計画の改善案では、日常的な市民利用を促進して、人びとが気軽に集まる施設とし、そこから黒部の文化芸術の裾野を広げ、さらには向上を目指すことを設置目的とした。施設面では、基本計画で想定されていた3つのホールの機能をひとつのホールに集約し、そこで捻出した面

積を多目的に利用できるマルチホールと展示スペースに充てることとした。こうした複合文化施設となる機能を加えることにより、コラーレがカバーできる文化芸術の幅が格段に広がり、活動に参加する市民も、関心をもつ市民も大幅に増やすことができた。そして、施設の規模や予算を変えることなく、黒部市の文化芸術や市民生活の向上に最適な施設構成に変更することが可能となり、基本設計に移行していった。

▌プロ集団と市民の協働による施設計画

新居氏は、構造家や設備設計者のほかに音響設計者と劇場コンサルタントを加えた設計チームを組織し、より機能的な施設とするための工夫を行っている。

重要なポイントは、ひとつのホールで3つのホールの機能を備えるホールとしたことであり、3層構成の客席をもつホールは、1階席のみを使用すれば小ホール、2階席までなら中ホール、そして3階席まですべて使えば大ホールとなる。

また、客席形状は一体感の強い円形の象徴的な形態となっているが、円形は音響的には不利であるため、上階のバルコニー席などを凸型の音響拡散面となるように構成し、一体感を保ちながらも音響性能としても満足できる客席空間をつくり出している。これは音響設計家とのコラボレーションから生まれたものである。

平土間形式のマルチホールは、ピアノ発表会のほかにもドリンク付きのコンサートやパーティーにも利用できるようにパントリーが設置されている。このホールの発想は、安全に楽しめる公共の場を求める若い女性の声に応えることから生まれている。

エントランスからつながる展示空間についても、黒部市で活動する、より多くの文化団体関係者が利用できる施設にしたいという思いと、平日の昼間の時間帯でも施設に賑わいがある状態にしたいという願いの表れであり、この空間も市民との協働により生まれたものである。

▌プロデューサーアーキテクト

設計チームとしては、ともに考え、ともに行動する市民の仲間が必要であることから、地元の音楽活動家や劇団主宰者などを集め、施設運営企画会議を組織した。この会議ではワークショップ形式で議論を重ね、管理運営や事業計画などの提案をまとめていったが、この活動のなかで開館後も市民主体で活動を継続したいという機運が盛り上がり、「黒部文化倶楽部」(愛称決定後は「コラーレ倶楽部」)が設立された。

開館の約1年半前に財団法人黒部市国際文化センターが設立され、専門スタッフを雇用し、市民と協働して各種

所在地＝富山県黒部市三日市20／工期＝1994年3月〜95年10月(開館：95年11月3日)／構造：RC造、SRC造、一部S造／規模＝地下1階、地上4階／敷地面積＝37,973㎡／建築面積＝6,750㎡／延床面積＝9,010㎡(能舞台464㎡を含む)／設計＝新居千秋都市建築設計

のプレイベントが実施された。和太鼓の林英哲とジャズピアニストの山下洋輔のジョイントコンサート、パネルディスカッション「黒部のまちづくり」、「なるほど・ザ・文化センター」という講座シリーズなどが行われた。

また、1995年の春に愛称募集が行われ、全国から寄せられた6522通の応募案のなかから「コラーレ」が選定された。コラーレは方言の「来られ」から考え出されたネーミングであったが、選定委員会のなかでCollaboration of Local Art Resources(地域文化の創造の場)の頭文字COLAREであるという意味付けを加えて、愛称に決定した。

コラーレは1995年11月3日に開館したが、オープニング事業においても市民参加型のホールであることを強調している。一流アーティストの公演であっても、ワークショップ、公開レッスン、トーク付きといったコラーレならではの味付けをした公演が並べられた。

市民参加組織の立ち上げ、財団の設立、プレイベントの実施、愛称選定、オープニング事業といった一連の開館準備作業や公演企画事業もまた、新居氏がすべて関与し、実現している。

新居氏は「強いて言えば私たちは今、プロデューサーアーキテクトと呼べると思う」と述べており、劇場の設計を行う建築家は、管理運営計画の策定やプレイベント、オープニングイベントの企画制作といった劇場のソフト面にも関与し、さらには市民と協働しながら計画をまとめる、総合プロデューサーとしての役割があることを指摘している。

参考文献
『新建築』1996年1月号、新建築社
『GA』1996年1・2月号、A. D. A.エディタ・トーキョー
『日経アーキテクチュア』1996年1月15日号、日経BP
『日経アーキテクチュア』1996年2月17日号、日経BP
ギャラリー・間 編『新居千秋 喚起／歓喜する建築』ギャラリー・間叢書13、TOTO出版、1999年

図版出典
図版すべて伊東正示提供

小嶋一浩　工藤和美
小泉雅生　堀場 弘
（シーラカンス）

千葉市立打瀬小学校

門も塀もなく、まちに開かれた学校として知られた千葉市の公立小学校。内部と外部がつながり、流動的に連続した開放的な空間が、こどもたち本位のアクティビティを引き出している。分節しながらも領域がもつ連続性、棟によって空間が異なる意外性により、使い方が規定された具体的な場の集合体ではなく、多様な空間であることに普遍性がある。地域に開かれた学校のあり方は、安全重視の時代を経ても健在である。ユニークな運用とあわせて、オープンスクールの新しいスタンダードを示し、学校建築に大きな影響を与えた記念碑的な作品である。

街区をつくる建築

1995年に竣工した打瀬小学校はシーラカンスが設計した最初の小学校である。発表された当時、そのインパクトは大きく、こんなに豊かな空間の小学校ができたのかという驚きを与えた。内外に、意外性と変化に富んだ、みずみずしい空間が広がっていて、わくわくする。全体構成が単純ではなく、把握しにくい。そのため、新たな発見があり、こどもたちは、生き生きと空間を渡り歩き、居心地のいい場所を発見する。竣工当初から現在も「門も塀もない小学校」として広く知られているが、この小学校の最大の魅力は、内部にいるとどこにいるのか、大人の方がむしろ方向が分からなくなるような、複雑に組まれた多様な空間にあ

る。孤立した空間がないように、さまざまな空間の一部は、通り抜けの通路になっており、行き止まりのない動線が周到に用意されている。学校を一周するのにどのルートが一番効率がいいのか未だに分からないと職員を悩ませてしまう不便さ、複雑さも、こどもたちにとっては面白い空間である。横の移動が大変で管理しにくいと職員は楽しげに語る。空間が多様であることによって、そこに自由な空気感が生まれ、こどもたち本位のアクティビティを引き出している。空間を囲うコンクリート打放し壁の存在感は力強く、空気感と対照的である。

敷地のなかだけで解かないプログラム

1991年設計者の指名プロポーザルで選定される以前の1987年頃から、シーラカンスは学校のある幕張ベイタウンの住宅地区全体のマスタープランづくりに参画していて、学校は、あくまでも、その延長として思考したということである。幕張ベイタウンはパティオスと呼ばれる「沿道中庭型」の中層集合住宅で構成された新しい街区で、当時84haに26,000人が住む8,100戸のまちづくりの計画から始まった。当時、事業主体である千葉県企業庁サイドに、新しい街区において新しいことを思い切ってやってみたいという発想があり、学校建築においても新しい挑戦ができる素地があった。グラウンドは、外側に、周辺の公園や空地と一体で広がりをもって配置されている。竣工当時

竣工当時のベイタウン[1]

2014年のベイタウン[1]

航空写真[1]

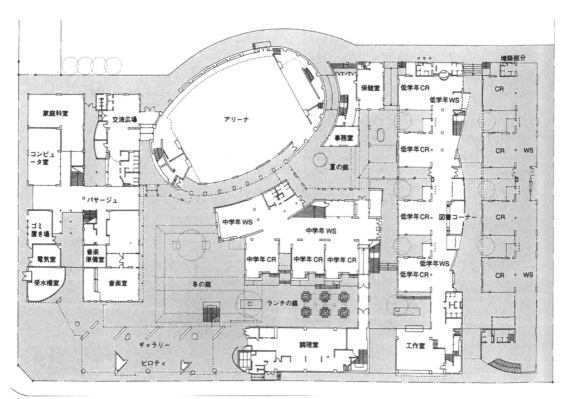

1階平面図

はグラウンドの先にはまだ、建物がほとんど建てられていなかったので、周辺の空地と一体に、どこまでも広がっていた。校舎は、周辺の住棟と同じく、道路に面して、直接建てられているが、周辺の道路から、人の動線をつなぎ、通り抜けできるパス（小路）が、小学校の敷地内を抜けており、各学年の昇降口もそれぞれあり、1階の教室は近くまで誰でも行くことができる。沿道中庭型の住宅が多く、道路以外歩くところがない街区において、打瀬小学校は、中に入り込むことができ、父兄や地域の人たちにとって、身近なコモンスペースになった。

学校は自己完結するものではなく、地域と連続的に捉えられ、日常とつながるべきであるという設計者の思いは、従来の学校建築にあった堅苦しさを取り払い、親しみやすい、地域に根差した、学びの空間を生み出した。

「オープンスクール」のあり方　変化に富む内部空間

学校建築の歴史において、昭和50年代は、「学校」の中身が、「一斉画一型の教育」から「自発的な学習」へ変化し始めていた時代で、アメリカのオープンスクールが日本に紹介されたり、〈加藤学園初等学校〉（1972年）や〈笠原小学校〉（1982年）のように教室を拡大する提案も生まれた。とくに1984年の「多目的スペース」に対する面積補助制度は、学校建築の変化を促進したとされている。オープンスペースをつくる場合、創設当初は7.6％、その後は18％補助基準面積が加算された。これにより、教育委員会や設計者の考えが校舎の設計に反映され、学校建築に変化が生まれるようになった。また、オープンスクールのあり方は、「自発的学習」という教育プログラムの変化であり、シーラカンスは、そのニーズをとらえようとし。ただ、広いだけの空間があるオープンスクールは機能しないと考え、深く模索された。また、新設校とはいえ、公立の普通の小学校という現実的なポイントがあり、そこは学校建築を研究している上野淳氏がアドバイザーとして大きな役割を果たしている。

まず、オープンスクールが陥りがちな大空間を避けるため、教室と中庭をセットにして、南北に並べて、井桁状に学年ユニットを構成している。そしてそこにこどもたちを包み込むような小さな空間が挿入されている。デンと呼ばれる小さなスペースやクワイエットルームの小空間である。低学年、中学年、高学年の身体の大きさに合わせて、空間のスケールを変えており、均質になってしまうことのないように、きめ細かい空間が提案されている。学年ごとに昇降口が違なり、低学年、中学年、高学年もゾーンが異なる。がらりと違う空間なので、6年間過ごしても飽きること

がない。そして、何より、少し角度を振って楕円形の体育館が貫入されていて、2階のギャラリーが通路となっている。ここに、方向性を失わせる理由が潜んでいる。

アクティビティを引き出す家具

普通教室の家具は標準的なものが想定されるが、オープンスペースでは、そのアクティビティを引き出すためには、家具や建築的な仕掛けなどで空間がうまく使われるためのきっかけが必要であると考え、設計者は積極的に家具を提案した。さらに、公立の学校では不定期的に教職員が入れ替わるため、家具の使い方などがうまく引き継がれていくように、設計者がマニュアルを作成、学校に渡していたそうだ。当初からのユニークな家具は今も使われており、家具の傷もいい味わいを出している。ただ、生徒が増加するにつれて、教職員にも余裕がなくなり、当初のような自由な使われ方を追求することがなくなっていて、現在は、現場の職員に標準以上の努力を強いるのが難しくなっているそうだ。

実験的運用と可能とするプログラム

初年度は1学年1クラス、全校生徒169人のスタートで、教師の目も生徒ひとりひとりに行き届き、教員たちによって、空間を生かした、創意工夫に満ちた実験的な授業が展開し、その様子は教育の現場や一般の人々にも広く知られ、影響を与えた。

開校当初の打瀬小学校で行われていたユニークな運用で、20年たっても変わらないことと、現在はやっていないことが両方ある。給食は何処で食べてもいいと当初雑誌にあったが、昨今は、食品アレルギーで倒れてしまう心配があり、教員は、こどもたちが給食を食べ終わるのを見届ける必要があり、みんなで教室で食べるという。ランチの庭にあった、木の家具はすっかり朽ちてしまい、辛うじて1個を残すのみとなっている。

「きらりかがやく子の育み」がこの学校のスローガンで、ひとりひとりの個性が育つことを何よりも重視されている。運動会はウタスポ、図書室はドリームランドと呼ばれている。「打瀬学習」と呼ばれる総合学習は、自分でテーマを決めて、研究し、最後に発表するというものだが、小学校では先駆的であり、オープンスクールの精神の証という自負がある。フレンド活動という学年をタテ割りにして全体を4グループにした活動も先駆だという。

初代の校長が積極的に空間を使い、日常的に訪れる父

高学年オープンスペース²

高学年棟吹抜け²

体育館²

兄も多く、学校の新しいあり方を内外にアピールし続けたとされている。小学校に直接関係のないシンポジウムも開かれて、学校に関係ない大人も多く出入りする。外国人を含む多くの講師が学校に来て、何かを教えてくれる。その講師は、まちの情報誌で常に募集されており、子どもたちは先生でない「外の大人」と多く知り合うことになる、という具合にまちの人々とともに、小学校は実験的な試みをさまざまに行い、新しい学校の風景を内外に発信してきた。

安全を担保する仕組み

2001年6月に大阪教育大学附属池田小学校で起きた児童殺傷事件は、学校の安全神話を覆した。その後も、教員や下校時に子供たちが巻き込まれる事件が複数件発生した。報道を通じて、同様の事態がいつ起きてもおかしくないというふうに一般の人々も感じ、こどもたちの安全をどうやって確保するのか、危機管理をどうするか日本中の学校が考えるようになり、安全・安心の学校づくりは必須の課題となった。地域とのつながりや豊かな環境づくりを損なうことない工夫は、その後の学校建築で配慮され、

地域住民に開放された領域やアプローチが配慮されるようになった。

打瀬小学校は「開かれた学校」として知られた先駆事例であったため、「開かれた」という表現によって、ある程度の期間、誤解が生じたり、心配する人々もいたようであるが、打瀬小学校ではむしろ、地域住民にとって学校が身近な存在で、住民の目が届くことがむしろ、安全であることが理解され、共感もされている。

オープンスペースの音と温熱環境

打瀬小学校が竣工してからの深刻な問題点として、音と暖房が指摘されていた。空間がつながっているため、ゾーンを超えて音が浸入して、授業で先生の声が聞き取りにくいがために、オープンスペースの使い方を一部制約するような必要も生じていた。

とくにアリーナの音が回り込んでくるのが問題であったというが、音の問題を現在の校長に尋ねたところ、聞こえているといえば聞こえているという程度で、子供の集中力はすごく、気になってはいないという。

また暖房環境については、当時はFF暖房器具しか使えなかったことから、暖房の効果がいきわたらない部分があった。そこで冬の寒さ対策のために、オープンスペースと教室の間にカーテンが付けられているが、空間を阻害することなく、溶け込んですらいる。

1997年千葉市立打瀬小学校が竣工して10年目の2006年4月に、この地区に3校目となる千葉市立美浜打瀬小学校がシーラカンスの設計により、完成した。

地域と学校、変化を許容する空間構成

「地域で学校をつくろう」という思いは、建設当初から、現在まで脈々と受け継がれている。街区が新たに拡幅し、新しい住戸ができるたびに、そこから登校してくる子どもたちが一気に増えた時期も過ぎ、現在は、毎年50人のペースで生徒が減り、現在、1〜3年生は、3クラスになっている。平成17年に1,077人でピークだった全校生徒も、平成27年には680人に減少している。この地区に現在3校ある小学校も、2校に減少する日が遠くない将来訪れるかもしれない。全国で廃校になる小学校が増え、その有効利用が課題とされている。子供が減ったら、老人施設にも使えるように、基本的な性格は考えられているべきと設計者も語っており、打瀬小学校は転用もしやすいのではないか。小学生にとってだけ良い空間ではない。高齢化した地域

所在地＝千葉県千葉市美浜区打瀬1／主要用途＝小学校／設計期間1991年8月〜1992年6月／施工期間1993年5月〜1995年3月／構造＝RC造一部SRC造（杭・基礎：PC杭サンドパクション工法［地盤改良］）／規模＝地上2階一部3階／最高高さ＝14.59m／軒高＝11.76m／敷地面積＝16,500㎡／建築面積＝5,010.65㎡／延床面積＝7,584.86㎡（1階：4,197.06㎡、2階：3,244.97㎡、3階：142.82㎡）／容積率＝45.97％／設計＝シーラカンス／計画指導アドバイザー＝上野淳

の住人たちが、再び小学校に集まり、小学生時代とは違う、また別の楽しい時間を過ごせるのではないか。多様で力強い空間は、用途を変えても、普遍性をもち、生き生きと生き続けることができ、その姿も十分予感される。

参考文献
『近代建築』2000年6月号、2002年7月号、2003年9月号、2004年7月号、2006年8月号、2008年8月号、2009年9月号、2011年7月号、2012年8月号、近代建築社
『新建築』1995年7月号、2009年7月号、新建築社
上野淳 著『学校建築ルネサンス』、鹿島出版会、2008年
「未来の学校づくりに関する調査研究」
長澤悟 監修『現代学校建築集成 安全・快適な学校づくり』、学事出版、2008年
『日経アーキテクチュア』これからの学校2006〜2014、日経BP、2006〜2014年

図版出典
1　(株)フォトスタッフ提供
2　笠井香澄撮影

公立はこだて未来大学

山本理顕　木村俊彦

豊かな自然環境のなかに、独自の計画コンセプトとプロセスによって生み出された新領域大学。その学際的な教育内容に相応しく、個々の研究に集中しつつも常に全体を俯瞰するという構図がそのまま空間化されている。本格的なプレキャストコンクリート工法を採用し、プラン・空間・素材・構法がロジカルに組み上げられた建築は、あらかじめ決められた条件がプログラムではなく、「建築が出来ることによってプログラムが認識可能になる」という建築家の思想を明確に示し、それが生み出された瞬間を追体験させるほどの力を持っている。

説明しえない大学

函館市をはじめとする複数の市町の広域連合が運営母体となるこの新領域大学の設立のため、1996年にプロポーザル形式のコンペが開催された。当時はもちろん現在でも内容をつかみにくい「複雑系科学（現 複雑系知能）」と「情報アーキテクチャ」という2学科で構成される新しい大学であるにもかかわらず、要項でその学科内容説明もほとんどなく、またデザインのプロポーザル（デザイン提案であるにもかかわらず、明確に形態を提案してはならない）という形式も当時あまり馴染みがなかったため、参加した建築家たちもかなり戸惑ったものであった。プロポーザルの結果、設計者に山本理顕設計工場が選定された。つづいて行政、教員予定者、設計者というメンバーで計画策定委員会が立ち上げられ、その委員会における

密度の高いコミュニケーションの中で最終的な建築の姿が決まっていったという。1998年に着工、2000年に本部棟が竣工し、開学した。

函館駅から車で30分ほど、南に市街地を臨む小高い緩斜面地に建てられたこの建物の、プレキャストコンクリート造の巨大な一体空間のなかに大学全体を入れるというスケールの大きい建築表現は衝撃的であった。建物の南側半分では巨大な吹き抜け空間である「スタジオ」に面して階段状に研究室群が配置され、南向きのカーテンウォールとトップライトが大きく景観と外光をもたらしている。北側では「モール」と名付けられたホールを中心に教室、事務室、情報ライブラリーなどが置かれており、その西端部には体育館までも組み込まれている。2002年に第54回建築学会賞作品賞を受賞。その後、2003年には大学院も開設し、2005年には研究棟が増築されている。

プログラムを表象する

大空間に大学をまるごと内包するというこの建物の構成が、冬季の厳しい環境条件に対応したキャンパス計画として利があることは間違いない。しかしそれ以上に、この構成で明確に定義された領域と空間の質が強烈な建築プログラム表現を生み出していることこそがこの建築の特質である。本部棟の、あまりにも強烈な個性を示すこの建築空間を目の当たりにすると、計画策定委員会における協働的なプロセスの話にやや違和感を覚えるかもし

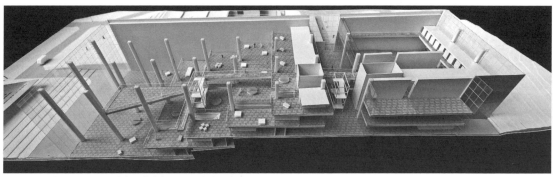

断面模型。左側のスタジオから右側の教室部分まで、地形に沿って上がっている

れないが、このことこそ、山本理顕氏の「プログラム」に対する意識の発露であるともいえよう。氏は、建築（家）とプログラムの関係に極めて自覚的な建築家である。「プログラムが建築をつくるのではない」[*1]という古谷誠章氏との対談において氏が否定的に論じている「プログラム」とは、建築家が設計を始める前に既に決められている、「与条件」というようなものであり、文中の「プログラムがあって建築が出来上がるのではなく、建築が出来ることによってプログラムが認識可能になる」という言葉にもあらわれているように、氏にとって本来的にプログラムを提示すべき主体は社会や建主ではなく、建築そのものなのである。これは本書の論じる「プログラム」に近い意識といえよう。つまり、個性の強いプログラムを提示するということは、社会や状況とのコミュニケーションにおいて建築家のとるべき当然の振舞いであり、氏はそれを実践しつづけているのである。

ここで建築（家）が提示したプログラムは、大きくは以下の2つであると考えられる。

1. 学際的研究（学習）のための環境を、以下のように定義すること

　　1）研究に集中し、密度の高まるような完成度の高い環境

　　2）全学の研究を俯瞰し、刺激しあえるような環境

2. 上記の環境概念を、建築自体によって明確に「表象」すること

今でこそ当たり前なのだが、コンピューターを全面的に用いた教育環境が求められた本計画において、電子ネットワーク環境における建築空間の無意味さではなく、より明確に建築空間がコミュニケーション環境を定義することの重要性が意識されていることは特筆に値する。そして

この建築の印象における決定的な個性は、じつは「どのような概念を表象するか」よりも、「建築がある概念を表象するということ自体」に多くの技術と表現手法が投入されていることなのである。

ビッグネス／オープンネス／システマティック

これらのプログラムがどのような建築表現として設計に反映されたかを見ていくにあたり、ここでは相関する3つの特質、「ビッグネス」「オープンネス」「システマティック」を挙げたい。

1. ビッグネス

「大きいこと」こそ、この建築表現における最も重要な特質として位置付けられよう。大学全体、体育館にいたるまでの延べ26,839.55㎡をシンプルなひとつの箱のなかにすべて入れていることによる、全体性を伴ったボリューム感。そして何よりその気積の半分以上をひとつの空間が占める、階段状に5階吹き抜けの「スタジオ」の圧倒的な大きさである。面積区画の限度である1,500㎡をはるかに超える約6,000㎡の大空間は、公共空間としても、私たちが滅多に遭遇しないスケールのものである。一体空間として視線が届く距離の遠さ、そこに見える人や事物の小ささに、初めて訪れる人は誰もが驚かされるだろう。

建築の作り方も周到にこのビッグネスを強調している。正方形グリッドに配置された構造体による反復性の高い空間。その構造体をプレキャストコンクリート（PC）としたことによる線の細さもまた、対比的に空間を大きく見せている。そして、スタジオ空間の空中に突き出すように設け

南側外観。中央が本部棟、向かって左側が研究棟

スタジオの巨大空間（ビッグネス／オープンネス／システマティック）

スタジオより、大講義室（上）と図書館（下）（オープンネス）

スタジオの空中に浮くラウンジ（ビッグネス／「表象」の記号）

廊下との界壁が全面透明ガラスとなっている教室（オープンネス）

られたラウンジに代表される、この内部世界全体を見渡すような視点の提供。これはプログラムとして挙げた「表象」の明確な表現記号である。

このビッグネスが、下記の「オープンネス」「システマティック」といった特質の持つ負の側面である強迫性にある種の赦しを与えていることこそ、この建築表現の稀有な魅力を生み出している。それを続けて論じたい。

2. オープンネス

この計画に前後する山本理顕氏の主要な作品である「埼玉県立大学」「広島市西消防署」などにおいても透明性・開放性をもった空間が追求されており、公共建築におけるこのような空間の特質が同時期の氏の思想のコンテクスト上にあったことは間違いない。そのなかでも本建築におけるオープンネスは最も徹底しており、開放的なスタジオやモール空間はもちろん、教室、研究室、図書室、大講義室などとパブリックスペースとの隔壁のほぼすべてが全面ガラスとなっており、この建物内で他人の視線に触れたくない時はいったいどこに行けばよいのか、と心配になるくらいである。

巨大なガラスファサードを介しての外部空間との連続性や、ふんだんに設けられたトップライトは、内外空間の連続性に結びつく建築言語である。透明ガラスという素材は、とくに函館のような寒冷地においては明確な感覚を人間に与えるものである。すなわち、自然環境の厳しさを完全に遮断しながら、視覚的にはあたかも自然環境のなかにいるような感覚。内外を画するという宿命を負って発生した建築が、近代に至って獲得したユートピア性である。「クリスタルパレス」や「ガレリア（ミラノ）」など、近代ガラス建築の草創期から、存在性／非存在性が並存するその素材は、自然環境のなかでは体験しえない空間体験を人類に与え続けてきた。

このような近代的オープンネスが、逆説的にパノプティコン的な被監視、システムに従属させられる不自由さ、あるいはこの大学の理念に呼応していえば「共創」の圧力のような感覚を人に与えかねないものであることは、いうまでもない。しかし前述したように、この建築の「ビッグネス」が、ある程度の余裕をもった距離を人に与えていることによって、そのような強迫性は空間の中に消散していっている。さらにそれが「都市の孤独」を覚えさせるほどの巨大さでもないところに、絶妙なスケール操作が感じられる。

3. システマティック

技術面から本建築の表現に決定的な影響を与えているのは、構造家の木村俊彦氏によるPC構造・構法であり、建築学会賞作品賞も山本氏と木村氏の連名受賞となっている。木村氏は1950年代に前川國男氏と学習院大学の設計をしていた頃からPCを用いているが、本建築が主ラーメン構造体としてPCを用いていること、そして何よりもこれだけのスケールメリットがある使い方ができている点で、ここでPC構造のひとつの幸福な到達点を示しえたということもできよう。ここで用いられた「PC圧着関節工法」は、柱に設けられたコンクリート製のあごの上に梁をのせ

プレキャストコンクリート（プレストレストコンクリート）の柱、梁とトリプルTスラブによる躯体構成

て建て込み、ケーブルで一体化するという、施工性と耐震性に優れた工法である。本部棟は16ヶ月という短工期の建設であったため、寒冷地におけるコンクリートの養生期間の短縮という課題への呼応もあったかもしれないが、それ以上に、このPC構法はこの建築表現と濃密に融合している。12.6mスパンというモジュールは小梁なくダブル（トリプル）Tスラブのみで架け渡せる寸法として最終設定されたものであり、同スパンの正方形グリッドのみでほぼ全体を構成していることは合理的な生産効率につながる。これらは当然、空間の機能・意匠に直結するため、じつにロジカルに空間設計と構造構法が整合している印象を生んでいる。

一方でここまでシステマティックな空間づくりが、近代建築においてユニバーサル・スペースという名の単調で非人間的な空間が量産された徹を踏んでいるかといえば、必ずしもそうなってはいない。とくにスタジオ空間の巨大さは、「建築空間」という意識さえも薄めているのである。そこでもPC構造は効果的に作用しており、中間につなぎ梁もない見慣れないほどの細い柱や、シンプルな梁構成は、コンクリートという物性を超え、見る物に「非建築」の感覚すらも与えている。それは「広場」、あるいは元々緩斜面であったこの敷地の「地形」そのものに近い質の空間となっており、そこでは自ずと内部における研究・教育活動こそが空間の多様性に責を負うべきものとしてクローズアップされてくるのである。

これらの「ビッグネス」「オープンネス」「システマティック」といった特質は、もちろん建築という枠組みの制限を受けているのだが、その制限という額縁によって、却って明確にそれらの特質が建築表現として「表象」されているともいえよう。これらの表現手法が徹底された成果として、この空間は、あたかもプログラムが生み出された瞬間を追体験させるかのような、強いメッセージを発しているのである。

名称＝公立はこだて未来大学／所在地＝北海道函館市亀田中野町116-2／用途＝大学／竣工年月＝2000年1月(本部棟)／構造＝PC造、一部RC造、鉄骨造／規模＝地上5階／敷地面積＝166,403㎡／建築面積＝13,287㎡／延べ面積＝26,839㎡／発注者＝函館圏公立大学広域連合／設計＝意匠：山本理顕設計工場、構造：木村俊彦構造設計事務所、設備：総合設備計画、外構設計協力：SANAA、家具デザイン：近藤康夫デザイン事務所、リーディング・エッジ・デザイン

具現化したプログラム

「複雑系科学」と「情報アーキテクチャ」のための新大学という与条件は、おそらく計画当事者たちにとっても定義しえないものであったに違いなく、その気配はプロポーザルの要項からも伝わるものであった。そのような特殊なコンセプトとプロセスが、このような「プログラム表現」のリアライズを可能としたのであり、この大学で行われている教育や研究こそ、「プログラムは与えられるものではなく構築するもの」という理念に立脚するものなのだろう。

一方で、2005年に同設計者により増築された「研究棟」は、小割りで閉鎖的な空間の集積として構成され、元々の「本部棟」とは対照的な特質を備えたものである。そのため、本部棟のモールの端部に通用口のように小さく設けられた通路によって接続するというシークエンスの分断が行われている。そのように建築空間として分かれているとはいえ、これが研究活動を展開するために必要な補完空間として求められたものであることは明確である。結果としてプログラムの全体性は大きくシフトしているのだが、その本来的な下部構造（＝与条件）との相関は、建築表現において強く表象されているとはいえないだろう。むしろこの研究棟の存在によって、プログラム建築が「生きられる」ことの難しさをも、この建築は表象する結果となった。

増築された研究棟。透明性を抑えた小さめの空間

参考文献
『GA DOCUMENT 63』、A. D. A.エディタ・トーキョー、2000年
『新建築』2000年9月号、新建築社
＊1 『INAX REPORT 184』2010年10月、INAX
『プレストレスト・コンクリート 42』平成12年7・8月号、プレストレスコンクリート工学会、2000年

図版出典
写真すべて山本想太郎撮影

謝辞
公立はこだて未来大学には、見学および取材についてご高配を戴いた。記して深謝申し上げます。

せんだいメディアテーク

伊東豊雄　佐々木睦朗

せんだいメディアテークは、海草のような柱、徹底的にフラットなスラブ、ファサードのスクリーン等の情報化社会をイメージした建築デザインにより、新しい時代精神を表現している。それは、近代建築のユニバーサル空間から逃れ、デザインと構造を融合させた流動体としての建築を生み出すプログラムから誕生した。
ガラススクリーンと薄い層間から生まれる高い透明性、1階をオープンにして前面広場との連続性等が生まれ、さらに、チューブ周りに生まれる波紋や渦のイメージのように、各フロアにアクティビティや人の流動性をもたらし、場所が形成される。

コンペとその時代背景

Windows95日本語版が1995年11月に発売され、ユーザインタフェース（UI）デザインの大幅な刷新が図られたコンピューターは、業界関係者や報道陣を中心に熱狂するお祭り騒ぎのように迎えられ、将来に何かが変わる予感が生まれた。一方、建築界では、この年の2月下旬に、「せんだいメディアテーク」コンペ（設計提案競技）の応募設計が締め切られ、同3月に伊東豊雄建築設計事務所が最優秀者に決定され、その後の情報化と空間の関係について大きな影響を及ぼし、建築界で永く記憶されるコンペとなった。
さて、コンペまでを振り返ると、この施設は仙台市の市民

図書館、市民ギャラリー、視聴覚教材センター、視聴覚障害者のための情報施設などの4つの機能を複合させた施設として計画された。1993年の公共工事発注をめぐる汚職事件による当時の仙台市長の逮捕という不祥事の後で、工事発注体制の見直しを進めるなか、数々の国際コンペで審査員を務めていた磯崎新が、審査委員長役を依頼される。
磯崎は、今後の公共建築コンペのモデルとなるように市に以下の3つの提案を行い、実施された。
（1）公開性：審査過程を全面的に公開する。（2）専門性：審査委員会は行政、市民と接触してきたプロを加えた、専門家だけで構成する。（3）提案性：「……メディアを介して市民が相互に交流する、都市に向かって開かれた空間であるために、内容を構成するプログラムに対しての積極的な提案を期待している。建築的に優れたデザインであることは勿論であるが、そこに新しいメディアと組合わされた独自の建築型が創出されていることが特に望まれる。」
それから約6年間に及ぶ幾多の紆余曲折を経て、2001年1月、仙台市のけやき並木で有名な定禅寺通りに面して50m四方の床、高さ36mに及ぶ「せんだいメディアテーク」がオープンした。
それは1階ロビーが公開空地として全面広場と連続し、それまで見たことのない流動的な空間を内包し、その切断面を見せるかのようにガラスのファサードをもち、前面に広がるけやき並木を映し込んでいる。

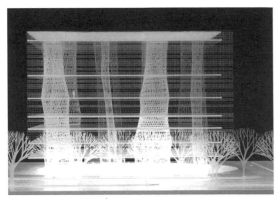

コンペティション時の模型[1]

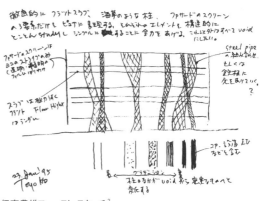

伊東豊雄ファースト・スケッチ[2]

定禅寺通りからの外観[3]

流動的な空間が生成されるプログラム

チューブ周りに波紋のように生まれる流動性と場所をつくるプログラム

コンペでは日本初のメディアテークと命名され、情報の入れもの、メディアの棚として、前述のコンペ要綱のように新しいメディアと組み合わされた独自の建築型と情報化が問われていた。しかしPCソフトの黎明期にあたるこの時代に、情報プログラムやソフト自体について大きな提案をするのではなく、せんだいメディアテークは「海草

のような柱」「徹底的にフラットなスラブ」「ファサードのスクリーン」など、情報化社会をイメージした建築デザインを提示することで、新しい時代精神を表現している。さて、近代建築の建築システムの原型として、ミース・ファン・デル・ローエによる「ユニバーサル・スペース」(普遍的空間)と、ル・コルビュジエによるフラット・スラブと柱で構成される「ドミノ」方式が挙げられる。メディアテークは後者のドミノ方式に近いが、サンドイッチされた鉄板床とスチールパイプによる組柱の構成により、近代主義のもつ論理の枠を超えようと試みている。

それは、近代主義の均質空間から逃れて、伊東のいう

チューブを介して上下階のアクティビティを可視化[4]

山梨文化会館[4]

「『流動する自然のなかで、流動体としての身体を備えた人間の棲む流動体としての建築』を築きあげたい」という強い欲求から生まれた。チューブの吹き抜け周りに波紋が発生するように、吹き抜けを介して上下の空間が繋がり、さらに水平に人々が流動して場所が生まれるプログラムである。例えれば木漏れ日が落ちる樹木のように、上空光が入るチューブ周りに、上下水平に連続する場所の違いが生じ、人々の活動を誘発する空間が生まれている。

動線・構造・設備コアの透明化による活動と呼応するプログラム

構造設計者の佐々木睦朗は、床を軽くすると構造の可能性が広がると考え、その軽量化のために2枚の鉄板でサンドイッチされ、その間にリブを溶接したハニカムスラブのプレート（床）を考案し、それをスチールパイプの組柱であるチューブにより支える立体的な構造を思いつく。また、透明化されたチューブ状組柱は、全部で13本あるチューブの内部にエレベーター、階段、ダクト、エネルギー

のパイプ類が貫通し、垂直動線やエネルギーコアとして働く。また、ガラスで覆われたチューブは給排気シャフトとしても使われ、上部からの自然光を下階まで導く光シャフトとしての役割も果たしている。

ここで遡ってみると、丹下健三設計の山梨文化会館（1966年）の先例が挙げられる。15m×17mのグリッド交点に、「コミュニケーション・シャフト」と呼ばれる16本の円柱状コア壁があり、垂直動線、設備スペースの役割を果している。

一方、せんだいメディアテークでは、山梨文化会館の固い円柱コア壁を反転させるかのように、チューブ状組柱コアを透明化することにより、内部空間と呼応した流動的な空間を生み出すことになった。

プログラムから生まれる3つの空間特性

せんだいメディアテークの空間の特徴は、その建築を構

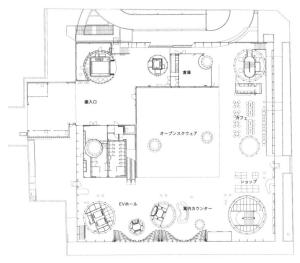

1階平面図[2]

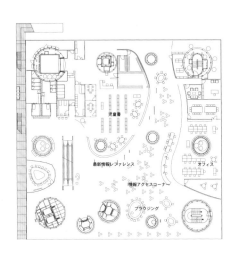

2階平面図[2]

1階市民プラザは屋内外周部が公開空地[4]

成している3つの要素：チューブ（柱）、プレート（床）、スキン（外皮）から説明できる。これは前述した伊東によるファースト・スケッチ中の3つのキーワード、コンペ応募案の3つのダイアグラムや抽象度の高いコンセプト模型等において、当初から提案されているものだ。この原型イメージを限りなく追及しながら、海草のようにチューブが柔らかく揺れている姿ではなく、結果として完成した建築のもつ物質の強さを、この3つの空間特性が示している。

▍透明化を可能にするチューブ（組柱）

この施設は東西50m、南北49mのほぼ正方形、地上7層のプレート（床）が、13本のランダムに配置された空洞のある組み柱であるチューブで支持されている。それぞれのチューブは樹木状の有機的形状をもち、スチールパイプ（外径139.8〜267.4φ、肉厚9〜39mm）を組み合わせた空洞もつ組柱である。その13本のチューブ内部に、前述した垂直動線やエネルギーコア、自然採光誘導等の多様な機能が役割分担され、また、建物四隅に配置された4本のチューブは地震時の水平力を負担している。

また、多様な透明性のあるガラス（遮熱、耐熱、網入り）で囲まれたチューブを介して、構造が可視化され、さらに上下のフロア間に視覚的な連続性が生まれ、人々のアクティビティが見える空間構成である。

▍鉄ハニカムスラブのプレート（床）

それぞれのフロアは機能に応じて階高が異なり、チューブが介在して流動的で変化に富む空間を生み出している。

内部に極力「部屋」や壁をつくらず、その代わりに、チューブがランダムに配置されることによって、チューブの周りに人の活動と「場所」が生まれる。

この地上階（2〜7階、屋上階）の7層の床は、プレート（床）と呼ばれる。厚さ6〜25mmの2枚の鉄板でサンドイッチされ、その間にリブを溶接したハニカムスラブであり、プレート厚は400mmである。鉄板のジョイント部は全て溶接で接合され、現場の溶接作業は造船工の溶接チームが担当している。この上に、70〜100mmのコンクリートを打設し、合計470〜500mmの合成床板を形成している。そのプレートの上に、OAフロアの二重床を乗せ、床下空調や情報・電気設備の配線・配管スペースとなっている。

▍透過し反射するスキン（外皮）

定禅寺通りに面する幅52m、高さ27.5mの南面ファサードは透明性の高いダブルスキン・ガラスで構成され、昼間はけやき並木や空を映し込み都市の新しい表情をつくり、夜は建築内部の活動が外から見える発光体になる。

このMPG（メタル・ポイント・グレージング）工法によるガラスのダブルスキンは1mの奥行があり、夏は温度差による上昇気流により空気を最上部の換気窓から逃がし、冬は日射により暖められた空気を溜めて室内に取り込む等の省エネルギー技術を、先駆的に採用している。

また、コンペ時にはピロティーとして1階が持ち上げられ、前面広場と一体化した外部空間であったが、仙台の冬の気候条件から内部化された。当初の意向を引き継ぎ、

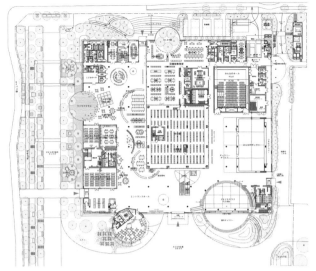

みんなの森 ぎふメディアコスモス（伊東豊雄建築設計事務所、2015年）
1階平面図[2]

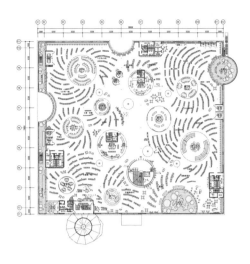

同 2階平面図[2]

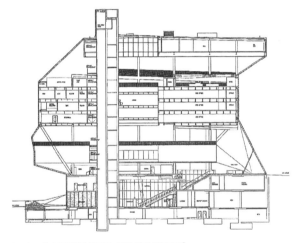

シアトル公立図書館（OMA、2004年）断面図[5]

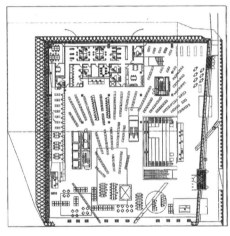

同 レベル3（下部）平面図[5]

温暖な季節には、ガラスの大開口部を開いて、多様な催しや常設展示等に対応できる市民プラザとなり、内部公開空地として前面広場と一体利用が可能である。

相互に影響し合うプログラム

せんだいメディアテークには、OMAによる「フランス国立図書館コンペ案」（1989年）の影響がみられる。レム・コールハースは情報の詰まった立体の貯蔵庫をイメージして、9本のコアで支持されたキューブ空間の中に、ヴォイド空間（空隙）として閲覧室、種々の図書館、大小の映画館等の公共空間を貫入させ、内部空間を構成するプログラムを提示した。

一方、伊東はせんだいメディアテークにおいて、前述案とは異なる独特の対応をしているのが分かる。立体を海草のような柱で支えるイメージから出発し、紆余曲折を経ながらも、デザインと構造を融合させて内部に流動性のある空間をつくり、それをパブリックな活動場所とするプログラムを提示する。そして、せんだいメディアテークのプログラム遺伝子は「みんなの森　ぎふメディアコスモス」（2015年、伊東豊雄建築設計事務所）へと引き継がれ、目的に応じた小さな家を低層の大きな家で覆ってまちのような場がつくられ、さらに展開していく。

さて、振り返って同コンペで落選案となった古谷誠章＋杉浦久子案と比較すると、当選案との違いがみえてくる。彼らの提案は機能ごとに分けるのではなく、混ざっている複数の機能、つまり、図書館、ギャラリー、カフェ、映像ライブラリーをシャッフルさせ、図書館の利用者がギャラリー展示を見て、カフェに立ち寄るように、図書館以外の目的が誘発されるような、新しい情報メディア時代のプログラムを提案した。それは当時実用化されはじめた物流倉庫

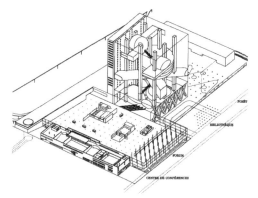

フランス国立図書館コンペ案（OMA、1989年）[5]

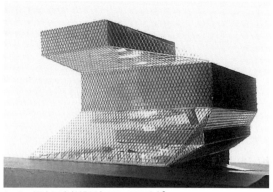

シアトル国立図書館模型（OMA、2004年）[5]

の検索管理システムを応用し、借りた本を館内のどこでも返却できる運営システムの提案であった。当時はインターネット、携帯電話、蔵書に無線通信を埋め込んだID識別技術が普及する前であり、非現実的案とされたが、今では実現可能であろう。

そして、せんだいメディアテークを経て、シアトル公立図書館（2004年）が完成する。このOMA設計の図書館では、その読書室、中央閲覧エリア、交流エリア、子どもや多言語利用者エリアを、5つのボックス（管理事務所、書庫、集会・会議室、スタッフ室、駐車場）の間に挿入させ、多様な出会いと集まる場を生み出すプログラムが提案された。

建築形態は、コア以外のボックス状のフロアを多方向に押したり引いたりしてずらし、斜めの関係が生まれ、ボックス同士がずれる部分が吹き抜けとなり、上下の関係を生むことでアクティビティが生まれる。それは、伊東がせんだいメディアテークで実現した、パイプで組み合わせた左右に揺らぐチューブの柱状空間から、上下階の活動が可視化され連続性が生じるのと同質のプログラムといえる。しかし、完成した建築は大きな違いを見せる。

このシアトル公共図書館は4つの大きな凹凸のあるファサードからつくられ、建物全体は、まるで網状のストッキングのように菱形のガラスと網状金属のスキンで覆われている。

その逆をいくのように、一方のせんだいメディアテークは、透明性の高いシンプルなガラスのボックスの中に流動的な空間を内包して、前者と対照的な形態を表出している。

参考文献

『JA41 伊東豊雄』、新建築社、2001年
『GA ARCHITECT(17) TOYO ITO 1970-2001』、A. D. A. エディタ・トーキョー、2001年
『GA JAPAN 136』A. D. A. エディタ・トーキョー、2015年
『GA JAPAN 49』A. D. A. エディタ・トーキョー、2001年
『新建築』2001年3月号、新建築社
『建築 非線型の出来事』（『建築文化』2002年6月号別冊）、彰国社
「建築デザインを論理化する：伊東豊雄」、『建築雑誌』2004年11月号、日本建築学会
『OMA@work』（『a+u』2000年5月臨時増刊）、エー・アンド・ユー
『GA DOCUMENT 80』A. D. A. エディタ・トーキョー、2004年
『伊東豊雄　建築｜新しいリアル』（展覧会図録）、東京オペラシティアートギャラリー、2006年
『せんだいメディアテーク・コンセプトブック』NTT出版、2001年
ジェシー・ターンブル 著、川上純子 訳『伊東豊雄：自然の力』丸善出版、2014年
藤村龍至 著『批判的工学主義の建築』NTT出版、2014年
ロベルト・ガルジャーニ 著、難波和彦 監訳、岩元真明 訳『レム・コールハース｜OMA 驚異の構築』鹿島出版会、2015年
佐々木睦朗 著『構造・構築・建築　佐々木睦朗の構造ヴィジョン』LIXIL出版、2017年
「平成の10大建築」、『日経アーキテクチュア』2019年4月11日号、日経BP
五十嵐太郎 著『現代建築に関する16章』講談社、2006年
『スキン＋ボーンズ―1980年以降の建築とファッション』（展覧会図録）、国立新美術館、2007年

図版出典
1　大橋富夫撮影
2　伊東豊雄建築設計事務所提供
3　宮城県観光課提供
4　酒井孝博撮影
5　OMA提供

名称＝せんだいメディアテーク／用途＝図書館、美術館、映画館／所在地＝宮城県仙台市青葉区春日町2-1／工期＝1997年12月～2000年8月／構造＝鉄骨造、一部RC造／規模＝地下2階、地上8階／敷地面積＝3,948.72㎡／建築面積＝2,933.12㎡／延床面積＝21,682.15㎡／発注者＝仙台市／設計・監理＝建築：伊東豊雄建築設計事務所、構造：佐々木睦朗構造計画研究所、空調設備：イーエスアソシエーツ、衛生設備：総合設備計画、電気：大滝設備事務所、照明計画：ライティング プランナーズ アソシエイツ、音響設計：永田音響設計、家具設計：妹島和世建築設計事務所、カリム・ラシッドinc、ケイティーアーキテクチュア、ロス・ラブグローブ、監理：仙台市都市整備局建築部営繕課・設備課、伊東豊雄建築設計事務所／施工＝建築：熊谷組・竹中工務店・安藤建設・橋本共同企業体、空調：大気社・第一工業・アトマックス共同企業体、衛生：西原衛生工業所・北栄工業所共同企業体、強電：ユアテック・太平電気・東山電気工業所共同企業体、弱電：日本電設工業・宮城電設共同企業体

20

プラダ ブティック青山店

ネットショッピングが広く普及しはじめた時期に、ファッションブランドの新しい解釈の店舗建築として提案された初期の事例であり、店舗が建物の一部を占める形態のものから、ひとつの建物全体を構成するという建築プログラムのもとで設計された初期の事例でもある。プラザの効果的な配置により、建物の大面積のガラスファサード部分を通して内部のライトアップされた空間自体が外からもより効果的に見えることで、建物自体が街の中でアイコンとなり、実用的店舗であると同時に、3Dの広告としての役割も果たしている。

時代背景

この建築ができた2000年代前半は、ファッションブランドが建築家とコラボをして店舗をつくるということが目立って行われはじめた時期である。

従来型のファッションブランドの店は、商品を売るために陳列をしておき、客に見てもらいそこで販売するための場所という位置付けであったが、ネット通販のスタートにより、商品をただ販売するために陳列しておく場所としてだけの用途しか持たないスペースでは、ファッションブランドにおける店舗としては存在意味を持たないものと考えられるようになった。

ファッションブランドの商品が販売されるスペースの変遷を見てみると、デパートやまちのインポートショップなどで、多くの他のブランドと並列させるように商品が陳列販売されていたところから、デパートの中の奥まった場所の一角にそれぞれのブランドがそれぞれ囲われた店舗的空間をかまえて販売をするようになり、その後、より街行く人々の目に触れるようなデパートの1階部分に外から直接入れる入り口を設けたブランドの世界観を感じられるような路面店の形で店舗を構えて販売が行われるような形態に移行した。この流れのなかで、人々の購買行為が明らかに商

全景

街路からセットバックして建つ

品を買うという行為からそのブランドの商品を買うという行動に移行してきている。それは、ブランドの世界観と言い換えることができる価値をセットとして購入するという消費行動に移ってきているということである。

その次の流れとして、ここで取り上げる時代の建物全体をひとつのファッションブランドの店舗とするという動きが世界中で出てきた。

この流れの中で、インターネットで購入する場合と違った体験を店舗で提供することが意図されるようになり、店舗にわざわざ来店して購入するという意味をもたせることができたと言える。

ただ、この建築が学会賞作品賞を受賞した2003年は、インターネットはすでに広く普及してはいたものの、現在ほどスマートフォンなどのITメディアが一般に広く活用される前の時期であることを考えると、この建築において採用された後に触れるシュノーケルという装置でのITメディアの活用は店舗建築において斬新であったといえる。

レンゾ・ピアノによる「メゾン・エルメス」の店舗は、この建築より前に完成していたものの、かなり近い時期の作品である。この建築ができて以後、表参道のエリアには、いくつものブランドが建築家とコラボし、建物全体がひとつのファッションブランドの店舗という建築が誕生している。

プログラム分析
──街に開かれた広場空間とアイコンというプログラム

街に対してのサイトプランニングと建築の内部空間というふたつの事象を並行してとりあげながらプログラムについての分析を行う。

▎どのような条件設定が行われたか

敷地は、表参道の広い通りから直線状に伸びた延長線上の通りに面する場所で、面する道は幅の狭い道路で、周囲は敷地いっぱいまで低層の建物がぎっしりと密集し

プラザ

て建つエリアである。この場所にプラダのブランドだけで一つの建築を占有する店舗建築として、ブランドの世界観を発信するための場所を設計するという条件で設計がスタートしている。

▎与えられた与条件と設計者が付け加えた設計条件

ヘルツォーク&ド・ムーロンは、この敷地周辺にオープンスペースがないという状況に着目し、この敷地に建てない部分を残すことにより、ヨーロッパの広場に類する公共空間のようなものをつくることを目指し、建築物に関しては、青山は異質なものが混在するエリアであり、周囲との調和という制約がないということから、周囲の建物とは違う目立つものを建てたいと考えたようである。広場空間を備えることにより、目立つ建築をつくった場合に、十分に街行く人々から、その目立つ建築自体を見てもらえるという計算のうえでのことと考えられる。

店舗空間に関しては、徐々に広がりはじめていたオンラインショップとは、明確に異なる役割を果たすことが期待される物理的空間である店舗での新しいショッピング体験ができる建築をつくろうとした。

▎空間構成と造形の意図

建築基準法の高さ制限ぎりぎりで、敷地の中でプラザをなるべく広く確保しようとする意図から建物位置が決められた結果、でてきた形をそのまま採用したら、この特徴的な形態になったようである。建物がプラザを前面に備えることにより、街に対して広場空間を提供しただけでなく、建物自体がよりこの街区の中で際立って見られる状態になり、この特徴的な形は、街の中でも、プラダ青山のショップを示すアイコンとしての役割を持ち、都市におけるひとつの大きなショーケースとしての機能を果たす結果となった。

ファサードの斜め格子に配された曲面ガラスは、窓の反射を取り除く作用を持つため、昼間ガラスの反射で中の商品が展示されている様子が見にくくなるというガラスファサードの弊害を防ぎ、昼夜を問わず商品を道行く人に見てもらえるようにという配慮がされている。

建物前面のプラザとして実現された広場的空間は、ここがヨーロッパではなく日本であることを踏まえ、欧米人が考える禅空間的なミニマルな空間構成の日本庭園的な要素をもった苔庭の空間になっている。敷地を囲む壁に苔を配し、その壁に囲まれた地面にも一部苔素材が延長している。平面的な日本庭園の苔の要素を、現代技術によって垂直方向にも取り込むことで、新しい解釈の日本庭園的な空間の演出に取り組んでいるように思われる。店舗空間は来客にブランドの世界観を発信するための

場所でもある。ブランドの文化的ストーリーが店舗自体を通して感じられ、その世界観を商品とともに販売する場所としての役割が、デパートの中などの他の店舗より重要視されているため、まるで文化施設で展示を見せるような展示空間のように商品が配置されている。このことから建物の外から見た際にショーケースとして見せるための建築として機能しているだけでなく、店舗空間の中においても、見せるための空間というのが徹底されている。

商品という物質的なものを情報的要素も加えて扱うような手法として、この建築の中で採用されている「シュノーケル」とよばれる装置があり、この時代にコンピュータメディアを導入した先駆け的な建築でもある。そのシュノーケルがチューブに設置されるところでは、映像メディアとしての役割と音響の演出効果も担わせている。また、展示されている商品のみを見ることが従来型の店舗の限界であったところが、シュノーケルの使用により、いち早く新作コレクションなどを映像で店内を訪れる客が見ることができる環境を提供した。

ビジターが階と階を区別せずに動けるようにビル全体が流れるように連続したひとつのスペースと感じられるようにしたいという意図も、展示空間としての一体感を意識してのものと考えられ、天井から壁そして床、展示棚をひとつのカラーで統一し、同質的素材で構成することで、形態による空間の抑揚が次の空間へと流れるように連続していく仕掛けがなされている。空間だけでなく、商業用の建築で重要な要素である陳列用什器は、見下ろせるような高さのテーブルで、角を丸くすることで、空間全体と呼応しながらなめらかに流れる空間演出を担っており、スムーズに次の展示スペースへと流れて行けるような心理的動線の役割を果たしている。

類似事例との比較

この建築の類似例としてまず挙がるOMAによるニューヨークのSOHOにある同じブランドのショップは、ブランドの世界観を表現する劇場的な展示空間としての機能が強烈に発信された空間であるという点においては、表現は異なるが、共通するものがある。また、ショーウィンドーのディスプレイではなく、店舗全体の空間が外から見た場合にディスプレイの役割を果たし、特に夜においてはガラスを通して店舗全体がより展示空間としての機能を明確に果たしているという点においても、共通するところがある。プラダ ブティック青山店においても、外から商品がディスプレイされているのが通りから見ても上の階のものまで目に留まるようになっているが、ガラスを通して見える

夜景

展示されている商品が並ぶ様子が、建物全体を都市に置かれたひとつのショーケースとして感じられるようになっている。OMAによるニューヨークのSOHOにあるプラダのショップは、通りに面した1階とそこからのぞきこめるようにして一体化したような空間構成の地下1階だけが店舗スペースである。このため、街の中で建物自身全体がひとつの展示パッケージの存在を示すとなるまでには至っていない。その点では、その建物全体を都市の中でブランドの存在をアピールするアイコンとして機能している青山ブティックとは異なるといえる。

建物自体全体でブランドの世界観をも街の中で発信するような存在感を持つもので、同じ東京にある類似事例として挙げられるのは、銀座にあるレンゾ・ピアノ設計の「銀座メゾンエルメス」（2001年）であろう。こちらの事例は、建物全部がエルメスの店舗になっており、建物の一部だけがブランドのショップ空間として表現されていた事例とは異なり、銀座の晴海通りとそれに対して垂直に通る細い道の2面に面し、正面だけではなく、立体として建物全体で表現された建築でその存在感をアピールしている。ただ、この建築においては、従来通りのウィンドーディスプレイが存在し、店の中はガラスブロックを通してかすかに気配を感じられるという仕掛けになっている。そのため街行く人々からは中の空間を目にすることはできず、建物全体を通して街行く人にブランドの商品の展示も同時に行って

いる、プラダの青山ブティックとはアプローチが違うものとなっているといえる。

名称＝プラダ ブティック青山店／所在地＝東京都港区南青山／竣工年月＝2003年5月／敷地面積＝954㎡／延床面積＝2,860㎡／構造＝RC・S造／規模＝地下2階、地上7階／事業主＝プラダジャパン／設計＝Herzog & de Meuron／共同設計＝竹中工務店／施工＝竹中工務店

都市とのコミュニケーションメディアとしての店舗建築として

プラダ ブティック青山店の建築を店舗建築が並ぶ中のひとつから、より際立たせている要素の一番大きなものは、エントランス前に取られたプラザの存在である。この広場空間は、街行く人が店舗に入らない人でも待ち合わせをしたりする場所にするためという設計者の意図で設けられているが、都市との連続性の演出の上で、物理的にもまた建築を見せるための視覚的にも街行く人に対して積極的に関わる機会をもたらし、都市におけるこの店舗の存在をアピールするうえでの広告的役割も果たしている。この都市に対して公開された空地により、狭い道路に面しながらも、道行く人に十分にその全貌を見せることができるスペースを与えている。

この建築と同じ形態の建築がデザインされても、このプラザが存在しなければ、この形態を十分に道行く人が認識をし、またショーケースとしての役割を果たすだけの視野を確保することも叶わなかったことは容易に想像できる。この建築形態とファサードにより都市の中での独立したショーケースとしての建築を十分に機能させた一番の要因は、プラザを配置するというサイトプランである。

それにより、特に建築全体が通りを歩く人から見るとひとつの大きなショーケースとして機能し、特に夜には光の中に商品が浮かび上がり、1階だけでなく、上階までも商品が見えるようになっている。反対側歩道だけでなく、建物がある側の歩道を歩いている人からも上階に展示されている商品まで視界に入るような状況をつくり出しているのである。これまでのショーウィンドーとブランドロゴという2Dの面から店舗の存在をアピールしていた店舗建築から、3Dのショーケースに変換された店舗建築と言える。

ディスプレイの価値転換と構成要素の多義性

ショーウィンドーというのが従来の商業建築においては、商品を展示するスペースとして別個に設けられており、その商品は店内にいる客に対して見てもらうものではなく、道行く人に見てもらうためのディスプレイとしての役割を果たしてきた。

この建築においては、そのディスプレイの役割を建築全体で担うというつくりになっており、かつそのディスプレイ要素を構成するように展示されている商品は、店内にいる客に対してのディスプレイの役割を果たしており、店の外向けのディスプレイと店内向けのディスプレイのふたつの役割を同時に果たしている。道行く人に対する展示用と店内展示用が並列的役割をするように建築の使い方の転換が行われたという意味において、ファッションブランドの店舗建築というカテゴリーにおいて、プログラム構成の価値転換が行われた事例のひとつといえる。

ディスプレイの使い方だけではなく、ひとつの要素が複数の役割を果たす多義性というのが、この建築の特徴として挙げられるもので、建物外観の斜め格子は、構造であり、ファサードであり、インテリアでもある。同様にチューブ空間も、構造であると同時にプライベートスペースを構成する場所であり、かつシュノーケルからの映像を投影する壁であり、音を反響させる音響装置でもある。さらに都市を眺める場所という位置付けでもある。その他構成要素である、垂直コアや床スラブにおいても、空間を縁取るだけでなく構造でもある。

この多義性と、都市に対するコミュニケーションの機能は、ヘルツォーク＆ド・ムーロンがインタビューでも話している、この建築を生き物として見立てているという考え方からも、建築の全体を貫くテーマになっているのかもしれない。

参考文献
『ヘルツォーク／ド・ムーロン「プラダ青山東京」日本語版』プラダ財団、2003年
Fondazione Prada, "Prada Aoyama Tokyo Herzog & De Meuron", SOS Free Stock, 2003
『approach 2003.Autumn』竹中工務店総本店広報、2003年
『structure』No.91、日本建築構造技術者協会、2004年
『建築画報Visual Architecture』344 March 2011 Vol.47、建築画報社、2011年
『GA Japan』64号、A. D. A.エディタ・トーキョー、2003年
『新建築』2003年9月号、新建築社、2003年
『商店建築』2003年8月号、商店建築社、2003年
『日経アーキテクチュア』2003年8月4日号、日経BP、2003年
『a + u』2004年7月号、エー・アンド・ユー、2004年
『月刊建築技術』2009年4月号、建築技術、2009年
"domus 990" Editoriale Domus, 2015
『新建築』2015年5月号、新建築社、2015年

図版出典
写真すべて湯本長伯撮影

金沢21世紀美術館

妹島和世　西沢立衛（SANAA）

ファサードを消滅させた透明な円形ボリュームの中に、街路に見立てたグリッドを設定し、徹底的に抽象化した構造的思考のもとで機能空間の平面配置が検討された。独立した矩形に分割された美術館展示スペースと市民交流スペースは互いが混在するように配列され、周辺都市から単体の建築内部にまで連続し浸透するかのごとき革新的な動線が生み出された。その結果、これまで閉鎖的に扱われてきた純粋美術の機能空間は周辺環境へと解放され、複合する諸機能の相互交流を誘発すべくプログラムされた空間が創出された。

現代美術館の様相と金沢21世紀美術館の位置付け

金沢21世紀美術館は、単一用途の美術館ではなく市民交流施設を複合した公共施設である。多くの公共施設が利用頻度の低さから箱モノ施設と揶揄されるなかにあって、2004年開館の本施設はオープン10年で1300万人超の来場を記録し、単に現代美術館としてのみならず地域活性に資する拠点として高い評価を得ている。この建築を読み解くにあたって、まずは現代美術館のあり方について考えてみたい。

一般的な意味での美術館は、啓蒙的意義をもって絵画や彫刻といった芸術品を収集・保存・展示・研究するための施設である。よって、その建築計画は、展示公開部分と非公開部分の動線を明確に分離するとともに、シンボリックなホールを設定して動線計画の起点とするのがセオリーとされる。一方、現代においては、環境芸術・インスタレーション・デジタルを駆使した音や光の表現等、メディアの多様化により美術そのものの様相が変化しているため、これに呼応すべく従来型の枠組みから踏み出した新たな空間的要素の模索も進んでいる。そこで、現代において多様化する美術館を理解する手掛かりとしてその建築的タイポロジーを整理してみる。

1. 歴史的な建造物を整備して、重厚で非日常な空間を活用した美術館（ex. ルーブル美術館、エルミタージュ美術館）

2. 現代的に解釈した象徴的形態の中に、ホワイトキューブの展示室が合理的に配された美術館（ex.豊田市美術館、国立新美術館）

3. 既存施設をリノベーションすることで現代アートに対応すべく空間の持つポテンシャルを引出した美術館（ex. テート・モダン、オルセー美術館、倉敷市美術館）

4. 彫塑的な形態で外殻となる建築自体もランドマーク的な現代アートとしての意義主張をもつ美術館（ex.ポンピドゥーセンター、ビルバオ・グッゲンハイム美術館）

全景。すり鉢状の敷地中央に置かれた円形のボリュームから各々の矩形の機能空間が突出する[1]

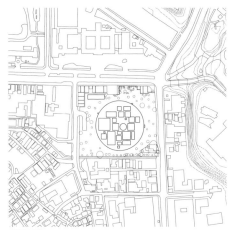

配置図[2]

外部ー内部ー光庭。巧みに意図された動線と視線の抜け[3]

5. サイト・スペシフィックなアートあるいはコミッションワークのアートと建築が完全に一体化して芸術的空間を構成した美術館（ex.奈義町現代美術館、地中美術館、豊島美術館*)

これらはすべて単一用途の美術館であり、非日常的な緊張感を伴う空間であることに共通の特徴をもつ。一方で近年においては、美術館の付加価値として地域の活性に直結するような公共性が求められることも多い。その際、一般の市民交流や観光客に向けた開放的プログラムが必要となり、収集・展示等の基本部門に対して飲食物販等のアミューズメント部門を充実させることや、シアターやレクチャールームといった他用途の施設を複合させることになる。このような背景のもと、金沢21世紀美術館は先のタイポロジーから脱し、個別の展示室としては非日常的なホワイトキューブを有する純粋な現代美術館であることに加えて、配置と動線の建築的操作によってカジュアルな地域交流施設としての公共的要件を同時に成立させた点にこそ、その機能としてのプログラムの特徴を有する。

SANAAという設計組織

SANAA(Sejima and Nishizawa and associates)は、海外のコンペや国内の大型プロジェクトに対応すべく1995年に妹島和世と西沢立衛によって設立された設計組織である。それまで西沢は妹島和世建築設計事務所の所員であり、入所後わずか5年でパートナーシップをとるというのは異色の関係ともいえよう。その後、二人はそれぞれが運営する独立した事務所を隣同士に持ちながら、並行してSANAAとして多くの設計を協同している。

妹島は1981年より伊藤豊雄建築設計事務所に所属し

た後、1987年より自分の事務所を構えた。初期の小作品としては「PLATFORM Ⅰ・Ⅱ」がメディアに紹介され、その軽快な浮遊感や抽象的な造形が注目された。この頃、西沢は大学院時代の伊東豊雄建築事務所でのアルバイトを通して妹島を知り、その設計の魅力に加えて、小規模事務所のためよりフラットな関係でプロジェクト全般に関われることを理由に、ここへの入所を決めた。もちろん、二人共最初に設計者として伊東を慕ったという点で、その底辺には建築的感性の共通性が見出せよう。

彼らの建築は、大胆に抽象化された形態、開放性、透明性といった点で評価されることが多いが、これらは単なる表層の操作で成しえるものではなく、その背景には徹底したデザインの方法論がある。空間創出に際して、単純なルールを設定しそれを徹底しながら作業を進め、自らはこれを「創造的な原則」「構造的な思考」といった言葉で説明しているが、これこそが彼らの設計手法としての純化されたプログラムといえる。

金沢21世紀美術館の設計の経緯

「広坂芸術街」設計プロポーザルコンペ

この建築は、1999年に金沢市の都心地区整備構想の一環として、美術館と市民交流館の複合施設に対するプロポーザル方式のオープンコンペにて選抜されたものである。コンペタイトルには「広坂芸術街」とあり、公共施設の経済的波及効果に対する社会的視線も厳しいなか、敷地が金沢大学付属小中学校の跡地であることや、文化によるまちづくりが政策的に推進されることを背景に、市民に広く開かれた施設が求められた。つまりプログラムとして市街地活性に寄与するため、純粋な美術館というよりも交流館を含めた複合公共施設のあり方が問われたコンペであった。これに答える定石の計画は、美術館と

交流館の別々の機能を明確に分離しながらも互いの関係性のなかにオープンスペースをつくり出す、といったものであろう。対してSANAAは、「公園のように街に開けた美術館」をコンセプトに据え、美術館と交流館を機能別の単位空間ごとに細分しつつも、フラットなボリューム内にそれらを混在して配置することで相互交流をもたらすような一体空間を提案し、採用へと至った。

▌設計者とキュレーターとのコラボレーション

この美術館は建築としてのハードはもとより、先鋭的な現代アートの展示に対応しつつ敷居の低い体験型の美術館としても機能することで、高い利用率をキープし続けるディレクションへの評価も極めて高い。その背景には、コンペ選定後の実施設計段階において、長谷川祐子や鷲田めるろらのキュレーターが積極的に関与し、この複合機能が求められた施設においても、妥協することなく現代アートの展示空間を要求したこと、設計者がその必要要件をストレートに受け入れながらも、コンペ当初の建築としてのコンセプトを堅持したことがあげられよう。空間を創る設計者と、運用するキュレーター、そしてアーティストも加えたコラボレーションによってこそ、このコンセプチュアルな建築が成しえられたのである。

配置と周辺環境のしつらえ

金沢の中心市街地に位置するこの建物は、全体が周囲に開けること、かつ周囲の残余空間が一体的な都市公園として機能することを意図して、敷地中央にフラットな円形のボリュームとして配置された。すり鉢状に中央が窪んだ敷地の起伏を巧みに利用しながら、建物の求心性を演出している。また、敷地の3方が接道しており1方が用水路沿いの遊歩道であることを生かし、4ヵ所にエントランスを設けることで、正面性のないアクセスフリーを実現しているが、多くの美術館や公共施設において象徴的かつ非日常的な正面性の演出が重視される傾向に対して、まったく反対の手法をもつ点において特徴的である。

ファサードのしつらえ

主要なる公開部門とこれに付属するサービス機能すべてを1層の基準階に納めるとともに、収蔵庫や駐車場およびそこへの車道は巧みに地下に埋めることで、4方が開けた円形のフラットなボリュームが確保された。このボリュームは、直径113m×高さ4.5 mの透明なカーブガラスに囲われ、かつ床と天井のスラブを視覚的に消し去るディティールにより内外の一体化が図られている。加えて、内部には4つの中庭と建物内外を視線が貫通する廊下が配されており、このサーキュレーション空間の透明性をより強調している。このなかで、それぞれ必要に応じた個別の高さをもつ機能空間が、1枚の壁で互いに隣接することなく3mグリッドプランのなかに納められており、シースルーな円形のサーキュレーション空間のなかに矩形のアクティビティー空間が独立して存在するといった2重の構成を有している。その結果、4方向共に矩形のボリュームが屋根形状として突出する立面となり、もはやファサードの消失した建物となった。

展示室のしつらえ

14ある展示室は、キュレーターの意思によりそのサイズとプロポーションが厳密に規定されたホワイトキューブである。若干の調整あるものの、平面は3mグリッドによる1：1、黄金比、1：2の3種類、天井高は4.5、6、9、12mの4種類を意識して設計が進められた。うち1室のみは直径15m×高さ6mの円柱形をもつ。これらの展示室は各々が分離独立することで、階高や構造に捉われない自由なボリュームが可能となった。また、ほとんどの展示室が大型のトップライトを備え、ルーバーの調光設備と全面フロストガラスの天井により、直射光を嫌う閉鎖的な展示室にあって外部の気配を感じ自然光を最大限に生かした均質空間での展示が実現された。

これに加えて、「スイミング・プール」「緑の橋」「ブルー・プラネット・スカイ」等、体験型のコミッションワーク作品を建築と一体にして計画されたことは、市民に開放されたこの美術館としての性格を鮮明に位置付けている。

機能空間の配列と空間の浸透性

この建築は、単体のボリュームを機能空間ごとに分割しながら互いを動線でつなぐといった常套の手法に反して、まず全体を包むサーキュレーション空間を意識し、そのなかに機能空間を各々独立して配列した点にこそ、アイデンティティーがある。あたかも、街路で分割されたなかに個々の建築がなされて街並みが形成されるような都市計画的な成り立ちでもあり、これが「公園のように街に開けた美術館」という要望への解答ともいえよう。加えて、無機質なコンクリートで仕上げられた床は、屋外のような街路的雰囲気を助長している。

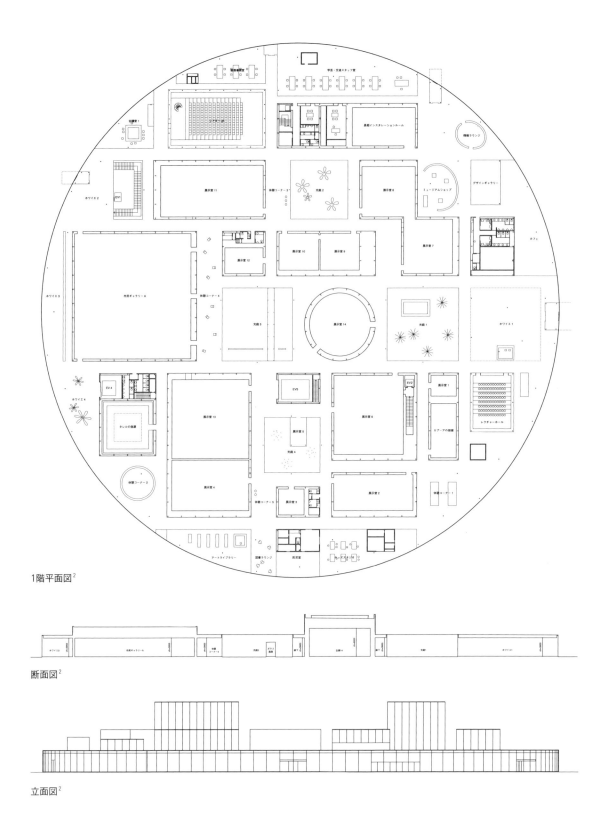

1階平面図[2]

断面図[2]

立面図[2]

複合する機能に関しては、比較的円の周辺部にパブリックな市民交流スペース、中心部にプライバシーの高い美術館展示スペースを配列し、展示企画に合わせて両者を透明のアクリル扉で曖昧に区切ることで、その融合と分離の調整を可能にしている。加えて、14本に及ぶ内部通路は、両者の垣根を取り払い、相互浸透を促す。また、順路を規定することない回遊性ある動線はキュレーションに応じた巡回ルートの選択可能性を高めるし、ラ

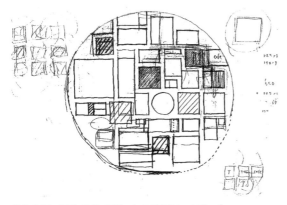
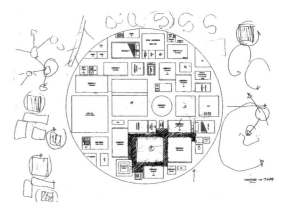

機能空間の配列、動線、視線における綿密なスタディー[2]

ディカルな現代アートが展示室内に留まらず他の空間へと浸透していくことを誘引するような、ヒエラルキーのない空間を実現する。

名称＝金沢21世紀美術館／所在地＝石川県金沢市広坂1丁目2-1／工期＝2002年3月〜04年9月／構造＝鉄骨造＋RC造、一部鉄骨鉄筋コンクリート造／規模＝地下2階、地上2階／敷地面積＝26,009.61㎡／建築面積＝9,515.66㎡(美術館部分)／延床面積＝17,363.71㎡(美術館部分)／設計＝建築：妹島和世＋西沢立衛(SANAA)、構造：佐々木睦朗構造計画研究所／施工＝竹中・ハザマ・豊蔵・岡・本陣・日本海特定建設工事企業体

恒久的な価値に向けて

　金沢21世紀美術館は、美術館建築においての常套とされる象徴性と規定された動線を排除することで、先鋭的な現代アートに適応しつつも外に開けた公共性高い空間を実現した。それは、単に表層的なデザインや空間的な操作でのみ成し得るものではなく、運用する側のキュレーターらと互いに専門性をコラボレートしながら、時代の価値を探った結果に他ならない。

　あえて否定的に探るなら、排除された象徴性から生まれたこの透明で大胆に抽象化された形態は、新たな象徴性を生むというパラドクスを孕んでいる。彼らの軽快なる建築に対して、その恒久性を懸念する声も存在する。フレキシブルな動線は運用者の理解が足りなければ、その合理性が損なわれよう。しかし、少なくともこれまで15年を超

える経緯のなかでは、この建築とそこに関わるプログラムは十分な理解のうえで機能しているし、結果としての見事な運用実績も残している。この先も、時代の潮流を開いたコンセプトモデルのひとつとして、恒久的な価値を示し続けるものであることを期待したい。

注
＊西沢の設計によるもので2012年日本建築学会賞(作品)

参考文献
妹島和世 西沢立衛 著『妹島和世＋西沢立衛／ SANAA WORKS 1995-2003』TOTO出版、2003年
『JA 53スケッチブック』新建築社、2004年
『新建築』2004年11月号、新建築社、2004年
『GA JAPAN 71』A.D.Aエディタ・トーキョー、2004年
『妹島和世＋西沢立衛読本 2005』A.D.Aエディタ・トーキョー、2005年
『建築設計資料 102美術館』建築資料研究社、2005年
長谷川祐子 鷲田めるろ 執筆『妹島和世＋西沢立衛／ SANAA　金沢21世紀美術館』TOTO出版、2005年
『GA ARCHITECT 18妹島和世＋西沢立衛』A.D.Aエディタ・トーキョー、2005年
西沢立衛 著『建築について話してみよう』王国社、2007年
太田泰人他 著『美術館は生まれ変わる 21世紀の現代美術館』鹿島出版会、2008年
西沢立衛 著『美術館を巡る対話』集英社、2010年
『妹島和世＋西沢立衛読本 ―2013』A.D.Aエディタ・トーキョー、2013年

図版出典
1　金沢市提供
2　©SANAA
3　松本正富撮影

建物周囲は都市公園として開放され、さまざまなアートが配されている[3]

22

ふじようちえん

手塚貴晴　手塚由比

幼稚園は学校教育法で「幼児を保育し、幼児の健やかな成長のために適当な環境を与えて、その心身の発達を助長することを目的とする」と示されている。ふじようちえんは、この「心身の発達を助長する環境」とは何かという根源的な問いに、「自律的な遊び」を促すという解を示した建築である。境目のない空間構成で仲間はずれを生まない幼稚園を形成する一方、それらを一体化する建物の屋上を生活空間とする。この際立った二面性を、高さ2mほどの屋根の上下で展開する。緩やかに傾斜がかかった屋根の上は回遊性が演出され、大勢の子どもたちが互いに関わり合いながら走り回る。自主性を大切にする教育理念と、さまざまなチャレンジが可能な建築の構成と、それに応える子どもたちの行動が相乗的に結び付くことで、心身の発達を助長する空間が生まれている。人と建物の両輪がそろった園舎なのである。

園長とアートディレクターと建築家の連携

東京都立川市に位置する私立幼稚園。約560人の子どもが在籍し、日本で3番目の規模である。1971年に設立された木造園舎は老朽化し、雨漏りが頻繁にあった。2004年の新潟県中越地震の状況を受けて、防災・防火の面からも建て替えが決意された。敷地は約4,800㎡で、平坦な菱型形状をしている。

モンテッソーリ教育の理念が取り入れられ、子どもの自主性が大切にされている。加藤積一園長は、子どもが遊びを通じてさまざまな事柄に興味を示しチャレンジし、そのなかで達成感や自立性を獲得することを重視していた。幼稚園の建物や樹木や動物、周囲の畑なども含めたすべてのものが、心身の発達に貢献するものと捉えていた。

建替えにあたって、加藤園長は複数の建築業者にプランの作成依頼をしたが、一般的な矩形の園舎に満足しなかった。知人を介してアートディレクターである佐藤可士和氏を紹介され、子どもの教育にも関心を持っていた佐藤は園長に幼稚園に関する思いを聞き取った。

園長は、「子どもが楽しい時間を過ごすことができる場所であり続けたい」という願望を伝え、楽しく育つような幼稚

園はどういうものか意見を交した。ふたりは国内のさまざまな幼稚園を訪れたが、「遊び場」や「遊具」はあっても、建物そのものに遊ぶ場所がないと感じた。遊具を取り除けば、小学校や高校と同じように見えるものばかりだった。そして新しい園舎はそれ自体が「巨大な遊具」であるというコンセプトを打ち出すこととした。

建築設計は佐藤の勧めもあり、手塚貴晴と手塚由比(手塚建築研究所)が選ばれた。手塚らの設計した〈屋根の家〉を佐藤が加藤園長に紹介しており、建物で遊べる幼稚園というイメージと合致したためでもある。手塚らは建替え前の古い園舎を訪れた。木造の平屋と2階建てのL字に近い建物には開放的な外廊下があり、その廊下を園長が歩き回りながら子どもの様子を観察していた。また、大きな樹木がある広い園庭では、子どもたちがのびのび走り回っていた。手塚らはこの雰囲気を残すべきだと考えた。25〜30mの高さまである3本のケヤキを伐採せずに残したまま、建物をつくろうということになった。

幼稚園を方向づける3つのフレーズ

手塚らと佐藤、加藤園長がこの園舎について語るとき、必ず用いるフレーズがある。園舎自体が「巨大な遊具」、「仲間はずれのない」ひとつの村、「懐かしい未来」の3つである。ここではこれらの言葉に沿って建築のプログラムを示す。

園舎自体が「巨大な遊具」

巨大といっても通常の遊具をそのまま拡大するのでも、園舎に数多く設置するというのでもない。空間そのもので遊べるような建築である。一般の幼稚園や公園にある遊具は、遊び方があらかじめ定まっている。それに対して、子どもたちが自ら遊び方を発見し、多様な関わりができるような建築を考え、園舎は行き止まりがなく回遊できるような空間とし、屋上をひとつの大きな園庭とした。

手塚らは本建築の計画中に、バルセロナの集合住宅〈カサ・ミラ〉を訪れた。カサ・ミラの屋上は波打ったような形状をしており、特徴ある煙突や階段室が立ち並

ふじようちえんの屋根と中庭 [1]

上下をつなぐ天窓や樹木での遊び [1]

ぶ。そこには遊具というものはないが、子どもだけでなく大人も走り回ったり遊んだりしていた。こうした様子を見た手塚らは、「子どもも大人も同じ目線で遊べるような、力がある建築をつくりたかった」と述べている。

「仲間はずれのない」ひとつの村

常に子どもの様子が感じられることと、子どもがひとりで孤立するようなことがないこと、そしてそこにいる人達が一体感を感じられるような園舎とすることを目指した。園舎は巨大なひとつの屋根をもつ形式となっている。すべての空間が中庭を向いており、中国の客家円楼のような求心性をもつ大きな村を想起させる。仕切る壁を取り払うこと

で隠れるところをなくし、互いの様子がよく見えるようにした。外部からも内部からも人の目が行き届くことはセキュリティ対策にもなると考えた。

「懐かしい未来」

ここでいう「懐かしさ」とは、旧来からある人と自然との関わりをつなぎ止めることと、身の回りの環境を調節することに手間を掛けさせることである。新しい建築構造や設備を導入して従来なかったような建築空間をつくるとともに、あえてローテクな仕様を用いることとした。不便な所を残すことによって、子どもたちが動き、工夫をし、自律的な学びが生まれると考えたのである。例えば屋根は高断熱

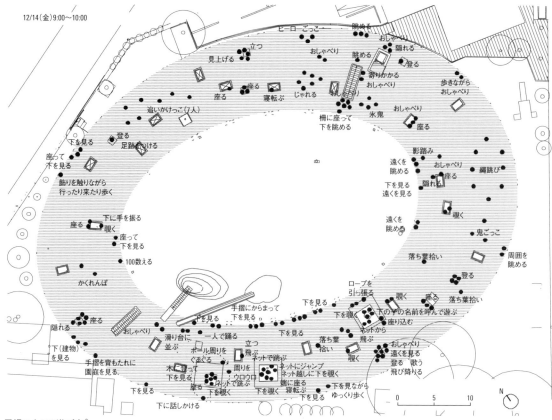

12/14(金)9:00〜10:00

屋根の上での遊び方[2]

化する一方で、引き戸は基本的に開放させるような仕様とし、低気密化している。可能なかぎりエアコンに頼らず、自然の風や木陰を活用することを意図している。

建築空間の特徴

▌「巨大な遊具」となるドーナツ型の園舎と屋上

回遊できるドーナツ型の園舎は、手塚貴晴がフリーハンドで描いた二重の楕円（対称的な曲率ではないので正確には楕円ではない）を直接CADでなぞって平面形状としたものである。中庭を抱いた平屋建てであり、外周183m、内周108mである。二重の楕円は各々形状が異なり、室内の奥行きも場所によって変わっている。

構造は直径150mmの鉄骨柱28本で成り立っている。この柱の配置も規則性があるのではなく、手塚らがフリーハンドで描いた位置を元にしている。梁は各々三角形平面トラスとなっており、剛性が高まっている。壁のない空間を実現させるため、構造設計者の池田昌弘と考案した形式である。

園舎の屋根は園庭にもなっている。一方向に張られたウッドデッキの屋根は水勾配に従って内側に傾いており、円弧に添って走りやすくなっている。軒先は法の極限まで下げ、上下の子どもの距離を近付けている。内周側の天井高さは2.1m、外周側は2.25mである。屋根にはトップライトが20ヵ所、設備を覆った木の箱が8ヵ所あり、それらは不均等に並べられている。上下のアクセスは階段が3ヵ所、エレベータが1機、すべり台が1台設けられている。すべり台は緊急避難用でもあるが、上下空間をつなげることにより、活動の場を立体的にしている。さらに3本の大きなケヤキが屋根を貫いている。屋根からは斜め横へと伸びる枝に登りやすく、また隙間にネットが施されているために、地面に落ちることなく樹木と遊べるようになっている。

屋根の内側と外側には細い手摺が一周設置されており、123mmピッチで縦の桟が入っている。子どもの頭が入らず、手や脚のみが出る間隔である。子どもたちは手摺から脚を出して、中庭を囲むようにぐるりと座ることができる。

▌「仲間はずれのない」ワンルーム空間

園舎の内周と外周は、すべて木製引き戸（内側75枚、外側99枚）で開放が可能である。屋根スラブには空気層と断熱材が設けられており、日中の温度上昇を抑えている。引き戸は子どもたちでも安全に開閉できるよう軽くしてい

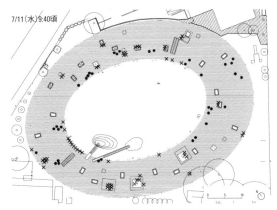

●動いている園児　×とどまっている園児

移動するこどもととどまる子どもの配置[2]

る。

また1階には屋根の部分が庇となった半屋外空間がある。庇は2m程度と深いので、通常の雨であれば室内に入らない。雨の日は屋外で唯一の活動の場となり、クラスの異なる子どもたちの交流空間ともなる。

室内には基本的に間仕切り壁が一切ない。当初、保育室の間には壁を設ける予定であったが、家具になるような箱を積んで緩やかに区切るという案に変更された。一辺300mmの立方体の桐の箱を用いることは武蔵工業大学（現 東京都市大学）手塚研究室の学生らが考案した。木箱は子どもが持ち運べるような軽さや丈夫さにして、遊び道具となることも意図している。積んだ箱は、ロッカー、本棚、道具入れ、椅子などとして使用している。可動間仕切りとして利用したり、ステージに利用したりすることもある。建築竣工時には、教職員と学生らが木箱の使い方を一緒に考え、収納としてだけではなく、くぐり抜けられる遊具のように配置したりした。

「懐かしい未来」を感じさせるローテク仕様
内周側の軒には、ガーゴイル（樋の最終吐き出し口）が設置されている。雨の日は雨水がここから地上の丸い水受けに落ちる。雨を隠しながら処理するのではなく、意図的

に見せる仕組みである。広大な屋根であるため、大雨のときはまるで滝のように勢いよく流れ落ちる。この滝は雨に対する興味を抱かせ、雨に触れたり打たれたりするなど雨と遊ぶことを促している。

照明は、天井に設置された白熱電球の近くに紐が下がっている。壁が存在しない建築なのでスイッチの設置場所がない。この紐を引っ張って点けたり消したりするのであるが、それによって必要な場所のみに照明を点すという習慣が身に付くことになる。また建具や家具を自身で移動し、空間の形状や環境を自主的に調整しなければならないことも意図的なローテク仕様だといえる。

自律的な遊びの発生

この幼稚園の最も大きな特徴はドーナツ型の園舎と屋根の上の園庭であり、ここに「巨大な遊具」というプログラムが体現されている。それでは実際に子どもたちはどのような遊び方をしたのだろうか。園舎が完成した2007年に、子どもの過ごし方に関する行動観察調査を行った。その結果を元に、この建物が如何に子どもを刺激し自主的な行動を促しているかを紹介する。

遊び方の多様性
屋根の上の遊び方をまとめた図を見ると、天窓や設備を収めた木の箱といった突起している要素を中心にして集まり、遊ぶことが多い。また、寝転んだり、座り込んだりする行為も頻繁にある。これはウッドデッキが全面に張られていることと、それが傾斜していることが効いていると思われる。天然木材によって表面温度の上昇が抑えられ、屋根を貫くケヤキにより日陰もできるという利点もある。

箱の上を鬼ごっこのセーフティーゾーンとして用いたり、天窓の枠を平均台のように見立てたりするなど、要素の形状（高さなど）や素材のもつ特徴が活かされている。天窓では下を覗いたり、手摺の傍では地上にいる友達や教職員に呼びかけたり、樹木周辺ではネット越しに下の友達と会話しようとするなど、屋根の下に対する意識が非常に

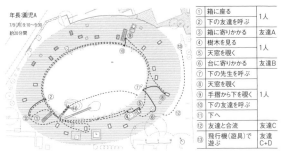

年長：園児A
7/9(月)9:10～9:30
約20分間

①	箱に座る	1人
②	下の友達を呼ぶ	
③	箱に寄りかかる	友達A
④	樹木を見る	1人
⑤	天窓を覗く	
⑥	台に寄りかかる	友達B
⑦	下の先生を呼ぶ	
⑧	天窓を覗く	
⑨	手摺から下を覗く	1人
⑩	下の友達を呼ぶ	
⑪	下へ	
⑫	友達と合流	友達C
⑬	飛行機（遊具）で遊ぶ	友達C+D

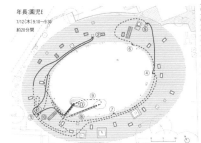

年長：園児E
7/12(木)9:10～9:30
約20分間

①	箱に登る	
②	箱に登る	友達A
③	箱に登る	
④	手摺に掴まる	1人
⑤	箱に登る	
⑥	下に向かって叫ぶ	友達B
⑦	友達に反応し止まる	友達C
⑧	下へ	
⑨	再び上へ	1人
⑩	箱に登る	
⑪	下へ	

子どもの動きの追跡調査（実線：迷いのない直進的な動き、点線：ぶらぶらとした探索的な動き）[2]

強い。これは屋根の上から見える範囲が広いことと、上下にレベル差があるもののその距離が近いことの効果だろう。これらの空間的特徴が、相互のコミュニケーションを促したり、ある場所にいることを他者に示したりすることにつながっている。また天窓のように、特定の場所に行かないと見ることができないことが、覗くという行為を誘発している。

動きを促す屋根の上

見通しがよく行き止まりのない屋根の上では、実際にどれくらいの割合の子どもたちが動いているのだろうか。屋根の上の子どもが、ある短い時間帯に移動している途中であるか、ある場所にとどまっているかに分けて示した図を見ると、どの時間帯でも、子どもたちの平均36%が移動する途中であるという結果が得られた。東京都内にある一般的な園舎をもつ幼稚園で同様の調査を行ったところ、ある時間帯に移動中の子どもたちはおよそ8〜20%であった。ふじようちえんでは場所を移動しようとする子どもが約2〜4倍も多いことになる。

屋根の上や園舎の周辺では、全速力で走り抜ける子どもがいる一方で、樹木やトップライトなどに集まりとどまって遊んでいる子どもたちがいて、その間をすり抜けながら移動している子どもが多くみられた。こうした移動をする子どもたちによって各々の遊ぶ領域は柔らかくつながっている。広い園舎が個々の領域に分割されるのではなく、全体がひとつの場として感じられることに、子どもの動きが寄与しているのである。

発見を繰り返しながら遊ぶ

個々の子どもの動きを追跡調査した2つの図を見ると、男児Aは、園舎の円弧に沿って走り回ったり、さまざまな場所に立ち寄ったりしながら20分間に約300mの距離を移動している。またこの間に遊び相手が3度変わっている。こうした動きや遊びの変化は、園舎が周回できる形状であること、前・斜め・下などさまざまな方向が見渡せることなどによって促されているといえる。

自然と走り回るこどもの様子[1]

名称＝ふじようちえん／所在地＝東京都立川市上砂町2-7-1／構造＝S造／規模＝地上1階／施工期間2006年3月〜07年1月／敷地面積＝4,791.69㎡／建築面積＝1,419.25㎡／延床面積＝1,304.01㎡／設計＝手塚建築研究所／受賞＝グッドデザイン賞2007年度インタラクションデザイン賞、第1回キッズデザイン金賞（経済産業大臣賞）感性創造デザイン賞

子どもたちの動きは、目的地に向けて直進する場合（図では実線で表記）と、何かを探索しながらふらふらと移動する場合（図では点線で表記）がある。他の幼稚園では前者の動きが圧倒的に多かったのに対し、ふじようちえんでは後者の動きが多いという特徴があった。園児Aの③から⑥、⑧から⑬までがそれにあたり、天窓の周りを回ったり木の箱へ行ったり来たりしたり、何かを捜し求めたりしながら移動する動きである。これらは近くに移動する場合だけでなく、円弧の対極などの離れた場所へ移動するときでもみられた。屋根の上の内側からは中庭や軒下の様子がよく見えるため、遠くの場所を観察しながら興味ある対象を見付け出す。そしてそこへ動いていく途中で、別の人や状況を気にかける。園舎全体、そして敷地全体を移動しながら、発見と出会いを繰り返し、遊ぶ相手や遊ぶ場所や、遊ぶ方法を変えていくのである。

以上のようにふじようちえんでは、建物や要素を活かした多種な遊び方があること、園舎全体を移動しながら遊ぶ子どもの行動が多くみられることに特徴があるといえる。即物的な遊具をつくらず、ひとつの村のような大らかな建築とフリーハンドを元にした要素の配置が、子どもの感性を刺激する。自主性を大切にする教育理念と、さまざまなチャレンジが可能な建築の構成と、そしてそれに応える子どもの行動が相乗的に結び付き、いきいきとした空間が生まれている。

参考文献
『新建築』2007年5月号、新建築社
『DETAIL JAPAN』2008年7月号（特集 保育園・幼稚園）、リード・ビジネス・インフォメーション
『日経アーキテクチュア』2007年8月13日号、日経BP
『OECD/CELE学校施設好事例集 第4版』、国立教育政策研究所、2011年
太田温子「ふじようちえんの屋根の上での園児の遊び方に関する研究」武蔵工業大学大学院修士論文、2008年

図版出典
1　手塚建築研究所提供
2　小林茂雄

神奈川工科大学KAIT工房

石上純也

大学施設群の中心に建つこの建築は、面的な人の動きや密度を変化させ、硬直化している大学キャンパスを大きく変える可能性を持つ。また、想定外の使われ方を想定した様な建築プログラムのつくり方は、多様化・複雑化している現代に求められる機能への一解答としても興味深い。機能は工房であるが、ものつくりだけでなくコミュニティも視野に入れた仕切りのない伸びやかな平屋の空間は、新しい建築のあり方を示している。

大学キャンパスの価値を高める

大学施設は、学生数の変化や運営上の目的などから、増築を繰り返している場合が多い。その現状を、前向きに捉えると、各々の時代に応じた建築がデザインされ建設されているという見方もできる。それに関連して、近年、日本学術会議でも土木工学・建築学委員会の大学等研究・教育キャンパス整備検討分科会として「我が国の大学等キャンパスの改善にむけて——国際競争力のあるキャンパス整備の課題と提言」が公表されている。すべての大学が国際競争力を意識するかどうかは別として、大学のキャンパスの改善に向けては、納得できる箇所も多々見られる。

その現状および問題点として、「我が国の大学のキャンパスデザインは世界的にも競争力が低いと多くの大学において自己評価され……入学してくる若い人たちは大学の空間に多く失望していると報告されている。……我が国のキャンパス整備には過去多くの資金が投入されたにもかかわらず、それが歴史的な重層化に必ずしも成功せず、……どちらかと言えば空地に建物を建設し、混乱した環境に向かっている傾向が見られる」とある。とくに理工科系の大学キャンパスでは、実験・実習など機能が優先される建築が、各々の目的に沿って必要に応じて随時建設され、キャンパスとしての統一感が十分に保てない場合も多いのではないだろうか。

その改善に向けての提言は冒頭で、キャンパス整備にあたって、キャンパスデザインと組織・システムの構築について、各8項目ずつに要約され、明示されている。

特にKAIT工房の役割に関係すると思われる、各4つの項目を記す。

1）キャンパスデザインの改善
・我が国の大学キャンパスは短期的な要請の中で、校舎・研究棟を増設してきたため、まとまりのないキャンパスを作る傾向にあった。長期的なマスタープランが作られる必要がある。
・大学キャンパスは都市・地域との更なる連携を図るためにも、地域住民に開放する施設空間を整備すべきである。また、大学そのものが地域の顔として誇りとなり、観光拠点としても寄与するようにすべきである。
・大学教職員、学生の交流は廊下、広場、庭園等、外部空間等のコモンスペースで展開される。それをより充実させるべきである。
・大学キャンパスにおいては、それぞれの大学の歴史性、地域性を尊重しながら継承性が図られる必要がある。

2）キャンパス整備にあたっての組織・システムの構築
・キャンパス整備にランドスケープデザインの専門家を参加させるべきである。
・キャンパス整備には独立した意思決定機関が必要で、地域との良好な連携が重要である。
・大学キャンパスを構成する建築・造園等のデザインレベルを向上させる必要がある。従来、大学施設は極めて安易に建築・環境が作られる傾向があった。歴史的にも残る、高いデザイン性、機能性をもつ施設を実現可能な設計者を選定できる発注システムがとられることが望ましい。
・大学評価システムにキャンパスデザイン整備を重視すべきである。大学の環境価値を高めるために、大学はキャンパス整備に関して様々な戦略を作成し、実行する必要があるが、その取り組みを大学評価に反映すべきである。

〈KAIT工房〉は、理工科系の大学キャンパスというより具体的な機能が求められやすい条件のなかで、上記の項目などを意識しながらキャンパスの新しいあり方を切り開き、大学の空気感を変える可能性をもつように思われる。これは、施主・設計はじめ建設関係者の相互理解や、KAIT

外観

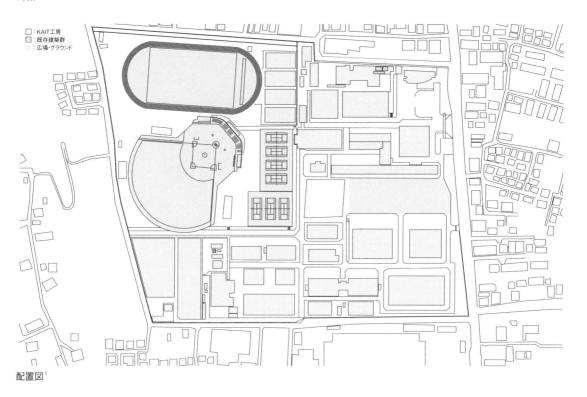

□: KAIT工房
■: 既存建築群
▨: 広場・グラウンド

配置図[1]

内観

工房建設のかなり前から行われている、学生はじめ利用
者や時代のニーズに合ったキャンパスづくりへの共通認
識によるものだといえる。

大学キャンパス内をつなぐ施設として

「間」が存在する場というものは、人と人、人と空間、空間
と空間の適度な緩衝となる場、つまり、人や空間またそれ
らどうしを結び付ける力のある場・空間と捉えることができ
る。住宅でその「間」が存在する場を考えてみると、例え
ば、履き替えの習慣がある我が国における玄関は、ある
一定の時間の滞在は想定しながらも、外部と内部の緩
衝的な空間で、やや緊張感をもった場・空間となる。また、
同じ外部と内部の緩衝的な空間でも縁側のように、人
の長居も許容しながら居心地の良い場・空間を想像させ
る。

ところで、その様な「間」をもった空間は住宅ばかりでなく、
施設のような建築も含めさまざまに存在する。この工房の
立地は、大学キャンパス全体で見た場合に、建築群と広
場・グラウンドをつなぐ要の位置で、中間領域的な「間」が
存在する場が求められる場所であり、そのあり方によって
は、キャンパスのイノベーションにもつながるような可能性

をもつ。
具体的には、その立地に白色で存在感を示しながらも、
積層した建築群と広場・講演に挟まれた場にある、内部
と外部の境界が曖昧で透明感のあり明確な方向性をも
たない伸びやかな平屋の「つながる空間」は、さまざまな
可能性を広げている。

工房と交流

3Dプリンタといったデジタル工作加工機器など、さまざま
なものづくり機器を備えそれらを自由に利用できるファブ
施設（Fabrication施設）が、昨今散見されるようになっ
た。不特定多数の人々が自由に出入りするそのファブ
施設は、「つくる」場所だけでなく「つながる」場所と捉え、
ファブ施設を核としたコミュニティ形成の可能性も視野
に入れている場合もある。

ともに今日的な課題とされている、ものづくりとコミュニ
ティ形成といった問題をつなぎながら、それらの解決策を
見出そうとする点も興味深い。

KAIT工房は、大学内にあるファブ施設のような位置付け
であろう。この場では、学生どうし、学生と教員、学生・教
員と地域のひとびととをつなぐ場として、多様に機能してい

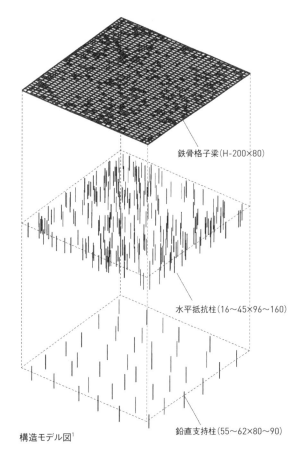

構造モデル図[1]

鉄骨格子梁(H-200×80)

水平抵抗柱(16〜45×96〜160)

鉛直支持柱(55〜62×80〜90)

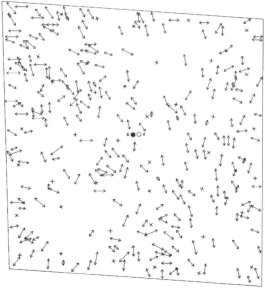

水平剛性分布図[2]

る。ものつくりを行う空間(工房)でコミュニティやつながり(交流)を意識できる場・空間は、理工系の大学にとって最も重要な機能を担っているといっても過言ではない。

動きを与える空間

設計者が目指した「森の様な建築」空間は、そこを利用する人の自由な動きを担保している。しかしそれは、無柱の大空間の一室空間、壁・床・天井を可動とする可変性など、想定された使われ方で担保していないところに、この空間の魅力があるように思う。規則的にではなく密度をか

えて林立する305本の細い柱でその存在感を打ち消して成立している一室に感じられる空間、また、想定外の使われ方も想定したさまざまな領域づくりは、想定ありきの空間設計を超えた自由度と魅力がある。結果的に、その密度や領域が、さらに人に動きを与えアクティビティ溢れる空間につながっている。

なお、KAIT工房内は、加工機器類や作業スペースのみがあり、トイレも設置されていないドライなプログラムであることが、視線のつながりや家具などの移動、レイアウト変更を容易にさせ、人や物、またそれらの関係に動きを与える空間となっている。

名称=神奈川工科大学KAIT工房／所在地=神奈川県厚木市／主要用途=工房／工期=2007年6月〜08年1月／構造=S造／規模=地上1階／敷地面積=129,335.04㎡／建築面積=1,989.15㎡／延床面積1,989.15㎡／建築主=学校法人幾徳学園／設計・監理=石上純也建築設計事務所／構造=小西泰孝建築構造設計／施工=鹿島建設／外部仕上げ=屋根:シート防水(水)、外壁:FL厚10mm／開口部=自動ドア:ステンレスサッシュ・強化ガラス厚mm10、開き戸:ステンレスサッシュ、強化ガラス厚12mm／外構(舗装:アスファルト舗装／内部仕上げ=天井:デッキプレート現し+ウレタン塗装、壁:フェイスガラスFL厚10mm、リブガラスFL厚10、床:コンクリート打放し+表面強化剤／受賞=2009年日本建築学会賞、2008年第3回日本構造デザイン賞

参考文献

『新建築』2008年3月号、新建築社
『JA』79 AUTUMN、新建築社、2010年
石上純也 著『石上純也 ちいさな図版のまとまりから建築について考えたこと』現代建築家コンセプトシリーズ1、INAX出版、2008年
『GA JAPAN』91、A. D. A.エディタ・トーキョー、2008年

図版出典

1　浦部智義作成
2　小西泰孝建築構造設計提供
写真すべて日本大学工学部浦部智義研究室撮影

24

岩見沢複合駅舎
JR岩見沢駅・岩見沢市有明交流プラザ・岩見沢市有明連絡歩道 　　　西村 浩

日本初の駅舎建築デザインコンペの結果、鉄道のまちの新しい駅を過疎地域再生の中心として位置付け、人の集まる駅と公共施設と新設自由通路とを複合駅舎とする新しい建築類型が生まれた。交通結節点の空間に、複合化により公共施設利用が加わり、さらに交流の空間が生まれた。そこで起こるイベントや情報発信などのさまざまなアクティビティの賑わいを、まちへともたらすことを意図してガラスの箱がデザインされ、レールのシンボライズとともに、野幌レンガを使用した複合建築が創出された。新しい建築類型の可能性をプログラムしている。

作品の背景

▎鉄道と建築
岩見沢は「鉄道のまち」である。岩見沢複合駅舎は鉄道施設としての「駅」と市施設の「交流プラザ」と「南北口を結ぶ連絡歩道(自由通路)」さらに「南昇降棟・駐輪場」「北昇降棟」で構成され、異なる4つの構造形式をとりながら、一体的につながっている。その空間ではPC大屋根がガラスの箱に浮かぶ。鉄とガラスに加え、コンクリートと拮抗した赤レンガが外壁にも、ガラス越しの内壁にも見える。現代建築でありながらノスタルジックで力強く、素朴で大胆。世界の鉄道とつながるエキゾチックな雰囲気を醸し出している。鉄道の通過駅として、線路に平行な細長い敷地の制約から生み出される様々な条件を、複合駅舎という斬新なかたちで表現しており、そこには、鉄道を巡る国際性と北海道岩見沢の地域性が同時に備わっている。「都市を俯瞰してみると、そこには山や河川そして平野が広がり、人びとが暮らす街が広がっている。そして都市は、土木的なるものと建築的なるものの集積である。土木は、"面"的に国土全体を覆い尽くしている。一方、建築は"点"である。点の集合が街や集落を形成している。……総力を挙げて知恵を出し合う時期ではないだろうか」(西村氏)。駅は「土木」と「建築」との出合いの場所である。ロジスティクスとしての鉄道では、「駅舎」は人とモノの行きかう「移動結節点施設」である。「駅舎」は、まちの顔である「建築」であり、同時にどこまでも続き、夢を乗せる

「鉄道施設」の入り口となる。そして大勢の人たちが集まる場となり、文化の発信、コミュニケーションの場となる可能性がある。「岩見沢複合駅舎」は、まちづくりと地域再生の中心に位置している。

岩見沢駅の鉄道文化と歴史

かつて岩見沢には、北海道最大の機関庫と操車場が建設され、赤いレンガ造建築が建ち並んでいた。幌内から小樽港まで石炭を運ぶ幌内鉄道(小樽市手宮〜三笠市幌内)が全国で3番目の鉄道として1882年に開通。そして2年後の1884年に、開拓使が乗降する場所として岩見沢フラッグステーションが開設された。その後、空知、夕張炭鉱が開発されると岩見沢駅から不凍港の室蘭へと鉄道が1892年に延長された。時代を大きく下り、戦後昭和時代の岩見沢は、最盛期には500人の鉄道職員でにぎわう「まち」であった。しかし、日本のエネルギー構造の変化から炭鉱が次々に廃坑になり、石炭の使用も激減。岩見沢駅は1975年にSL定期旅客列車の最後の「さよなら運転」の終着駅となった。石炭をめぐる大きな時代が、日本と岩見沢から過ぎ去った。
岩見沢駅の旧駅舎は、1933年に完成したギャンブレル(マンサード)屋根が特徴的な木造建築で、北海道内では3番目に古い駅舎だった。ところが、2000年12月10日に漏電による火災のために焼失した。ここから、まち再生に向けた「岩見沢複合駅舎」の挑戦がはじまった。

プログラム

▎鉄道のまちの表現
「はじめて岩見沢を訪れた時、積雪で一面真っ白。まち中で人を見かけることができませんでした。……だからこそ、新しく作る岩見沢駅舎は『人の賑わいをまちにもたらす』、『冬にまちを明るく真っ赤に照らす』ことをイメージしました。人の賑わいが見えるガラスの駅舎、そしてこのガラスの箱を、厳寒の気候と闘いながらどう実現するかを考えて

駅前広場の東側より全景[1]

1階入口より古レールと刻印レンガを見上げる[1]

賑わいを呼ぶ2階センターホール、右が交流プラザ、左が駅のコア[1]

ガラス張りの自由通路、広大な鉄道施設を見渡せる[1]

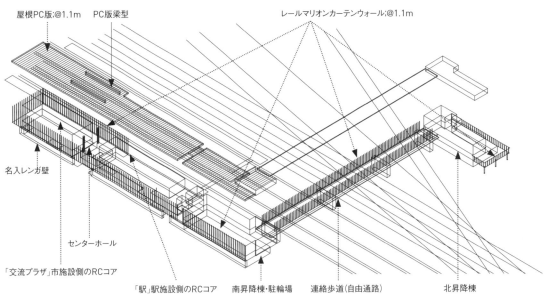

屋根PC版;@1.1m　PC版梁型　　　　　　　　　レールマリオンカーテンウォール;@1.1m

名入レンガ壁

センターホール

「交流プラザ」市施設側のRCコア

「駅」駅施設側のRCコア　南昇降棟・駐輪場　連絡歩道(自由通路)　北昇降棟

空間構成ダイアグラム[1]

いきました」(西村氏)。賑わいを見わたせるガラスが構想され、そのための素材に「古レール」と鉄分を多く含む赤みの強い隣町の「野幌レンガ」が選ばれていった。

複合駅舎の空間構成

駅前広場から複合駅舎を見ると、1階部分の赤レンガの外壁が長く伸び、その上にレールマリオンのガラスカーテンウォールが連なり、上端にはPC屋根のパラペットが直線的に載っている。2つの赤レンガ積RCコアが一枚版のPC屋根を支えており、外壁に加え、ガラスの中にも赤いレンガ壁が透けて見える。とくに照明の灯る夜間には、透明なガラスとレールマリオンの縦格子の中に浮かび上がる

赤レンガが、どこまでも続く鉄道施設の暖かさを感じさせる。カーテンウォールの前にはレールマリオンが軽快に並び、コンコースのさまざまなアクティビティの空間を一定のリズムで結ぶ。このモチーフは「自由通路」にも「北昇降棟」にも続いている。「駅」と「交流プラザ」はガラスの箱の中のレンガ積RC構造コアの空間にある。ガラスに囲まれたセンターホールを介して「駅」施設は3階の東、「交流プラザ」は2階の西にあり重なることはない。

1階はどちらも入口と店舗がある構造体の壁の多い空間である。2階レベルの「交流プラザ」は、南の駅前広場から北側のプラットホームを見渡すロの字の回遊空間がめぐる。3階レベルに「駅」改札があり、各プラットホームへ行く古レールを用いた構造の既存跨線橋と接続する。改札に入らずに「駐輪場」を抜けると、広い操車場を跨いで北口とを真っ直ぐに結ぶ新しい「自由通路」につながる。連続性と一体化を感じる空間配列は、「駅」と「交流プラザ」に挟まれた2、3階吹き抜けのセンターホールを中心に、吹き抜け空間が、位置とボリュームを整えながら広がる。そして3層にわたり連なるコンコースが、幅を変えながら、吹き抜けの中を一直線に、建物の南側の駅前広場側を端から端まで貫いている。歩いたり、休憩したりしながら、余暇を楽しみ、交流する、ガラスの外の眺望を楽しむ。イベントの宣伝をし、鑑賞するといった利用者に親しまれる空間がある。「複合駅舎」には夢の広がる鉄道の自由と、緊張感が満ち溢れている。

駅の温熱環境

「岩見沢複合駅舎」のコンコースでは、ガラスカーテンウォールの上部に換気窓をつけ、気候の良い季節には空調設備は運転せずに環境負荷を低減している。駅空間に求められる温熱環境は「タスク・アンビエント型環境調整」である。このコンセプトは人間が効果を選択でき、環境負荷を低減できる。通過と短時間の滞在をするガラスカーテンウォールとレンガ積RCコアの間の半屋外空間をアンビエントとし、2つのレンガ積RCコアの中の居室空間のエリアは、タスクとする温熱環境をつくりだしている。半屋外空間は、自然環境要素を積極的に導入した建築空間であり、同時に人間が自然環境を認識するための緩衝帯の役割を担っている。空調された建物内では、人間の快適範囲は一定となるが、自然換気のできる建物内では、人間が快適性を選び、快適範囲が広がる特性を示している。半屋外では人間は温熱環境を許容できる特性を持っている。

建築の諸元

豪雪とPC版屋根

岩見沢は亜寒帯に位置する豪雪地帯である。11月から4月に降雪があり、積雪深さは2m、年間述べ降雪量は5〜10mに達する。2019年の最低気温は2月の-16.7℃、最高気温は8月の33.4℃、年間降雨量は1,179mmである。

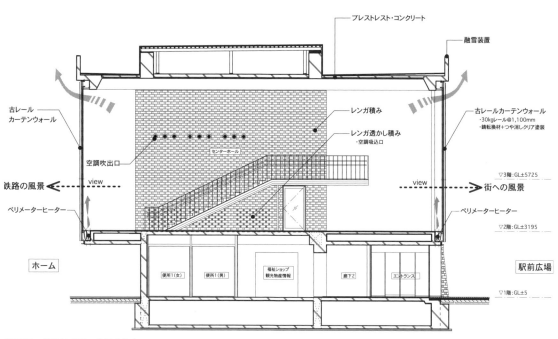

断面図　半屋外空間の自然換気[2]

プラットホームよりガラスの箱の中の赤レンガが見える[1]

3階の駅から2階センターホールと交流プラザを見る[1]

卓越風向は年間を通じて南南東（気象庁統計）。

このような環境の中で、陸屋根は積雪荷重を受け止めることができ、同時に高いパラペットの立ち上がりを付けれ ば落雪を防止し、駅前の通行の安全が図られる。しかし 屋根の雪は風により吹き溜まりをつくり偏荷重となってしまうリスクがあり、屋根は一枚版の高品質が求められる。このためにPC版構造が採用された。構造体を長寿命化し耐久性を高め、工期が短縮できる。苫小牧にある工場製作のPC版はシングルT版で規格幅1.1m、最長は18mである。複合駅舎の屋根のPC版は最大89枚が並びPC鋼棒で圧着されている。

センターホールの吹き抜け空間では梁型（D650×H1,200×L1,100mm）を18枚つなぎ、長さ19.8mのレークのような「PC屋根版梁型」が2本、リニアに架け渡され一体化された。レールカーテンウォールの前に6.6mピッチで規則正しく並ぶ鉄骨丸柱の柱頭もPC鋼棒で圧着されている。

日本におけるPC構造は鉄道の枕木からはじまった。枕木の細長いPC版は2本のレールにより連接され、車両の移動荷重を支えるバラストが大地との緩衝となり、一体の軌道がつくられ、正確なゲージを昼夜維持する。さらにPC技術は橋梁で磨かれている。この大屋根が軽く浮遊する空間には「鉄道」を感じる。構造体がそのまま天井面の意匠となりPC版のリブの陰影が鮮やかに照らされる。「鉄道」により蓄積されたPC技術が「岩見沢複合駅舎」の空間を実現させた。

▍レールのシンボライズ

鉄道にはレールの技術と文化があり、軌道での使用後の古レールを鉄道施設で建築材料として広範に使用している。北海道の駅やプラットホームの古レールには案内板が付けられ、利用者に親しまれている文化がある。岩見沢からは製造年と工場の刻印のある明治期からの貴重な古レールが多数発見されている。

岩見沢駅の既存部分のプラットホームの架構とホームを結ぶ跨線橋は、レールをリベットでつないだ構造体である。「複合駅舎」の建築には岩見沢に残る貴重な鉄道遺産のレールを使用し、鉄道施設に使われている古レールの伝統を受け継いでいる。レールのマリオン232本がPC版の屋根から吊り下げられるカーテンウォールの工法が考案され、複層ガラスが被う外被が形作られた。レールマリオンの間隔は鉄道ゲージ（1,067mm）の近似値の1.1mとされ、PC版間隔と一致する。

駅の北側にある岩見沢レールセンター（近代化産業遺産、準鉄道記念物、1899年完成）は北海道開拓使と同じ五稜星の北海道炭礦鉄道（旧官営幌内鉄道）のマークのあるレンガ造建築である。現在も現役で、世界最長のロングレールを生産し青函トンネルに敷設している。

▍野幌レンガ

「赤い壁の素材となっているレンガ（野幌レンガ）は隣町の江別で造りました」（西村氏）。そして北海道のサイロなどに使用されている工法の「小端空間積み」が採用された。開拓使により進められたレンガ造建築が、北海道には文化遺産として数多く現存している。「野幌レンガ」は野幌粘土を原材料とし、鉄分を多く含む褐色の赤い色が特徴で、現在でも国内20%のシェアを誇る。

▍「岩見沢レンガプロジェクト」

コンペ応募時点からの西村浩の提案で、岩見沢レンガプロジェクト事務局が発足し、市民参加による刻印レンガの設置を呼びかけた。国内外から4,777名の応募があり、名入りのレンガが駅前広場に面した1階の外壁に積み上げられている。この活動をきっかけに、駅を中心とした新しいまちづくりがスタートし、まちに大きな希望と可能性をもたらしている。

自由通路

岩見沢駅の広大な操車場と機関庫が広がる「線路敷」を横断する新しい自由通路はガラス張りである。鉄道施設を見渡し、伝統をつなぐレールが光り輝く悠久の鉄路の風景を見ることができる。岩見沢の広大な「鉄道施設」のなかで「駅舎」は、ごく小さな一画にしかすぎず、「北口」の設置要望がかつてから存在していた。そこで、この新しい「複合駅舎」では、「岩見沢レールセンター」に隣接して「北口」が新設された。幅員6m、長さ140mの「自由通路」は床から屋根スラブまでの開口を確保するために、「土木」よりは「建築」のスケールの鋼材をつないでいる。あるときはイベント会場になり、普段は歩行者と自転車が行き交う。スロープが続く3フロアの「駐輪場」が春から秋まで市民に利用される。

岩見沢市交流プラザ

ワンストップで利用する市民サービスセンターを駅舎に設置するという新しい取り組みも行われた。市役所サービスセンターとパスポートセンター、さらに消費者センター、そして市民ギャラリーを「岩見沢市交流プラザ」として運営している。「駅」と「交流プラザ」の間にセンターホールを位置させ、ひとの集まる場を繋ぎ結ぶ事で、公共施設端末に市民が立ち寄りやすい場がつくられた。過疎地でのモデルとなるものである。

プログラムの意味

かつて鉄道で繁栄したまちの焼失した駅舎の再建に際して、従来は専門領域であった駅舎の設計門戸が広く開放され、日本初の駅舎建築デザインコンペが一般公開で開催された。新しい駅舎を過疎の地域再生の中心として位置付け、人の集まる駅と公共施設と広大な操車場を南北に結ぶ新設自由通路とを複合駅舎とする新しい建築類型が生まれた。交通結節点の駅と自由通路の空間に、複合化により公共施設利用が加わり、さらにその交流の空間が生まれた。その結果イベントや情報発信などのさまざまなアクティビティが生まれるが、その賑わいを周辺のまちへともたらすことを意図するガラスの箱がデザインされ、新しい複合建築が創出された。貴重な鉄道遺産の古レールをシンボル化し、建築に探す楽しみと、市民の名を刻む野幌レンガを探す楽しみが加わり、鉄道のまちの記憶を、変わらぬ価値を持つ駅舎として未来につなげ、地域の豊かな文化として実現した。
地域再生に繋げる「鉄道と駅とまちづくり」へ向けた協働のプロセスを重層的にとりこみ、「土木」と「建築」の領域

名称＝岩見沢複合駅舎／用途＝複合駅舎および自由通路／所在地＝北海道岩見沢市有明町南1-1／竣工年月＝2009年3月／構造＝RC造・一部鉄骨造（屋根部分PC造）／規模＝地上3階／敷地面積＝4,685.00㎡／建築面積＝2,154.39㎡／延べ面積＝4,345.09㎡／事業者＝岩見沢市・北海道旅客鉄道株式会社／設計＝建築：西村浩・ワークヴィジョンズ、構造：山田構造設計事務所／施工＝札建工業・カツイ・勝井建設工業共同企業体／PC工事＝黒沢建設

を超え、「複合駅舎」が完成した。岩見沢複合駅舎は新しい建築類型としての可能性そのものをプログラムしている。

類似事例との比較

2014年完成の「上州富岡駅」は、大屋根のプラットホームを支えるロングスパンの列柱と構造体を覆うレンガの空間が、富岡製糸工場とともに、まちのシンボルとして周辺プロムナードを取込むことを目指している。駅の保存再生では、創業100年を機会に新築時の形に2012年に復原された「東京駅丸の内駅舎」がある。「赤レンガの東京駅を愛する会」が1987年に発足し保存要望の末に実現した。「鎌倉駅」は、木造三角屋根の「駅舎」の建替えに際して「市民参加のまちづくり」がおこなわれた。1984年に旧国鉄設計により屋根の趣を伝える鉄骨造の「駅舎」に改築し、シンボルの時計台が再生された。旧時計台は西口広場に保存されている。駅と市民施設のプログラムでは、茅野駅の連絡通路に繋がる「茅野市民館＋茅野市美術館」（2005年）がある。まちの課題に市民・民間と行政が「パートナーシップのまちづくり」をつくりだし、駅の利用客からの利便にもつなげている。

参考文献
ワークヴィジョンズ 西村浩 講演「岩見沢複合駅舎——意匠から見たPCの可能性」PC建築技術講習会
『日本建築学会作品選集2011』日本建築学会、2011年
長谷部久人 森傑 著「岩見沢複合駅舎の利用実態と空間特性」日本建築学会計画系論文集2013・9
田辺新一・早稲田大学「快適な駅の温熱環境」2007年
『建築技術』2009年10月号、建築技術社、2009年
『新建築住宅特集』2010年8月号、新建築社、2010年
『T's style vol.1 岩見沢複合駅舎』TAJIMA ROOFING、2012年
『北海道鉄道百年史』日本国有鉄道北海道総局、1976年
近藤喜代太郎 著『幌内鉄道史』成山堂書店、2005年
太田幸男 著『レールの旅路』富士書院、1994年
久瀬博仁 著『江戸から平成まで ロジスティクスの歴史物語』白桃書房、2016年

図版出典
1 宇都宮雅人撮影
2 ワークヴィジョンズ提供

執筆ほか担当一覧

	出版にあたって		湯本長伯
1章	1節		隈 研吾・湯本長伯(文責)
	2節		長谷川 堯・米田正彦
	3節		湯本長伯
2章	1節	八勝館「御幸の間」	安達英俊・小田恵介(監修)
	2節	神奈川県立図書館・音楽堂	小田恵介
	3節	広島世界平和記念聖堂	村上晶子
	4節	寿屋山崎工場	北川啓介
	5節	出雲大社庁の舎	湯本長伯・遠藤勝勧(監修)
	6節	大分県立大分図書館	松本文夫
	7節	桜台コートビレジ	山岸吉弘・内井昭蔵建築設計事務所(内井乃生、資料提供)
	8節	ポーラ五反田ビル	加茂紀和子
	9節	最高裁判所	河崎昌之
	10節	新宿三井ビル	大森葉月・日本設計(資料提供・監修)
	11節	フロム・ファーストビル	伊藤雅春・山下和正(資料提供・監修)
	12節	資生堂アートハウス	阿部光伸
	13節	名護市庁舎	連 健夫
	14節	海の博物館	米田正彦
	15節	関西国際空港旅客ターミナルビル	山岡嘉彌
	16節	黒部市国際文化センター	伊東正示
	17節	千葉市立打瀬小学校	笠井香澄
	18節	公立はこだて未来大学	山本想太郎
	19節	せんだいメディアテーク	酒井孝博
	20節	プラダ ブティック青山店	岸本充弘
	21節	金沢21世紀美術館	松本正富
	22節	ふじようちえん	小林茂雄・太田温子
	23節	神奈川工科大学KAIT工房	浦部智義・小西泰孝(資料提供・監修)
	24節	岩見沢複合駅舎	宇都宮雅人

執筆者ほか略歴

執筆・資料提供・監修者

Photo © J.C. Carbonne

隈 研吾
くま けんご

隈研吾建築都市設計事務所、東京大学特別
教授・名誉教授
1954年横浜市生まれ、博士（学術）
[学] 栄光学園高校、東京大学・大学院
[職] コロンビア大学建築・都市計画学科客員研
究員・講師、慶應義塾大学教授、イリノイ大学客
員教授、東京大学教授
[著書] 点・線・面、ひとの住処、負ける建築、自然
な建築、小さな建築、他多数

執筆・資料提供・監修者

隈 研吾
湯本長伯
長谷川 堯
米田正彦
安達英俊
小田惠介
村上晶子
北川啓介
遠藤勝勧
松本文夫
山岸吉弘
内井乃生
加茂紀和子
河崎昌之
大森葉月
伊藤雅春
山下和正
阿部光伸
連 健夫
山岡嘉彌
伊東正示
笠井香澄
山本想太郎
酒井孝博
岸本充弘
松本正富
小林茂雄
太田温子
浦部智義
小西泰孝
宇都宮雅人

協力者

石井亮祐
関根千夏
中村武尊
横川結愛奈
佐々木浩祐

湯本長伯
ゆもと ながのり

社会構造設計研究所長、変革プロデューサー、
社会構造設計・環境設計産学連携・知的財
産・知的生産学研究者、建築計画設計者
1949年長野県生まれ東京都育ち／工学博士
[学] 開成高校、早稲田大学・東京大学大学院
[職] 早稲田大学芸術学校・同理工学部・慶應義
塾大学院非常勤講師、九州芸術工科大学・九
州大学・日本大学教授、神戸大学
客員教授、最高裁判所知的財産専門委員

長谷川 堯
はせがわ たかし

1937年島根県生まれ、2019年死去／村野藤
吾研究など
[学] 早稲田大学第一文学部
[職] 武蔵野美術大学助教授・教授
[著書] 卒業論文でル・コルビュジエらを論じ雑誌
に掲載、評論家活動開始
都市廻廊（毎日出版文化賞）、建築有情（サン
トリー学芸賞、日本建築学会賞）、神殿か獄舎
か、長谷川堯建築家論考集、村野藤吾の建築
他

米田正彦
よねだ まさひこ

（株）ATELIER FOLIUM 一級建築士事務所
代表取締役、明星大学建築学部教授
1962年熊本県生まれ／工学修士
[学] 熊本高校、早稲田大学・大学院
[職] 坂倉建築研究所、（株）ATELIER
FOLIUM、早稲田大学理工学部建築学科・前
橋工科大学建築学科・日本大学工学部大学
院・明星大学非常勤講師

安達英俊
あだち ひでとし

安達英俊建築研究所、建築史家・日本近代建
築伝統建築、建築家、一級建築士
1950年和歌山県生まれ、2018年死去／工学
修士
[学] 桐蔭高校、京都工芸繊維大学・大学院
[職] 渡邊節建築事務所、安達英俊建築研究
所、京都工芸繊維大学・京都造形芸術大学非
常勤講師、同美術工芸資料館・村野藤吾の設
計研究会委員
[著書] 村野藤吾建築案内

小田惠介
おだ けいすけ

（株）G建築総合研究所代表取締役、一級建築士、JIA登録建築家、FMマネジャー
1952年大分県生まれ、福岡県育ち／工学修士
【学】久留米大学附設高校、早稲田大学・大学院
【職】（株）日建設計、東西建築サービス（株）、東京都建築士事務所協会理事・業務技術委員長、JIA中央地域会代表
【著書】村野藤吾建築案内

村上晶子
むらかみ あきこ

建築家、明星大学建築学教授・学部長
1960年東京都生まれ／博士（工学）
【学】湘南高校、東京藝術大学・大学院、九州大学大学院
【職】坂倉建築研究所、（株）村上晶子アトリエ
【作品】東京サレジオ学園、聖イグナチオ教会、カトリック神戸中央・笹丘教会等、岐部ホール、カルメル会修道院山口聖堂

北川啓介
きたがわ けいすけ

名古屋工業大学大学院教授
1974年愛知県生まれ／博士（工学）
【学】名古屋西高校、名古屋工業大学・大学院
【職】ライザー＋ウメモト、東京大学・滋賀県立大学・アアルト大学・ウィーン工科大学ほかゲスト講師、プリンストン大学客員研究員、日本建築学会・日本建築設計学会理事、LIFULL ArchiTech代表取締役社長、北川建築研究所技術顧問

遠藤勝勧
えんどう しょうかん

遠藤勝勧建築設計室　建築家・建築設計
1934年東京都生まれ
【学】早稲田大学附属工業高校
【職】菊竹清訓建築設計事務所、遠藤勝勧建築設計室、九州大学大学院客員教授
【作品】佐渡グランドホテル、久留米市庁舎、I.T.DESIGN STUDIO ほか
【著書】見る測る建築、建築設計のための行く見る測る考える

松本文夫
まつもと ふみお

東京大学総合研究博物館特任教授
1959年生まれ／工学修士
【学】麻布高校、早稲田大学・大学院
【職】磯崎新アトリエ、プランネット・アーキテクチャーズ代表、東京大学特任教授、慶應義塾大学・日本大学大学院・法政大学大学院・ワシントン大学大学院・桑沢デザイン研究所非常勤講師
【編著書】MODELS──建築模型の博物都市

山岸吉弘
やまぎし よしひろ

日本大学工学部専任講師、一級建築士、建築史家
1980年東京都生まれ／博士（建築学）
【学】厚木高校、早稲田大学・大学院
【職】サイバー大学・早稲田大学理工学研究所助手、東京大学大学院工学系研究科特別研究員、東京電機大学未来科学部・東京工芸大学工学部非常勤講師、日本大学工学部助教

内井乃生
うちい のぶ

文化学園大学名誉教授、インテリアデザイナー、元内井昭蔵建築設計事務所代表
1933年生まれ
【学】大阪市立大学
【職】早稲田大学今和次郎研究室助手、文化女子短期大学・文化女子大学・文化学園大学助教授・教授、内井昭蔵建築設計事務所、大阪市立大学非常勤講師
【受賞】教育功労者受賞（文部科学省）

加茂紀和子
かも きわこ

（株）みかんぐみ共同代表、名古屋工業大学大学院工学研究科教授
1962年福岡県生まれ／工学修士
【学】青山高校、東京工業大学・大学院
【職】（株）久米設計、（株）セラヴィアソシエイツ設立、（株）みかんぐみ共同主宰、ICSカレッジオブアーツ講師、千葉大学・昭和女子大学・東京理科大学非常勤講師

河崎昌之
かわさき まさゆき

和歌山大学システム工学部准教授
一級建築士
1966年東京都生まれ／修士（工学）
【学】青山高校、早稲田大学・大学院
【職】（株）山本理顕設計工場、和歌山大学システム工学部助手
【著書】建築設計のための行く見る測る考える

大森葉月
おおもり はづき

NASCA一級建築士事務所、一級建築士
1988年東京都生まれ／建築学修士
学 晃華学園高校、早稲田大学・大学院
職 岡田新一設計事務所

伊藤雅春
いとう まさはる

(有)大久手計画工房・玉川まちづくりハウス・明星大学常勤教授、コミュニティデザイン研究者・実践者
1956年愛知県生まれ／博士（工学）
学 旭丘高校、名古屋工業大学、千葉大学大学院
職 平松建築設計事務所、松本嘉雄建築研究所、ICSカレッジオブアーツ非常勤講師、愛知学泉大学教授

山下和正
やました かずまさ

山下和正建築研究室代表、工業デザイナー、東工大TIT建築設計教育研究会顧問、国際古地図協会（IMCOS）日本代表
1937年名古屋市生まれ
学 開成中学～東海中学・高校、東京工業大学、桑沢デザイン研究所
職 日建設計工務、エスレーベン教授建築事務所（ドイツ）、ロンドン市役所、ウイルソン教授事務所、東京造形大学助教授、東京工業大学教授、駒沢女子大学特任教授
受賞 日本建築学会賞、東京建築賞、グッドデザイン賞

阿部光伸
あべ みつのぶ

(株)梓設計シニアアーキテクト、建築家
技術士稲門会幹事、技術士（建設部門）
1953年東京都生まれ／工学修士
学 早稲田大学高等学院・理工学部・大学院
作品 静岡県庁別館、東工大緑が丘6号館、物材研WPI-MANA棟、産総研福島再生可能エネルギー研究所、東京ガス豊洲スマートエネルギーセンター
受賞 佐藤武夫賞、日経ニューオフィス賞他

連 健夫
むらじ たけお

連健夫建築研究室、日本建築まちづくり適正支援機構代表理事、認定まちづくり適正建築士、建築家、早稲田大学・芝浦工業大学非常勤講師
1956年京都府生まれ、AAGrad.Hons.Dipl.
学 洛北高校、多摩美術大学、東京都立大学大学院、AAスクール大学院
職 巴組鐵工所、AAスクール助手、在英日本大使館嘱託、東ロンドン大学非常勤講師
受賞 グッドデザイン賞

山岡嘉彌
やまおか よしや

山岡嘉彌デザイン事務所代表／建築家
1946年生まれ／工学修士
学 城南高校、武蔵工業大学、早稲田大学・大学院
職 坂倉建築研究所、日本政府文化庁派遣芸術家在外研修員（レンゾ・ピアノ+RPBW）、九州大学・東京都市大学大学院客員教授
受賞 アルカシア賞ゴールドメダル、SDレビュー・朝倉賞、日本建築士会連合会賞、中部建築賞、住宅建築賞、東京建築賞、グッドデザイン賞、ID賞、IP賞他

伊東正示
いとう まさじ

(株)シアターワークショップ代表取締役
1952年千葉県生まれ
学 成城学園高校、早稲田大学・大学院
職 文化庁文化部調査員、早稲田大学・昭和音楽大学・東京理科大学理工学部非常勤講師、早稲田大学文学部客員教授
受賞 日本建築学会賞（業績）「職能としての劇場コンサルタントの確立と一連の実績」（2008年）

笠井香澄
かさい かすみ

(株)竹中工務店東京本店工事監理部長
1962年京都府生まれ／工学修士
東京建築士会理事
学 同志社高校、早稲田大学・大学院
作品 ホテルドリームゲート舞浜、ラティス芝浦、東京建物八重洲ビル、横浜みなとみらい国際コンベンションセンター（パシフィコ横浜ノース）
受賞 BELCA賞

山本想太郎
やまもと そうたろう

建築家、山本想太郎設計アトリエ代表
東洋大学・工学院大学・芝浦工業大学非常勤講師
1966年東京都生まれ／工学修士
学 芝高校、早稲田大学・大学院
職 坂倉建築研究所、山本想太郎設計アトリエ
作品 越後妻有清津倉庫美術館、来迎寺
著書 建築家を知る／建築家になる
受賞 豪建築家協会賞、AACA賞、東京建築賞

酒井孝博
さかい たかひろ

（株）サンケイビルテクノ・設計部長
日本建築家協会登録建築家、一級建築士
1953年熊本県生まれ／工学修士
学 武蔵工業大学、東京大学大学院
職 日本設計（1980〜2019年）を経て現職
受賞 千葉中央図書館公募コンペ最優秀賞、BCS賞（古河庁舎）、グッドデザイン賞（茨城会館）
著書 建築デザインの最前線をめぐる用語、ル・コルビュジエの構想（翻訳）

岸本充弘
きしもと あつひろ

InflectionNet代表、デザインコンサルタント、建築・インテリア・Webデザイナー
1973年神戸市生まれ／M.Arch.
学 東京大学、ペンシルベニア大学大学院
職 Venturi, Scott Brown and Associates

松本正富
まつもと まさとみ

京都橘大学都市環境デザイン学科教授
建築計画・建築設計
1961年大阪府生まれ／博士（工学）
学 千葉高校、千葉大学・大学院
職 川崎医療福祉大学准教授

小林茂雄
こばやし しげお

東京都市大学教授
1968年生まれ／博士（工学）
学 兵庫高校、東京工業大学・大学院
受賞 2010年日本建築学会賞（論文）、2020年度都市景観大賞優秀賞他

太田温子
おおた あつこ

日吉坂事務所（株）、一級建築士
1982年静岡県生まれ
学 浜松北高校、武蔵工業大学・大学院
作品 KITAYON（東京住宅建築賞金賞）等

浦部智義
うらべ ともよし

日本大学工学部教授・建築計画
福島住まいまちづくりネットワーク理事
1969年大阪府生まれ／博士（工学）
学 東京電機大学、同大学院
職 日本大学専任講師、同准教授、同教授
受賞 日本建築学会奨励賞、パッシブデザイン大賞、グッドデザイン賞（12年金賞、15・18年特別賞）、東北建築作品賞、木の建築賞、日本機械学会教育賞

小西泰孝
こにし やすたか

建築構造家、小西泰孝建築構造設計
武蔵野美術大学教授
1970年千葉県生まれ
学 東北工業大学、日本大学大学院理工学研究科
職 佐々木睦朗構造計画研究所、小西泰孝建築構造設計設立、武蔵野美術大学
受賞 2008年日本構造デザイン賞、2013年JSCA賞奨励賞等

宇都宮雅人
うつのみや まさと

（株）伊藤喜三郎建築研究所、建築家
日本大学非常勤講師、APEC Architect
医療福祉建築、まちづくり適正建築士
1958年鎌倉市生まれ／工学修士
学 湘南高校、早稲田大学・大学院
作品 新潟市民病院、自治医科大学さいたま医療センター、災害医療センター等
著書 病院のロジスティクス、建築設計のための行く見る測る考える、Health FOR ALL; UIA-PHG

協力者

石井亮祐
いしい りょうすけ

1993年福島県生まれ／尚志高校
日本大学工学部建築学科湯本長伯研究室
東急建設(株)
協力 1章2節「日本建築学会賞(作品)受賞作品年表」および1章3節付録「24作品の所在地」

関根千夏
せきね ちなつ

1993年福島県須賀川生まれ／須賀川高校
日本大学工学部建築学科湯本長伯研究室
パナソニックホームズ(株)
協力 1章2節「日本建築学会賞(作品)受賞作品年表」および1章3節付録「24作品の所在地」

中村武尊
なかむら たける

1993年東京都生まれ／飛鳥高校
日本大学工学部建築学科湯本長伯研究室
(株)SABAOARCH
デルフト工科大学・研究員
協力 1章2節「日本建築学会賞(作品)受賞作品年表」および1章3節付録「24作品の所在地」

横川結愛奈
よこかわ ゆめな

1993年福島県生まれ／修明高校
日本大学工学部建築学科湯本長伯研究室
大和ハウス工業(株)
協力 1章2節「日本建築学会賞(作品)受賞作品年表」および1章3節付録「24作品の所在地」

佐々木浩祐
ささき こうすけ

1995年宮城県生まれ／宮城野高校
日本大学工学部建築学科浦部智義研究室
東北大学大学院五十嵐太郎研究室
(株)久米設計
協力 1章1節原稿起こし

日本建築学会

建築計画委員会

委員長	小野田泰明
幹事	小篠隆生
	栗原伸治
	清家 剛
	那須 聖
	橋本都子
委員	（略）

計画基礎運営委員会

主査	日色真帆
幹事	酒谷粋将
	橋本都子
委員	（略）

情報設計小委員会

主査	湯本長伯
幹事	松本文夫
	村上晶子
委員	鰺坂 徹
	石田壽一
	伊藤雅春
	宇都宮雅人
	浦部智義
	遠藤勝勧
	河崎昌之
	佐藤 淳
	松本正富
	山岸吉弘
	米田正彦

建築のプログラム・普及推進WG

主査	湯本長伯
幹事	伊東正示
	大森葉月
委員	阿部光伸
	笠井香澄
	岸本充弘
	北川啓介
	小林茂雄
	酒井孝博
	連 健夫
	山岡嘉彌
	山本想太郎

協力委員

	安達英俊
	小田惠介
	加茂紀和子

あとがき

巻頭「出版にあたって」に述べたように、企画書提出から9年、随分長丁場となった執筆・編集期間のあいだ、様々な方々にお世話になった。難航した設計資料の引用については、特にオリジナル資料の引用を許諾戴いた故長谷川堯先生、内井乃生先生・亜由子氏、そして山下和正先生に大変お世話になった。記して深く感謝申し上げる。

出版全体では、特に刊行担当出版社である鹿島出版会に、一方ならぬお世話になった。ずっと待ち且つ支えて下さった故橋口聖一取締役、阿部沙佳担当編集者には、ここに深甚の謝意を表したい。特に橋口さんには、厳しい社業の中で献身的にお世話戴いたことが、ご負担にならなかったかと思うと誠に申し訳なく、深い感謝をここに記して記憶と記録にとどめ、ご冥福を祈る次第である。

けんちくせっけい
建築設計のための
じ てん
プログラム事典
めいせっけい　　エッセンス　さぐ
名設計の本質を探る

2020年10月20日　第1刷発行

編著者
に ほんけんちくがっかい
日本建築学会

発行者
坪内文生

発行所
鹿島出版会
〒104-0028
東京都中央区八重洲2-5-14
電話 03(6202)5200
振替 00160-2-180883

デザイン
高木達樹

印刷・製本
壮光舎印刷

© Architectural Institute of Japan, 2020
Printed in Japan
ISBN978-4-306-03391-7 C3052